JN252322

現代若者の幸福

不安感社会を生きる

藤村正之・浅野智彦・羽渕一代 編

恒星社厚生閣

Happiness of Japanese youth today

はじめに

私たちは，社会学の領域を中心に学際的で，複数の大学・研究機関に所属するメンバーによって構成される青少年研究会というゆるやかな研究グループを，メンバーの世代交代もありながら，30年間にわたり継続してきた．現代は青少年という言葉よりは若者ということが多く使われるわけだが，研究会の名称に青少年という言葉が使われているのは，そのような時間幅の経緯による．

研究会は個々人のあるいは有志による継続的な研究活動とともに，10年間に1度の大型調査の企画・実施に取り組んでおり，2012年末におこなわれた3回目の調査に基づく研究成果が本書である．折々の研究調査では，その時代ごとの関心と人生段階における青少年の変わらぬ部分への関心が分析の観点として扱われてきた．本書のねらいと研究内容は本文をお読みいただくことになるが，私たちがたどりついた，ひとつのテーマが『現代若者の幸福』ということであった．

研究会の初代会長である高橋勇悦氏が編者の『青年そして都市・空間・情報—その危機的状況への対応』（恒星社厚生閣）の出版は，研究会草創期の約30年前である．ここで，高橋氏は青少年に対する危惧について取り上げる意義を謳っている．

1980年代後半の日本は，バブル経済を突き進み，経済大国としての道を歩み，大きな時代のうねりのなかにいた．そして，そのなかで青少年の問題は，「自殺」「いじめ」「新人類」であったようである．このうち，「新人類」以外は，30年たった現在でも深刻な状況にある（もしかしたら，現在，還暦を迎えようとしている50歳代後半の「新人類」だった世代も別の意味で問題を抱えているかもしれないが）．

この頃，青少年研究会は「青少年問題研究会」という名称であり，青少年がどのような問題に直面しているのか，身近なところから関心をもって研究してきたとされている．青少年人口が減少，家庭生活と学校生活の危機的状況，地域社会の解体とメディア環境の強化という社会状況の下，生活技術に関わる青少年の社会化や個人化／私事化，人間関係や自然環境からの疎外，社会的価値の解体を危惧している．研究会の名称から「問題」が消えた現在でも，大枠のところでは，イッシューについてドラスティックな変化はみられない．それどころか，人口減少はとどまるところをしらず，家庭生活は貧富の二極化が進み，限界集落や消滅集落の問題がとりざたされ，ケータイ（スマホ）やインターネットなどの情報機器の使用は当然のインフラとなった．

この30年間，日本の青少年について，同じトピックを扱い，そして，実証的な研究をおこなってこられたことは，先人の先見の明によるものである．巨人の肩に乗って見える景色が，これほどまでに同じような問題の荒野だとするならば，これらの研究蓄積を生かし，私たちは社会的に貢献する活動をはじめる時期にきているのかもしれない．

個々人の幸福のかたちは，それぞれあって良いだろう．しかし，その幸福はより望ましい社会の仕組みのもとで保障されるのではないかと考えている．私たちはどのような社会の仕組みの構想に取り組んでいけるのか．

本書の出版にあたり，継続的な研究の趣旨を高く評価され，調査研究などの出版事情厳しきおり，出版を快諾され積極的に取り組んでいただいた恒星社厚生閣の片岡一成社長と，粘り強くていねいな編集業務にあたっていただいた編集部の高田由紀子氏にお礼を申し上げることとしたい．

2016年2月

藤村正之　浅野智彦　羽渕一代

目　次

序章

青少年研究会の調査と若者論の今日の課題

浅野智彦

0　定点観測の意義

本章では，青少年研究会がこれまでに行ってきた3回の調査とその知見を，各時点での若者論と関連づけながら振り返ってみたい．それによって，本調査の意義を明らかにするとともに，本書の核をなす2012年調査の結果がもつ含意を浮かび上がらせることができる．

若者についての調査は，しばしば流行に流されがちである．消費文化が話題になれば若者の消費生活についての調査が行われ，不安定就労が問題になれば雇用状況や社会的自立についての調査が行われる．しかし，たいていの場合，それらの調査は単発で，話題が流行を終えると調査も行われなくなる．

若者論に限らず，社会の関心はしばしば移ろっていく．例えば，かつてあれほど話題になった社会的格差についても，それを問題だと思う人はこの数年で急速に減っている（石田・有田・田辺・大島 2013，村田・荒巻 2013）．格差それ自体が著しく改善したわけではないのに，だ[1]．

もう少し若者の問題に近いところでいえば，「いじめ」についての文科省の調査などもそのような例として見ることができる．何らかのいじめの事件（典型的にはいわゆる「いじめ自殺」）についてマスコミが大きく取り上げると，それによって喚起された世論を背景に，いじめの調査が熱心に行われる

1)　2014年に出版界を席巻したトマ・ピケティのブームは格差論に新たな「燃料」を提供したが，それが格差を問題だとみなす人々の意識にどのような影響を与えたかは，また別の問題である．

(Goodman 2012). が，一定の時間がたつとその関心は醒めていく．伊藤茂樹によれば，いじめ自殺は1980年代以来，10年おきに計4回，ほぼ同じパターンをたどって問題化され，そして終息してきた（伊藤 2014）．伊藤が皮肉を込めて表現したように，今日の日本は，定期的に「子どもの自殺を消費する社会」であるようにさえ思える．

あるいは，2012年に自殺者が出たことで注目を集めた体罰もそのような問題の1つである．日本の学校教育における体罰問題について調査したミラーによれば，2000年代の前半において，それは学校の「問題」としては後景に退き，文科省はそれについての統計をとるのを中断してしまった（Miller 2012：89）．かつて「体罰」に向けられていた関心は，この時期に「児童虐待」や「いじめ」へ移っていったとミラーは解釈している．偶然にもミラーのこの論文が刊行された年の終わりに体罰自殺事件が起こり，再び社会の（そして文科省の）関心は体罰に向かうことになるのである．

若者についての「問題」はこのように関心の変動が著しい分野である．このことは若者に関わる調査活動に次のような弱みをもたらす．

関心が移ろいやすいために，関心が高まったときには様々な調査が行われるが，関心が薄れてしまった後には調査が行われなくなってしまう．その結果，その現象を時間的な変化の中で見ることが難しくなってしまうのである．若者論においては「若者が○×になった」「若者の□△化」などといった言い方がよくなされる．事柄の性質上，このような変化を示すためには，少なくとも二時点で調査を行う必要があるのだが，しばしばその「○×」なり「□△」なりについての単発調査のみによってそのような主張がなされている．若者バッシング論においても繰り返されたこの「論法」は，論拠が薄弱であるがゆえに印象論に頼りがちであり，議論全体を不毛なものにしがちであった．

青少年研究会が行ってきた調査の意義は，このような弱さとちょうど裏返しの関係にある．それは同じような質問を用いて継続的に行われるがゆえに，時々の流行とは必ずしもぴったり一致しないが，複数の時点の間での変化を捉えることができる．したがって「変化」についてそれなりに根拠のある議論ができるのである．それは定点観測の強みともいうべきものだ．

以上のことを確認した上で，過去の調査について振り返ってみたい．

1　バブルははじけても：1992 年調査

1-1　1990 年代前史：若者論のコミュニケーション論的転回

青少年研究会は 1980 年代前半から共同研究を始めており，その成果はすでにいくつかの著作として公刊されていた（『青年そして都市･空間･情報』（1987 年），『メディア革命と青年』（1989 年），『青年文化の聖･俗･遊』（1990 年），『青年の地域リアリティ感覚』（1990 年），いずれも恒星社厚生閣）．1991 年から 1993 年にかけて企画・実施された第 1 回調査は，このような成果を踏まえて，研究会が初めて取り組む大型の調査であった．

第 1 回調査は，ちょうどバブル景気が終息し，日本社会が長期的な経済的低迷へと入っていく転換点に行われた．社会経済的な変動にやや遅れる形で若者論もやがて転換していくのだが，この調査の結果もまたそのような曲がり角に位置づけることができる．

山田真茂留が 2000 年の時点から若者論の歴史を振り返った論考を参照しながら，この点を確認しておこう（山田 2009）．山田によれば，「若者」が独自の研究対象として浮上してくるのは，1960 年代後半以降のことであるという．この時期に彼らは，「大人」に対して自律的で対抗的な文化を世代内部で広く共有するようになる．そのような自律性･対抗性を象徴する具体的な徴として，フォークやロックがあり，ジーンズがあり，T シャツがあった．彼らはその世代的な文化の面で，大人からは区別される固有な集団として認められるようになっていくのである．

だが 1960 年代末に，彼らの政治的な反抗の試みが挫折したあと，若者文化は大人への対抗性を徐々に失っていく．大人への対抗性というときに，具体的に「敵」として思い描かれていたものの 1 つは「資本主義」というシステムであったわけだが（他には例えば「アメリカ帝国主義」やそれに従属する日本の保守政権など），いまやロックもジーンズも T シャツもその資本主義のシステムにしっかりと組み込まれた商品として広く流通するようになっていく．実際，今となってはジーンズが若者文化の象徴であるといわれてもピンとこない若者は多いだろう．

さらに 1980 年代以降，消費社会化の進行に伴って若者文化／大人文化の区別は，単なる趣味や嗜好の違いへと解消されていく．マンガやゲームを30代，40代の人々が楽しむことは，今ではふつうのことである．これまで若者文化と呼ばれてきた様々な営みは，年齢で区切られた自律性を徐々に失っていった．

こうして若者文化はその対抗性と自律性とを順に失っていくことで，その輪郭をぼやけさせつつあった．このような状況を確認したうえで，山田は，コミットしている文化の独自性によって若者を論じることは難しくなったこと，それでもなお若者をそれとして切り出す特徴があるとしたら，それは彼らのコミュニケーションの様式であることを指摘していた．実際この時期の若者論を代表する宮台真司は，この時期に，コミュニケーションとシステムという2つの枠組で若者の変化を鮮やかに描き出していた（宮台他1991→2007，宮台1995→2006）．

これが1990年代初頭の状況である．

1-2　1992年調査

この時期に青少年研究会が大規模な調査を企画したのも，ぼやけつつあった若者の像を描き直したいと考えたからであった．だが調査計画が立案された1990年の時点では，探求の力点はまだ青年の文化におかれていた．すなわち，「90年代にはいっての青年文化の変容の動向を数量的に把握することを主目的とし，複数都市間比較も意図し企画を進めて」（青少年研究会1993）いくことが目指されたのである．

このような意図を実現するため計画されたこの調査は以下のような特徴をもつことになった．

第一に，調査地を東京都杉並区と兵庫県神戸市灘区・東灘区に設定し，両者の比較という形をとったこと．この選択は次のような2つの前提を含意している．

1つめの前提は，青年文化が「中産階級」に属するというものだ．すなわち同調査の報告書によれば，

「この比較は，東京と関西との比較という意味と，都市の中産階級に属する青少年とを比較する，ということを意図して選ばれた．なぜ，中産階級かということに

ついては，新しい世代文化を明らかにする場合，彼らがその新しさを具現することが多いことは，経験的に明らかであり，事実，行為の自由度・可処分所得の多さ・学歴の高さなどから，対象に最も適していると思われる」（青少年研究会 1995：4）．

青年文化を把握するためには，都市中産階級に属する青少年をみるのがよいという判断をここにみることができる．若者内部の階級・階層の違いへの関心の低さは，2000年代以後の若者論の状況とは対照的である．

もう1つの前提は，「青年文化」が主に大都市に属するというものだ．計画段階では「他の地方都市の調査も企図されたが実施体制と予算の面でかなわなかった」（青少年研究会 1993）．

したがって，この調査で対象とされた若者の像は，階層と地域という2つの面で限定がかかっていたことに注意しておこう．実際，報告書に収められた論文のうち，階層に関わる変数（所得，学歴）を分析に用いているのは9本中4本であり，4本のうち2本はそれを階層という観点には結びつけていなかった．

回答者がどれくらい青少年の全体を代表しているのかという問題についていえば，調査票の配布回収の方法にも注意しておく必要がある．1992年調査は，層化二段抽出というやり方で，なるべく偏りのないように回答者を選び出しているが，それらの回答者との間で調査票をやりとりする際に郵便を用いている．郵送調査は一般に回答率が低くなることが多く，1992年調査も2割程度の回収率にとどまっている．2002年以降の調査は訪問による配布と回収を行っており，回収率も4割から5割程度となっているので，比較の際には十分な注意が必要となる．

第二に，調査項目として「人間関係」「自我意識」「メディア接触行動」「社会意識」の4つを設定した．この項目設定は2002年，2012年と続く調査の土台を成すことになった．

第三に，この調査結果を分析するなかで得られた知見は，若者たちが担っている文化の変容というよりも，人間関係のあり方の変容とそれに伴う独特の自意識の顕在化についてのものであった．この点について報告書は次のように要約している．

「〈自分らしさ〉というのものへの強いこだわりや人間関係における〈親密さ〉の定義の変容，メディア利用のセグメント化などさらに検討を要するポイントが浮彫りになってきている」（青少年研究会 1993）．

山田真茂留は，先ほど紹介したように，1990 年代以降の若者は，その文化の固有性ではなく，コミュニケーションの型の新しさによってかろうじてその輪郭を示すと論じていた．実はそれを示す例として挙げていたのが，この 1992 年調査の成果として出版された『みんなぼっちの世界』であった．その意味では，1992 年調査は若者文化についての探究を企図しながら，はからずも人間関係やコミュニケーションについて興味深い知見を生み出したということができる．

2　若者バッシングのなかで：2002 年調査

2-1　1990 年代後半：若者論の労働論的転回

1990 年代の後半から若者論は大きくその焦点を変えていった．

第一に，「フリーター問題」や 2004 年以降に注目を集める「ニート問題」に代表されるように，労働者としての若者に議論の中心が移っていく．より正確にいえば，労働者になるはず（なるべき）であるにもかかわらずならない，なれない，なろうとしない若者を「問題」として見出す，という枠組が広く共有されるようになった．若者はなぜフリーター／ニートになるのか，若者はなぜ働かない／働けないのか，というわけだ．

このような焦点の移動を象徴的に示すのが，「パラサイト・シングル」論の変化だ．1990 年代初頭に行われた調査のデータを用いて描き出されたパラサイト・シングルの像は，就職後も結婚せずに実家にとどまり，豊かな消費生活を享受する若者たち，というものであった（山田 1999）．そこには 1980 年代の消費社会論の残響を聞き取ることができる．

だが，山田は 2000 年代以降，不安定な雇用環境におかれた若者たちを「希望格差社会」の被害者として描き出すようになる．すなわち，産業構造の変化に伴って，これまで若者が生活の基盤としてきたような職種が縮小し，多くの若者が不安定な雇用環境におかれるようになった．彼らは，一人で暮らせるほどの経済的基盤を確立することができず，親元にとどまることになる．それは，同じ既卒・未婚・親同居といっても「パラサイト・シングル」として描き出されたのとは対照的な若者の像である．

第二に，この変化と連動する形で，若者論は若者バッシングの色合いを強めていく．すなわち，若者がこの時期に安定した職業につかなくなった理由をもっぱら彼らの生活様式や価値観の変化にのみ求め，彼らを道徳的に非難するような議論が台頭してくるのである．いわく勤労意欲が低下した，いわく規範意識が低下した，いわく自我が未熟になった等々．1990 年代前半までの若者論は，若者の新しい行動様式や意識の形態について，一方で憂慮したり揶揄したりしつつも，他方でそれを肯定的に評価する側面ももっていた．しかし 1990 年代後半以降の若者論には後者の肯定的なまなざしが弱い．それがしばしばバッシングと表現されるのはそれゆえである．あるいは，中西新太郎の言葉を借りるならユースフォビア（若者恐怖・若者嫌悪）と呼ぶこともできよう（中西 2004）．

他方，このようなバッシングに対抗する研究が 2000 年代半ばから登場するようになる．中西新太郎の諸著作がそれであり，また労働論的な転回との関連で言えば，本田由紀・内藤朝雄・後藤和智の『「ニート」って言うな！』は，このようなバッシングへの対抗を最も明確に自覚した画期的な著作であった（本田・内藤・後藤 2006）．

かくして，若者論の主軸は，1990 年代前半までの消費やコミュニケーションのあり方から労働へと大きく転回していくとともに，バッシングと反バッシングとの対立という新しい構造と戦線がもたらされた．

2-2　2002 年調査

2002 年調査は，このような労働論的な転回と戦線の引き直しのさなかに実施された．

調査の報告書の序文から，当時の若者がどのように見られていたか（見られていると考えられていたか）をうかがうことができる．

> 「青少年（若者）の存在は，今日に限らず，さまざまな形で注目され，問題にされ，理解されてきた．1990年代以降のこの10年間ほどの期間についてみても，ボランティア，学力低下，犯罪の凶悪化，援助交際，買春，パラサイト・シングル，フリーター，多重人格，アダルト・チルドレン，等々の青少年の問題に関連する用語の流布はその一端を示している．そこで問われるのは，基本的には，現代における都市の青少年の意識と行動の特質はいったい何なのか，ということである」（青少年研究会 2004）．

ここで2つのことに注目しておきたい．第一に，「ボランティア」を除く他のキーワードのすべてが若者の否定的な側面に関わっている．このような否定的な面への注目を前提にして，その妥当性を実証的に検討しようという観点から2002年調査は実施された．

第二に，そのような検討のために「都市の青少年の意識と行動の特質」を理解することが必要だと考えられていた．なぜ都市の青少年なのか．先の引用に先立つ部分に次のように述べられている．

> 「現代の日本は，首都・東京を中軸に，都市的なライフスタイルと社会意識が全国に拡大・浸透するいわば都市型社会の性格を強めている．その拡大・浸透は，高度の産業化・情報化によっていっそう速くかつ深く進行するようになっていると思われるが，その影響をもっとも強く受けるのは成長過程にある都市の青少年（若者）である．したがって，都市の青少年の問題は，現代社会という時代の様相を色濃く反映するものとしての意味をもっている」（青少年研究会 2004）．

都市の青少年を理解することで，若者の全体像，ひいては「現代社会という時代の様相」を理解することがここでは期待されている．

ただし急いで付け加えておかなければならないのだが，ここで都市青少年が一枚岩だと考えられていたわけではない．この序文の中では「性別，世代，出身階層（親の属性）などの比較の視点もあることを確認」してもいる．すなわち，

「同じ青少年の意識と行動といっても，男性と女性の比較は常に検討に価する意味をもっている．青少年と高齢者の世代の比較も同じように重要な意味をもっている．出身階層（親の属性）の比較分析は，従来，手薄になっていたものである．ただ，こういう比較は，経年比較とあわせつつ，慎重に行わなければならないだろう」（青少年研究会 2004）．

若者を取り巻く社会経済的な状況の悪化についても触れられており「就職・就業の状況も厳しいままである」と指摘されている．そのような形で「ここ10年の経済的な不景気の持続が，多かれ少なかれ，青少年の意識と行動にいろいろの形で影を落としている」のである．

また大都市部と地方都市との比較も意識されており「大都市と地方都市というばあい，影響の程度はかわってくるかもしれない」とも述べられている．地方都市における調査は，時間と資金との関係で実施できなかったが，問題意識としては常に考慮されていた．とはいえ，報告書に寄せられた論文を全体としてみれば，都市部青年を青年の全体を代表するものと扱う傾向が強いのは確かである．またこの調査結果を踏まえて出版された3つの著作も同様の前提に基づいて（浅野編 2006，岩田他編 2006，羽渕編 2008），若者バッシングを批判的に再検討するものとなった．

調査の具体的な内容であるが，1992年調査との比較を企図しつつも，調査としての洗練度を上げるために，設問の修正や追加，全体の再構成を行った結果，5つの問題領域を設定することとなった．すなわち「(1) 音楽に関する領域，(2) メディア行動に関する領域，(3) 友人・恋愛関係に関する領域，(4) 自己意識に関する領域，(5) 社会意識に関する領域」の5つがそれだ．この5領域は，いくぶん修正を加えつつ2012年調査の枠組へと踏襲されていくことになる．

なお，前節でも触れたことだが，調査方法の変更にも注意を払っておく必要がある．1992年調査は，調査票を郵送で配布回収していたが，2002年調査は調査員が回答者宅を訪問して配布回収する方式に変更した．その結果，回収率は50%にまで向上した．この方式は2007年の予備調査，2012年調査においても踏襲されている．この変更によって，1992年の結果とそれ以降の結果とは，直接の比較が難しくなっている．本書ではしばしば1992年調査の結果も参照するが，それを読み解く際にはこの点に十分注意を払っておく必要がある．

その点に注意したうえで，2002年調査から得られた知見の大きな特徴は以下のように整理されるだろう（浅野編2006，岩田他編2006）．第一に，様々な若者バッシングにおいて言われてきた事柄（趣味の島宇宙化と相互の没コミュニケーション，新しいメディアへの耽溺，友人関係の希薄化，自我の未成熟，道徳意識の低下等々）が，データによっては支持されないことを示した．ある種のテンプレート（定型句）のように繰り返されてきたバッシングの語りは，全体的な傾向を捉えるものというよりは，身近な事例に基づく印象論であったり，あるいは論者の不安を若者の上に投影するものであったりする可能性が示唆された．この点において，2002年調査の成果として発表された諸著作は若者バッシング／反バッシングという議論の戦線において後者の位置を代表するものとみなされることになった．

だが若者の側に何の変化もなかったというわけではない．次にみる第二，第三の点は，変化に関わっている．

すなわち第二に，友人関係や恋愛関係など身近で親密な関係性を維持するために，メディアの利用を含めて若者が様々な工夫を行っていることを示した．親密な関係性が若者にとって重要なものになっている様子は他の諸調査からもうかがわれることであり，それを維持しようとする努力は「コミュニケーション・サバイバル」と呼ぶべきものになっている．

第三に，おそらくはこの「コミュニケーション・サバイバル」の諸戦略に対応する形で，自己が多元化しつつあることを示した．1992年調査の報告書や著作においては，一時点でのデータから引き出された仮説に過ぎなかったが，2002年調査のデータにより（先に触れた調査方法の違いによる限界はあるが），ある程度，その傾向を確認することができた．（同じ傾向は2002年調査と2012年調査との比較からも確認できる）．

第四に，若者論の労働論的転回を背景に，変化の検出が期待されながら実際には主題化されなかった側面もある．すなわち，雇用状況や階層と関わる変化についての主題化は比較的小さかったといえる．この点は，例えば，ロジャー・グッドマンらの仕事などとは対照的である（Goodman et al. eds. 2011 = 2013）．

グッドマンらも，若者を問題として捉える一群の語り方を社会学的に検討するというスタンスをとっているが，とりあげる対象の選択において労働問題が大きな比重を占めている．その意味では，2002年調査も1992年を特徴づけたコミュニケーション論的な若者論の枠内にあったということができそうである．

3　溶解する「若者」: 2012年調査

3-1　2000年代：若者論の拡散と希薄化

若者論の労働論的な展開は，若者論の中心的な主題を消費やコミュニケーションから労働へと移動させるとともに，若者論の内部に若者バッシング対反バッシングという新しい戦線を引いた．だがその展開が徹底していくにつれ，これらの変化は若者論自体の輪郭をぼやけさせていくことになった．

第一に，フリーターやニートがまさに若者問題であった世代の者たち（彼らはしばしばロストジェネレーションなどと呼ばれた）は，その問題が解消されないまま年齢を重ねていった．彼らの中核部分は，すでに30代後半から40代にさしかかっている．彼らが若い間は，若者問題を労働問題に重ね合わせて考えることができたのだが，2つの問題はいまや分離しつつある．そして労働問題こそが重要だと考える立場からは，それが若者問題である必要はない，ということになろう．例えば労働法学者の濱口桂一郎は，『若者と労働』と題された著作において，今日の若者がおかれている苦境の根本的な原因を日本の労働法制と雇用慣行とのずれに求めている．この場合，若者とはこの「ずれ」がたまたま姿を現す露頭のようなものに過ぎない．端的に言えば，それは労働論なのであり，若者論である必然性があるわけではない．濱口に限らず，労働法制，労働市場，教育制度，雇用慣行，移行過程等々を焦点とする議論は，いずれもそこで論じられている問題が「若者の」問題である必要性をもっていない．

第二に，バッシング派が若者の「劣化」を言い立てるのに対して，反バッシング派はしばしば否定と問題の転換によってそれを批判してきた．例えば，道徳意識の低下や少年犯罪の凶悪化といった語りに対しては，「道徳意識は低下していない」「少年犯罪をめぐる状況はむしろ改善している」といった語りをデータとともに対置してきた．「否定」とはこのような応答の様式のことである．

また例えば,「労働倫理の低下」「夢追い型フリーター」といった語りに対しては,「問題は労働市場の変化や移行過程の失調にあり，若者の意識や価値観の変化にはない」といった語りを,これもまたデータとともに対置してきた.「問題の転換」とはこのような応答の様式のことだ．すなわち，問題の焦点が，若者に内在する変化から彼らが埋め込まれた構造へと転換されるのである．反バッシング側からのこのような対応は，一方において若者の変化を積極的に描き出すことの抑制につながりがちであり，他方において論の中心を若者ではなく，それをとりまく社会構造に移動させることになる．つまり若者は「○×化していない若者たち」という消極的な形でのみ描かれがちになり，しかも彼らを組み込むより大きな社会制度の後景に隠れがちになっていく.

実際，社会経済的な情勢ゆえに安定した職を得ることができなかった若者を多く含む世代（いわゆるロストジェネレーション）が年齢を重ねるのにあわせるように,行政による若者の定義は拡大されてきた．若者施策の大綱となる『子ども･若者ビジョン』によれば,若者とは概ね30代をカバーするものにまでなっている．トイヴォネンによれば，そもそも厚生労働省（労働省）は，若年労働者の年齢規定と呼び名を変更してきた歴史をもつ（Toivonen 2011 = 2013)．すなわち，1960年代から70年代にかけての「青少年」(15歳から19歳）は，1980年代の「青年」(15歳から24歳)，1990年代の「若者」(15歳から29歳）を経て2000年代の「若年層」において34歳までを含むようになった．これがついには30代全体を覆うようになったわけである.

若者論の労働論的な転回がもたらしたこのような逆説と並行して，別の角度からも若者と大人の区別は縮小しつつあった．NHK放送文化研究所が1973年以来5年おきに行ってきている意識調査（「日本人の意識」調査）の結果を整理してみると，基本的な価値意識の平面において，世代間の距離が縮まってきているのだという（見田 2008)．山田真茂留は文化論的な観点から，若者文化が1980年代以降に大人の世界に対する自律性と対抗性とを失っていったと論じているが（山田 2009)，より広く価値意識の次元でも世代間の距離は縮小しつつあると，見田は論じている.

こうして若者を議論の中心におき，彼らの変化を積極的に語ることを期待されてきた若者論は，そのような議論の対象を次第に見失っていった.

3-2　バッシング論から幸福論へ

近年の若者論に大きなインパクトを与えた著作の1つとして古市憲寿の『絶望の国の幸福な若者たち』を挙げることができるだろう．そのインパクトは，前節でみてきた若者論の拡散と希薄化に直接に関わるものであった．すなわち，古市はこの著作の中で次のことを指摘しているのである．

第一に，年齢（と世代）という変数のみで対象をくくって議論をするのは無理がある．性別，出身地，階層など別の変数が影響を及ぼしているときに，世代だけで語ろうとすると重要なことが見落とされてしまうだろう．論じるべきは「若者」ではなく，「どのような」若者なのか，ということである．

第二に，そのうえで，多くの若者に共通する主題を見出すとするなら，それは彼らがかつてないほど「幸福」だと感じていることではないか．内閣府の国民世論に関する調査によれば20代の満足度は上昇基調にあり，現在の20代はかつてないほど現在の生活に満足しているということになる（図表0・1）．例えば，1980年代の20代よりも現在の20代の満足度の方が遥かに高いのである．またNHK放送文化研究所が行っている中学生・高校生の生活と意識調査によれば「とても幸せである」と答えた中高生はこの10年間で急増し，「まあ幸せ」と回答した者を合わせるとほぼ9割にまで達している（図表0・2）．

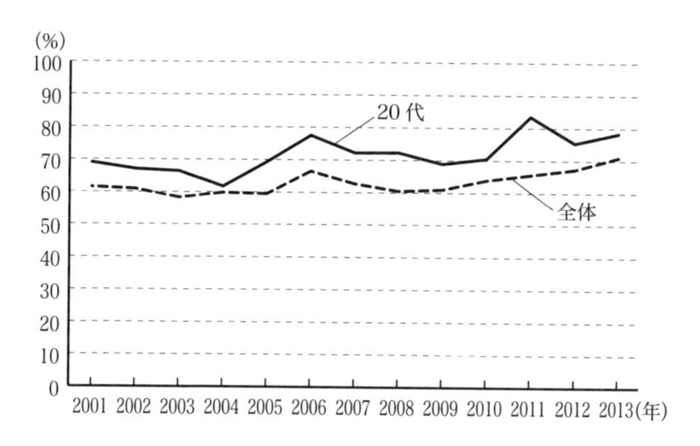

図表0・1　生活満足度（全体と20代）
（内閣府「国民生活に関する世論調査」より作成）

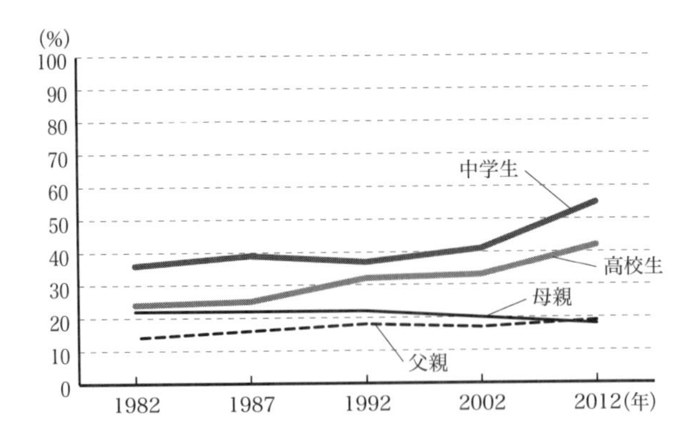

図表0・2　幸福感(「とても幸せだ」)の推移
(NHK 放送文化研究所，2013：171 より作成)

この第一の指摘は前節でみた拡散と希薄化とに対応するものであり，第二の指摘はバッシング／反バッシングとは異なる問題の戦線を引き直すものである．第一の指摘の射程は非常に長いのだが，ここでは第二の指摘に絞って議論を進める．というのも，新しい戦線が引かれることで議論が活発化すると，第一の問題は当面は後景に退くからだ（もちろんそれは当面のことにすぎないのだが）．実際，若者は実際のところ幸福なのかどうか，幸福だとしてそれでよいのか，といったことが議論の焦点となってきた（NHK 放送文化研究所 2013）．

古市自身は，若者のこの幸福感についていくつかの仮説を挙げているが，特に重要なのは次の 2 つだ．1 つは，将来の見通しが暗いからこそ現在を肯定的に評価するようになっているのだ，というもの．もう 1 つは，彼らが身近な人間関係に幸せの源泉を求めるようになった，というものだ [2)]．

青少年研究会のデータ（若者調査，中年調査）を用いて，この点を簡単に確認してみると以下のようになる（図表 0･3 ～ 0･5）．

これは重回帰分析という手法を用いた分析の結果だ（重回帰分析については 184 頁を参照）．ここではとりあえず表中のグレー部分が統計的に有意味な関係が見出された部分であり，標準化係数ベータと記された数値が関係性の強さ

2)　ただし後に古市は，人間関係により重きを置く方向に仮説を修正している（古市 2013）．

	標準化係数 ベータ	有意確率
性別ダミー（男性＝0，女性＝1）	0	0.988
年齢	-0.121	0.000
現在の暮らし向き	0.326	0.000
自らの将来は明るいと思う	0.191	0.000
「日本の将来は明るい」に賛成	0.067	0.020
友達といるより，ひとりでいるほうが気持ちが落ち着く	-0.047	0.109
友達との関係をつらいと感じることがよくある	-0.097	0.001
友達との関係を楽しいと感じることがよくある	0.028	0.354
友人や仲間といるときに充実していると感じる	-0.001	0.984
家族といるときに充実していると感じる	0.089	0.002
恋人の有無	0.053	0.066
調整済み R^2 値	0.260	0

図表 0・3　若者の生活満足度の規定要因
（青少年研究会 2012 年調査：杉並区・神戸市灘区・東灘区在住の 16 歳から 29 歳の男女）

	標準化係数 ベータ	有意確率
性別ダミー（男性＝0，女性＝1）	-0.024	0.632
年齢	-0.053	0.297
現在の暮らし向き	0.328	0.000
自らの将来は明るいと思う	0.289	0.000
「日本の将来は明るい」に賛成	0.107	0.037
友達との関係をつらいと感じることがよくある	-0.043	0.403
友達との関係を楽しいと感じることがよくある	0.100	0.069
友人や仲間といるときに充実していると感じる	-0.001	0.984
家族といるときに充実していると感じる	-0.031	0.585
結婚経験の有無	-0.023	0.678
調整済み R^2 値	0.309	0.000

図表 0・4　30 代回答者の生活満足度の規定要因
（青少年研究会 2012 年調査：杉並区・神戸市灘区・東灘区在住の 30 歳から 39 歳の男女）

	標準化係数 ベータ	有意確率
性別ダミー（男性＝0，女性＝1）	-0.058	0.176
年齢	0.023	0.599
現在の暮らし向き	0.332	0.000
自らの将来は明るいと思う	0.222	0.000
「日本の将来は明るい」に賛成	0.102	0.028
友達との関係をつらいと感じることがよくある	-0.055	0.215
友達との関係を楽しいと感じることがよくある	0.051	0.278
友人や仲間といるときに充実していると感じる	-0.075	0.103
家族といるときに充実していると感じる	-0.053	0.274
結婚経験の有無	-0.068	0.149
調整済み R^2 値	0.286	0.000

図表０・５　40 代回答者の生活満足度の規定要因
（青少年研究会 2012 年調査：杉並区・神戸市灘区・東灘区在住の 40 歳から 49 歳の男女）

と方向性（プラスなら正の関係，マイナスなら負の関係）を示すものと理解しておいてもらえればよい．数値の意味は以下の通りである．

第一に，若者においても中年においても，将来の見通しは生活満足度と正に関連している．つまり，将来の見通しが明るいほど満足度は高くなる．ここから判断する限り，古市のあげた 1 つめの理由はあまり妥当ではないようだ．第二に，若者においても中年においても，現在の暮らし向きは生活満足度に正に関連している．つまり，将来展望のみならず暮らし向きという現状への評価が満足度を左右している．第三に，若者の場合のみ，友人関係についての要因が満足度に影響している．またその影響の仕方は，「友人関係に満足→生活満足度上がる」という単純なものではなく，友人関係に「友人関係でつらいと感じる→生活満足度下がる」というある種の減点方式になっている点にも注意を向けておきたい．他方，恋人の有無は満足度に対してさほどの影響を与えていない．第四に，これも若者の場合のみ，家族関係が満足度に影響を与えている．すなわち「家族といるときに充実感を感じる」人は，生活満足度も高いという傾向が見出される．第三，第四の点は，30 代，40 代においてはみられないので，若者の生活満足度の特徴といってよいだろう [3)]．

3)　ただしこの分析だけでは，この特徴が年齢によるものなのか，世代によるものなのかまではわからない．

青少年研究会の調査結果からは，古市の仮説のうち第一のものは棄却され，第二のものが採択されることになる．より詳しくいえば，

(1) 若年･中年ともに将来展望の明るさは生活満足度と正に関連(したがって古市の第一仮説は棄却される)

(2) 若年・中年ともに将来展望のみならず現在の暮らし向きも生活満足度と正に関連（経済的要因の強さ）

(3) 若年においてのみ友人関係は生活満足度と正に関連（古市第二仮説と合致，ただし減点方式）

(4) 若年においてのみ家族関係は生活満足度と正に関連

比喩的にいえば，

若者の生活満足度 = 経済的要因（将来＋現在）+ 親密性（友人＋家族）

ということであり，古市の仮説はこのうち「友人関係」に力点をおいたものとみることができる[4]．

ともあれ，こうしてみると「若者」というカテゴリーの拡散と希薄化という古市の第一の指摘は，この幸福の問題によってある程度まで後景に退くように思われる（といっても消え去るわけではないのだが）．幸福感の高さという論点によって，若者を改めて主題化するための枠組が与えられるうえに，幸福感と人間関係の関連のあり方によって中年から若者を区別することができそうに思えるからだ．

青少年研究会の2012年調査が行われたのはこのような状況においてであった．その設計と概要については次章に譲り，ここでは節を改めてこの調査の課題を確認することにしよう．

4　幸福の仕組みと条件：若者論の課題

4-1　3つの比較

冒頭で確認したように，青少年研究会の調査は定点観測としての意義をもっ

---

[4] 幸福度や満足度に対して経済的な要因が順接的な関係をもっていることは，青少年研究会の大学生調査を用いた岩田考の分析や，JGSSを用いた濱田国佑の分析においても指摘されていた（岩田 2011）（濱田 2013）．また本文で示した分析の詳細については（浅野 2015）を参照．

ている．2012 年調査では，この意義をより深めるために，若年調査と合わせて中年調査を企画・実施した（調査設計の詳細については次章）．1992 年，2002 年調査の際に若者だった回答者も，2012 年には 30 代あるいは 40 代に達している．彼らの現在の生活と意識について知ることによって，20 年の間に生じた変化が，社会全体の傾向性なのか（時代効果），加齢によるものなのか（加齢効果），それとも世代ごとの特徴の違いなのか（世代効果）といった点について（完全ではないものの）ある程度の見通しをつけることができる．

したがって 2012 年調査の課題の 1 つは，3 つの意味での比較を行うことであった．第一に，過去の 2 時点の若者と 2012 年時点の若者との比較（若者の時点間比較）．第二に，2012 年時点での若者と中年（30 代，40 代）との比較（若者と中年との 1 時点比較）．第三に，過去の 2 時点の若者と 2012 年の中年との比較（同世代の時点間比較）．ここでは第一の比較の成果を示す例を 1 つだけあげておく．

2002 年の第 2 回調査では，道徳意識についての質問項目が追加された．当時の若者論においてしばしば道徳意識の低下が話題になることがあったのだが，調査データが示していたのはむしろ，若者たちの道徳意識の予想外の高さであった（浅野編 2006）．だが，1992 年に同様の設問がなかったゆえに，これが高く「なった」のか高い「ままである」のか，あるいはもっと高かったものが「低くなった」のか，といった問いかけについては何もいうことができなかった．この問いに答えを出すためには，2012 年調査を待たなければならなかったのである．

その 10 年の間にも，若者の道徳意識が低下しているという認識は広く共有され，政治的な課題にまでなっていた．だが 2012 年の調査データから言えるのは，道徳意識が 2002 年の時点と比較してもさらに向上しているらしいということだ[5)]．

---

5)　若者の道徳意識が向上しており，いわばまじめ化が進んでいるという傾向は，他の調査でも確認されている．例えば，1987 年から定期的に大学生の調査を行ってきた片桐新自は，最新の 2012 年調査の結果を踏まえ，今日の若者が「ルール順守」で「やさしく素直」になってきていると指摘している（片桐 2014）．また，2001 年から 3 回にわたって高校生の調査を行ってきた友枝敏雄たちのグループは，最新の 2013 年調査の結果を踏まえ，高校生たちがますます規範への同調性を強め，逸脱への憧れを失っていると指摘している（友枝編 2015）．

この発見がもつ意義は大きい．例えば，2012年末に政権に復帰した自民党の安倍首相が，第一次政権で頓挫した教育改革を実行すべく自らの下に教育再生実行会議をおいた．同会議は，道徳意識が低下しているという事実認識に基づき道徳教育の教科化を提言し，文科大臣がこれを中央教育審議会に諮問するに至った．だが，青少年研究会の2度の調査結果が示唆しているのは，前提になっている事実認識がそもそも根本的に誤っているかもしれないということだ[6]．

4-2　幸福という問題

2012年調査のもう1つの課題は，前節で確認したような「幸福」という問題との関連で若者をとらえることであった．

2000年代の前半には，若者をバッシングする人々とそれを批判する人々との間に強い緊張関係があり，これが若者論を活性化させていた．今日の若者が現在の生活に満足し，とても幸福であるという古市の指摘は，この2つの陣営のいずれをも困惑させるものであった．バッシング派にとってみると若者は，人間関係が希薄で，常に淋しさ（それどころか「心の闇」）を抱えており，道徳意識や勤労意識が低い割には常に自己中心的に不平不満をもらしているはずであった．アンチバッシング派にとってみると若者は，社会構造の変動の犠牲者であり，不安定な雇用条件によって生活基盤を常に脅かされ，そのために恋愛や結婚といった親密な関係にも入れなくなっている気の毒な人々のはずで

[6] これに対して，道徳意識の向上は道徳的に振る舞う者の増大を意味してはいない，という反論がよくなされる．口先だけ道徳的であっても，行動が伴っていなければ無意味ではないか，そして口先と行動とがかい離した若者が増えているのではないかという議論である．

そのような可能性があることは確かであるが，このような主張をする人は，まずは行動データを用いてそれが悪化していること，また行動データと意識データの差異が経年比較によって大きくなっていることを示すべきであろう．

そのことをおいても，そもそも政策課題にまであげられる道徳意識の低下問題は，まさに「意識」の問題として捉えられている．だからこそ道徳教育の強化（道徳の教科化など）によってその改善が図られると信じられているのだろう．このような発想自体が冒頭の批判を回避できないことに注意されたい．道徳教育が，道徳意識の向上を目指すものであるかぎり，行動の伴わない道徳意識を寛容するリスクを避けることはできない．テストでは道徳的に解答するが，振る舞いは必ずしもそうではない，という児童・生徒が多数現れてくるのではないか，ということだ．

つまり，一方において，意識をみるだけでは不十分なのだとしたら，現在の道徳意識低下論自体が再考を迫られることになる（と同時に，そのような批判をする人は自身が継時的な行動データを提示することを求められる）．他方において，道徳意識低下論を今あるような形で主張するのであれば，それは単純に誤っている（道徳意識はこの10年間でむしろ向上している）．

あった．ところが，彼らは実際には，けっこう人間関係に満足し，楽しく幸せに生きているというのである．この事実が広く知られるにつれて，バッシング対反バッシングという対立の構図は，いわば脱臼させられてしまった．幸福は新しい問題を若者論につきつけ，それまでとは異なった方向で議論を活性化させることになったのである．

一方には，彼らの幸せを虚偽意識のようなものとして否定しようとする議論がある．

例えば，NHK 放送文化研究所が行ってきた中学生・高校生の生活と意識調査は，古市の議論を追認するかのように，2002 年から 2012 年の 10 年間で中高生の幸福度が顕著に増大したことを示している（3 節の図表 0・2 参照，NHK 放送文化研究所 2013）．この結果を受けて行われたシンポジウムにおいて，教育評論家の尾木直樹（尾木ママ）は，幸福度のこのような上昇について次のように（いささか困惑気味に）語っている．

> 「これはね，信じられないですよ．一言で言ってありえないですよ．現場の子どもたちを見ていて，これはありえないと思いますね．何でこんな数字が出てきたのか．おかしいなぁ．僕，中高生のプロなんですけれどもね．これはおかしいです．（中高生は今，）大変な状況だと僕は思いますね．学校が辛いよって．そこで，学校が楽しいと思わなかったら，生き延びられないですよ」（NHK 放送文化研究所 2013：206-207）．

つまり辛いからこそ楽しいと思わないとやっていけない，というわけだ．もし逆に幸福度が急減していたとしても同じように「学校がこんなに辛い状況だから幸福な中高生が減ったのだ」と解釈するのではないかという疑問はさておくとして，この尾木の反応は 1 つの典型であるといってよい．

同じシンポジウムに出席していた社会心理学者・橋元良明の理解は，これを理論的に洗練させたものとみることができる．いわく，

> 「先を見たらもっと日本は駄目になるので，今のほうがまだましなのではないか．これくらいで済んでいるのなら，幸せと言っていい．この先もっと悪くなるのだか

ら，今は日本の社会はいいと言っていいんじゃないか．そういう数字の反映ではないかと，私は考えておりますけど」（NHK 放送文化研究所 2013：211）．

尾木は直ちに橋元のこの発言に同意している．「『先が不安だからこそ今が幸せ』というのは，僕の現場感覚でも当たっていると思いますね」と（NHK 放送文化研究所 2013：211）．ただし，青少年研究会の 2012 年調査データを用いた分析によれば，このような仮説が棄却されることになるのは，前節でみた通りだ．

あるいはこのところ注目を集めている排外主義的な運動を例に挙げてみることもできる．しばしば，流動化によって社会の周辺へと追いやられた若者が，その不満をネットによって誘導されて，そのような排外主義的な運動へと流れ込むのだと言われる．このような議論は社会運動論の領域における実証的な研究によって批判されているのだが（樋口 2014），ここで注目しておきたいのは，この問題もまた，若者の幸福をめぐる問題として構成されているということだ．彼らは一見幸福に見えるが実は不幸なのであり，排外主義的運動はその不幸の具体的な現れなのだ，と．

他方で，若者は確かに幸福なのだとして，この結果を肯定的に受け止める議論もある．同じシンポのもう一人の登壇者，マーケッターの原田曜平はそのような立場の代表であるといえる．原田は，若者たちが過去を知らないこと，デフレ経済，通信技術の発達という 3 つの要因を挙げ，若者が幸福に感じるのは十分にあり得ることだとして次のように語る．

「デフレ経済と通信技術の発展にはそういうポジティブな面もあるし，そもそもかつてのいい時代を知らないから，これら 3 つくらいの掛け合わせで，満足度が上がっているというのは，そんなに違和感はありません」（NHK 放送文化研究所 2013：214）．

原田は，同じ時期に「さとり世代」や「マイルド・ヤンキー」などといった若者像を打ち出し，広く話題を呼んだ．これらの描像も，「今の若者は幸福である」という認識を前提にしているように思われる．

こうして若者が幸福であるというこの事態をどのように理解するのがよいのか，という問題が浮上してきている．この幸福という問題を中心にして，友人や恋人など身近な人々との関係のあり方の変化，メディアの独特の利用形態あるいは音楽をはじめとする趣味活動のもつ意味，規範意識の強まりや，まじめ化，堅実化などの諸現象を構造的に理解することができるのではないか．

したがって本書の目的は2つである．1つは，定点観測としての報告を行うこと．1992年，2002年の調査との比較で，どのような変化があり，現状はどうなっているのか，まずは正確に認識することを目指す．また，「若者」という視点を「世代」というそれに接続するために，2012年調査で初めて試みた中年調査を用いた理解を示そうと思う．もう1つは，若者の幸福という問題に対して調査データを用いた何らかの理解を与えること．若者が幸福であるのかないのか，ということよりも，自分たちは幸福だと回答する際に彼らが身をおいている現実はどのようなものなのか，彼らの幸福の成り立ちはどのようなものであるのか，ということについて考えてみたいのである．

個別の分析に先立ち，次章ではまず2012年調査の概要について説明する．

参考文献

浅野智彦，2015,「若者の幸福感は何に支えられているのか」『現代の社会病理』第30号.

浅野智彦編，2006,『検証・若者の変貌』勁草書房.

古市憲寿，2011,『絶望の国の幸福な若者たち』講談社.

———，2013,「日本の『若者』はこれからも幸せか」,『アステイオン』79号.

Goodman,R., Yuki,I., & Tuukka,T.eds., 2011, A Sociology of Japanese Youth, Routledge ＝ 2013,『若者問題の社会学』明石書店.

Goodman, R., 2011, 'The 'Discovery' and 'Rediscovery' of Child Abuse (jidō gyakutai) in Japan' , Goodman et al. eds, A Sociology of Japanese Youth, Routledge ＝「日本における児童虐待の『発見』と『再発見』,『若者問題の社会学』明石書店.

羽渕一代編，2008,『どこか〈問題化〉される若者たち』恒星社厚生閣.

濱田国佑，2013,「若者たちの将来不安と幸福観」，木村雅文編,『現代を生きる若者たち』学文社.

樋口直人，2014,『日本型排外主義』名古屋大学出版会.

本田由紀・内藤朝雄・後藤和智，2006,『「ニート」って言うな！』光文社新書.

石田浩・有田伸・田辺俊介・大島真夫，2013,「『不安社会日本』と『大人になることの難しさ』:『働き方とライフスタイルの変化に関する全国調査（JLPS）2012の結果から』」東京大学社会科学研究所.

片桐新自，2014,『不透明社会の中の若者たち』関西大学出版部.

伊藤茂樹，2014,『子どもの自殺の社会学』青土社.

岩田考，2011,「低成長時代を生きる若者たち」，藤村正之編『いのちとライフコースの社会学』弘文堂.
岩田考・菊池裕生・羽渕一代・苫米地伸, 2006,『若者たちのコミュニケーション・サバイバル』恒星社厚生閣.
Miller,A., 2011, 'Taibatsu: From Educational Solution to Social Problem to Marginalized Non-Issue', Goodman et al. eds, A Sociology of Japanese Youth, Routledge ＝ 2013,「体罰」『若者問題の社会学』明石書店
見田宗介, 2008,「日本人の意識の未来」, NHK 放送文化研究所編,『現代社会とメディア・家族・世代』新曜社.
宮台真司, 1991 → 2007,『増補・サブカルチャー神話解体』ちくま文庫.
――――, 1995 → 2006,『制服少女たちの選択 After 10 years』朝日文庫.
村田ひろ子・荒巻央, 2013,「格差意識の薄い日本人」,『放送研究と調査』2013 年 12 月号.
中西新太郎, 2004,『若者たちに何が起こっているのか』花伝社.
青少年研究会, 1995,『都市と世代文化に関する実証的研究』(科学研究費補助金研究成果報告書)
――――, 2004,『都市的ライフスタイルの浸透と青年文化の変容に関する社会学的分析』(科学研究費補助金研究成果報告書).
Toivonen, T. , 2011, 'NEETs: The Strategy within the Category', in Goodman et al. eds, A Sociology of Japanese Youth, Routledge ＝ 2013,「ニート」『若者問題の社会学』明石書店.
友枝敏雄編, 2015,『リスク社会を生きる若者たち』大阪大学出版会.
山田真茂留, 2009,『〈普通〉という希望』青弓社.
山田昌弘, 1999,『パラサイト・シングルの時代』ちくま新書.

1 章

21 世紀初頭の若者の意識

羽渕一代

0　幸福と不安感

世界中を見渡し，相対的な見方を得てしまえば，人についての幸せは，その都度その都度の文脈によっていかようにも語ることが可能となる．ケニアの片田舎でマラリアにかかり，1000 円の投薬が遅れたために命を落とす少年や少女たちと，日本でいじめにあって自殺する少年とどちらが不幸なのか．数値でみるならば，マラリアとの合併症である肺炎で命を落とす若者の方が多い．しかし，それに何の意味があるというのだろうか．さらに自分の身にふりかかれば，そのようなことは言っていられない．どのような社会で生きていても，個々人には，それぞれの幸福や不幸がある．幸せや辛さという点において，比較に意味はないだろう．しかし，比較などしなくても，幸福を追求する権利は誰にでもある．幸福研究の意味は揺らがない．

非西洋圏の生活文化を扱うのであれば，文化相対主義的な問題点もつきまとう．割礼の是非などがそれにあたる．現代日本社会の場合，キリスト教文化や西洋科学との齟齬が表面化しないため，この問題の類例は少ない．ただし，応用問題として，個人の不幸（幸福）は社会の不幸（幸福）なのかと日本社会に特徴的な現象から，考えることは可能である．現代日本社会は不安に苛まれる社会だといわれている．多くの社会学者は，「希望格差社会」「絶望の国」「不安定社会」「孤独死社会」「過労社会」などと現代日本社会に対して恐ろしい修飾を行っている．個々人の希望に格差があるのかどうか，絶望に苛まれている人は現時点でどのくらいいるのか，不安定とは何を指して不安定なのか，議論は様々にあり，検証は難しい．

反対に，これだけネガティブな修飾語に冠された日本の社会に生きている以上，このようなレイベリングをされるだけの不安が人々にあるのではないかという予想はすぐにたつ．社会そのものが生きている人間のような意識をもっているかどうかは別として，個々人の意識を調査し，集積して分析することは社会学の得意技である．

本章では，日本の若者がどのような意識をもっているのか，過去20年間の変化を愚直に追ってみたい．

1　21世紀初頭，社会変容のなかの若者

21世紀が始まって，10年以上経過した．現代日本社会は，少子高齢化に歯止めがかかる見通しがない．18歳人口は，1990年代初頭から比べると約4割減少している．たった20年間で約80万人もの18歳人口数が減った．このことにより，日本の大学の学生収容力は100%に近い状態にある．若者の存在そのものが希少価値をもち始めており，若者のマイノリティ化も同時に起こっている．

長寿化により，子供の社会化責任の結果をつきつけられる親たちは，子供との関係において家父長的な権力関係を構築することを忌避している．また，子供に老後の面倒をみてもらおうと考える親は少なく，これまであった老親扶養という家族内の扶助システムは瓦解している．一方，若者は親からの援助を受けることはあるが，それ以外の公的な保障や友人関係などの私的なピアグループに対して，経済的な援助要請のみならず，悩みの解決などといった精神的な援助を求めようという傾向も認められない．日本社会全体として，自己責任論が大手を振っており，助けを求めることも助けを求められることも忌避する意識が一般的なものになっているようにもみえる．

このような状況とともに，メディア環境は加速度的に変容のスピードを増しており，コミュニケーション能力を必要とする場面が増大している．携帯電話やパソコンのみならず，アンドロイド・メディアなどを利用したインターネッ

ト上のコミュニケーション空間は無数となった．これらのメディア機器や新しいアプリケーションを利用できなければ，「情報弱者」と呼ばれるが，メディア環境の変容スピードが速すぎるために，むしろ，大多数が弱者であるような実感すらある．若者のメディア依存やメディア・コミュニケーション疲労についても問題となっている．

2011年に起こった東日本大震災の災禍は，4年以上たつも収束をみせることがない．また，世界全体の経済発展促進により，エコロジー問題や資源獲得競争の問題が深刻である．これらにより，相互扶助の形態や国境を越えた地球環境を中心として思考しなければ，この危機的状況を乗り越えられないという局面でもある．しかし，日本の状況をみれば，隣国である中国と韓国との外交関係ですら，近年で最も悪化していると人口に膾炙している．

若者の行動においても，諸外国との関係について，排他的な言説をあからさまに表明する場合も頻発し，サブカルチャーにおいても，排外的な内容の漫画やアニメ，小説などが散見することとなった．このような極端な社会的態度以外にも，若者の内向き志向が至るところで話題にされている．留学者数や海外有名大学への進学者の数について，テレビや新聞などで取り上げられることもある．大学関係者の間では，学生の卒業旅行の国内化の話題などが若者の内向き志向との連関で語られることもある．

若者の変化という点では，巷においても，「若者が大人しくなった」「まじめすぎる」「若者らしいはじけた行動がみられない」という評価も頻繁に聞かれる．

このような若者の意識や行動変容は，若者に関わる人々の実感として捉えられているが，実際にこのような変容をみせているのだろうか．本書では，青少年研究会の2012年調査の結果を分析し，これらの実感に対するある程度，回答を得ることができると思う．まず，本章では20年間の変化を確認できる項目を総括的に紹介する．

2　2012年調査の概要

青少年研究会（代表：藤村正之・上智大学教授）は，1992年および2002年に都市在住の若者の行動と意識とについて総合的な調査[1]を行ってきた．本書で扱う，2012年度の調査は，経時的な比較も目的としている．また，2012年度調査では，先行世代である30代，40代の世代の行動・意識をあわせて調査することによって複雑化する今日の社会化過程を実証的かつ立体的に把握する．

現代社会はしばしば流動化によって特徴づけられ，それと連関して個人化やリスク化といった現象が急速に深化しているといえる．この急激な変容のなかで，若者もまた生活世界の様々な局面で新しい種類の困難を経験しているといわれている．この困難に対して若者自身が様々な適応や革新の諸形態を身につけ，発達させる過程について内在的な視点から実証的に検討することが本調査の中心的なテーマとなっている．

1992年から3回にわたる経時的調査は，東京都杉並区と神戸市灘区・東灘区に住む16歳から29歳の男女を対象として行った．人口規模が異なる行政区となっているが，両地区は，新宿近郊，三宮近郊と繁華街へのアクセシビリティの点において近似している．年齢に関していえば，16歳は，義務教育を修了し，人生の進路を決めるライフステージとなる年齢であること，29歳は，「結婚は30歳までに」という意識や「仕事も30歳までに何とかする」という意識の存在を考えるならば，青年期の区切りといえる．多くの若者にとって，この期間が若者かどうかの区切りとなる年齢だと想定されるため，このように設定してきた（浅野 2006）．調査概要は以下のとおりである．基本的には，1992年調査と2002年調査と比較できるように設計してきた[2]．調査票は2種類用意した．まず，16歳から29歳の若者票である．これは，これまでの調査と同様のコンセプトで設計されている．もう1つ，加齢効果と世代効果を測るための比較分

---

[1] 2002年調査では，その2年前に大学生に対するプレ調査を行っており，2012年調査も同様にプレ調査を行っている．

[2] 1992年調査と2002年調査はそれぞれ，高橋監修（1995）と浅野（2006）に詳しい．

析を行うために，30歳から49歳を対象とした中年票を作成している．これにより，2012年調査のポイントである，時代効果と加齢効果を独立させて分析することが可能となる．2012年時点における若者と大人との比較，1992年，2002年，2012年の若者の相違，1992年，2002年時点で若者だった対象年齢層が大人になり，どのような変化をみせているのか，という3次元での比較分析が可能となっている．

時期：2012年11，12月実施
対象地：東京都杉並区・神戸市灘区，東灘区
対象年齢：16歳から29歳，30歳から49歳
調査方法：無作為抽出によるアンケート調査（訪問留置回収法・一部郵送回収法併用）
計画サンプル：標本数4200票（杉並2100，神戸2100）
有効回収サンプル：
16歳から29歳　43.7%【男女＝46.4%：53.6%】
30歳から49歳　39.9%【男女＝46.6%：53.4%】

30歳から49歳までの調査は，次のようなコーホート分析を想定して設計した．1992年対象者は，2012年調査時，36歳から49歳（1963～1976年生まれ）であり，2002年対象者は，2012年調査時，26歳から39歳（1973～1986年生まれ）であり，2012年対象者は，2012年調査時，16歳から29歳（1983～1996年生まれ）と30歳から49歳（1963～1982年生まれ）となっている．したがって，比較は図表1・1のように，1963～1972年生まれの場合，1992年

生まれ年	1992年調査	2002年調査	2012年調査若者票	2012年調査中年票
1963～1972年	○			○
1973～1982年	△	○		○
1983～1992年		△	○	
1993～1996年			○	

図表1･1　調査年とデータのコーホート

調査と2012年調査の比較分析が可能である．1973～1982年生まれの場合，2002年調査と2012年調査の比較分析が可能となっている．

団塊ジュニアの世代のサンプルに厚みがある．1973年生まれ（1992年調査では19歳，2002年調査では29歳，2012年調査では39歳）から1976年生まれ（1992年調査では16歳，2002年調査では26歳，2012年調査では36歳）の4コーホート．現在の30代後半に焦点をあてた分析が可能となっていることにも特性がある．

3　3回の調査にみる変化

1992年調査では，3つの概念が挙げられている．1つめが人間関係であり，次にメディア接触，最後に行動に関わる準拠枠（対象）となっている．2002年では，これらの概念を分割し，人間関係を友人関係と恋愛・家族関係とに分け，メディア接触を音楽とそれ以外のメディアに分け，準拠枠という用語を社会意識と変更し，5つの概念をもとに調査設計を行っている．本節では，20年間の若者の行動で目立った特徴を概観しておきたい．

第一に，人間関係に関する変化を確認しておこう．人間関係概念には，友人関係と恋愛関係，家族関係が項目として設定されている．

3-1　友人関係

友人関係から確認しておこう．1992年調査では，男性と女性の友人関係の差を〈孤独と親密〉，〈個体と関係〉という枠組みを用いて分析している（浅野1995）．そして，〈女性＝関係志向／男性＝個体志向〉という性別化された友人関係を確認している．また，友人関係のあり方について，多元化傾向というポストモダンな特徴を指摘し，それに関わる状況志向という関係オリエンテーションを1992年時点の若者の友人関係意識として抽出している．

2002年調査では，当時の若者バッシング言説に呼応する形で，若者の友人関係の希薄化について検証を行っている．主として，〈若者の人間関係が希薄化している／選択化している〉という分析軸をもとに，仮説検証を行っているが，結果としては，一口に若者の友人関係の傾向を示すことができないと結論している．彼らの「親密さ」が多元的な傾向をもっていて，関係性の深浅，選択の有無などで特徴づけられない複雑さ[3)]を明らかにしている（福重 2006）．

親友がいると回答している若者は，どの調査でも 9 割程度である．1992 年と比較して 2002 年に増大しているが，2012 年の結果は 1992 年と同程度となっている[4)]．この増減については，20 年間変化がみられないと判断しても差し支えないと思われる．つまり，現代日本社会において，親友のいない若者は 1 割である．性別で確認するならば，2002 年調査では，男女の差が縮小しているが，2012 年調査では，揺り戻しがあった．親友のいない男性は 1 割を超えているが，親友のいない女性は 1 割以下というジェンダー差がある．

一方，異性の親友がいる若者は，20 年間で激減したといっても過言ではない[5)]．1992 年には若者の半数に異性の親友がいると回答していたが，2012 年では，4 人に 1 人である．男女の差について確認するならば，2002 年調査において男性の方が異性の友人が多いという傾向があったが，1992 年と 2012 年においては，ジェンダーによる差がない．

友人の有無については前述したとおりだが，そもそも若者が友人を必要としているかどうかという問題がある．そこで，友人関係意識についても確認しておこう．

友人とのつきあい方について，「あっさりしていてお互いに深入りしない」という若者は，2012 年に増加している（図表 1･2）．また，「友人（友達）といるより，一人でいる方が気持ちが落ち着く」という項目については，1992 年時点でも男性の方に肯定的な回答が多かったが，その差は 2002 年，2012 年と現在に近づくほど，広がってきた．1992 年時点では，ファッションなどのユニセックス化が話題となっており，人間関係の取り結び方についても男女の差は縮小するのではないかという推測がされていたが，男性と女性の関係オリエンテーションの差をみる限り，ジェンダー化に拍車がかかったと考えるべきだ

---

3)　福重（2005）は，今日の若者の友人関係では，全般的に友人関係が希薄な人もいれば，そうでない人もいるといった具合に，傾向として分散していると説明している．

4)　親友がいると回答した若者の割合は，89.9%（1992 年）→ 93.1%（2002 年）→ 90.6%（2012 年）である．

5)　異性の親友がいるという若者の割合は，47.0%（1992 年）→ 37.2%（2002 年）→ 26.8%（2012 年）である．

ろう．

このジェンダー化には，おそらく，人間関係の取り結び方が同質的なものへ向かっていることが関連していると思われる．3章で詳細な分析を行っているが，若者の親友に対する意識は，「楽しい」や「親しみを感じる」という肯定的な回答が2002年時よりも増大している．知り合った場所についても，「学校や職場以外の習い事やサークル活動で」や「インターネットや携帯電話のサイトで」といったボランタリーな活動場所が2002年よりも増大している．つまり，選択的に自身の好みを反映した友人関係を形成しているということが推察される．同質的な人間関係については，年齢や性別の属性的同質性と態度や価値観などの意識同質性とを分けて分析する必要がある．ただし，両者が連関することは想像に易く，両方の意味で同質性が若者の友人関係において高まっているのではないかという仮説が導出される．また，この同質性を高めている要因について，市民性の議論[6)]などを鑑みるならば，今後分析の重要性がある．

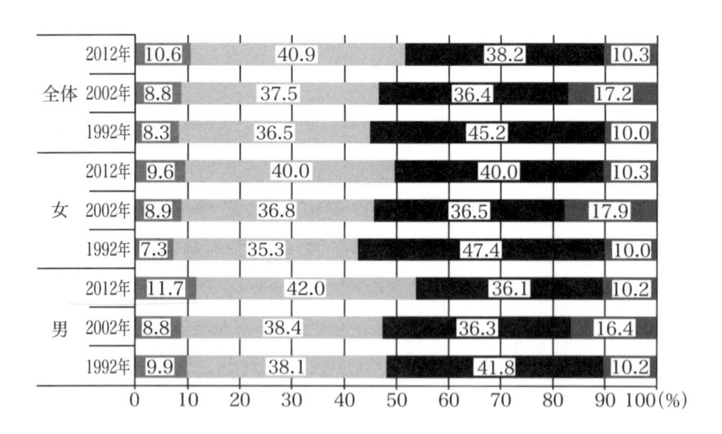

図表1·2　友達との関係はあっさりしていて，お互いに深入りしない

6)　異質な他者との相互作用こそが民主主義の必須の基礎である（小林 2005；155）という了解は，社会心理学における社会関係資本に関わる実証的研究により検証されてきた．同質性の高い人間関係よりも異質性の高い人間関係に価値をおく言説の根拠がここにある．

3-2　恋愛関係

次に，恋愛意識を確認する．1992年の調査結果の分析において，恋人は親友と異性の親友と同値の存在として扱われており，核的人間関係を形成する部分として分析されている．核的人間関係を親友と異性の親友と恋人を操作的に設定し，これらの関係が生活充実度と生活満足度に対してどのように連関するのか分析している（村山 1995）．その結果，核的人間関係全体では，生活の充実感や満足度にさほど影響を与えていないということがわかっている．相対的な影響度合いとして，恋人の有無は，生活充実度に影響を与えており，20代後半に限っていえば，生活満足度にも影響を与えているという結果が得られている．これらの分析によって，10代にとっては親友が核的人間として重要な位置を占めるようであるが，年齢とともに異性の親友や恋人が加わり，この人間関係が多様化すると結論する．多様化により，親友の影響が相対的に小さくなり，異性の親友や恋人に核的人間関係の中心が移行するとしている[7]．

2002年の調査では，若者の恋愛経験率に変化がないことを確認している．そして，この調査では，恋愛交際相手に対して情熱的な感情をもっているかどうか，複数恋愛の経験があるかどうかという点について分析を行っている（羽渕 2006）．交際相手のいる若者のうち，4人に1人しか情熱的な感情をもっていないこと，複数恋愛の経験者が約3割に達することを確認している．これにより，緩やかな恋愛（草柳 1999）が現代若者の恋愛の特性であることを検証している．しかし，この時点で蔓延していた「恋愛をしなくてはならない」という規範を鑑みるならば，実態が緩やかであるがゆえに，恋愛交際未達成という個人にアノミーをもたらしていたと分析している（羽渕 2006）．

図表1·3にみるとおり，大幅な減少とはいえないが，徐々に30歳までに結婚する若者は減少していると結論できる．さらに，恋愛経験率は1992年よりも増加しているが，調査時点において，恋人との交際を行っている若者は，1992年から一貫して減少している．恋愛経験者の増大は認められるものの，交際率が低いということは，類例する調査結果[8]から指摘されているとおり，

---

[7] 村山（1995）は，生活充実感に親友が及ぼす影響が年齢とともに相対的低下していることを指摘している．

[8] 全国性行動調査（2012）などの結果においては，近年の性的関心の低下が指摘されている（林 2013）．

若者の恋愛への関心は逓減傾向にあるのかもしれない．ただし，全体として関心がなくなったのか，分極化が進んでいるのか，詳細な結論は現時点で出すことは困難である．

	1992年	2002年	2012年
既婚者	13.7	13.0	9.4
恋愛交際中の者（独身者）	40.6	35.9	34.9
恋愛交際経験者（独身者）	66.1	70.5	69.2

図表1･3　婚姻率と恋愛交際率（%）

人間関係カテゴリーの3つ目として，定位家族について確認する．1992年調査においては，親との関係は同別居のみの確認であり，分析もされていない．2002年調査では，脱青年期の親子関係について，調査･分析が行われている（苫米地 2006）．この時点での親子関係満足度は高く，「仲良し家族」の傾向は崩れていないという．さらに，1992年頃の若者にとっての親同居の意味は，「豊かさ」をもたらすものであったが，2002年時点においては，長引く不況という経済的状況を背景として,「自衛手段」となっているという解釈を行っている．

3-3　親子関係

2012年調査において，若者の親との同居率は，1992年調査のみ高率であり，2002年と2012年調査では，7割弱となっている[9]．約3割の若者が親と別居している．同別居者ごとのジェンダーによる特徴はなく，同居者の平均年齢は22.2歳，別居者の平均年齢は26.7歳であった．同別居者の平均年齢は，20年間の変化はない[10]．しかし，2012年調査の別居者の平均年齢が高めであることを考えるならば，同居という自衛手段を講じる若者が増加したという推論も可能である．

また,「仲良し家族」についての項目は設定していないが，将来的な親への扶助に関する意識や老親扶養に関する意識について尋ねている.「親が年をとっ

9)　親同居率は，86.3%（1992年）→69.2%（2002年）→69.5%（2012年）であった．1992年のサンプル回収方法が郵送であったため，このような結果になっている可能性も否めない．

10)　同居者の平均年齢は，21.1歳（1992年）→21.5歳（2002年）→22.2歳（2012年）であり，別居者の平均年齢は，25.8歳（1992年）→25.2歳（2002年）→26.7歳（2012年）であった．

て，自分たちだけでは暮らしていけなくなったら，子どもは親と同居すべきだ」に対する肯定率は7割弱となっている．この意識にはジェンダー差があり，女性の方が老親扶助の意識が高いという結果となっている[11]．年齢による際立った差はみられない．社会の経済状況に不安があるなか，家族内における相互扶助の意識は高いという解釈が可能である．

また，若者にとって同別居は恋愛交際経験率と関連している．1992年調査では，同別居と恋愛交際経験に有意な差がみられなかったが，2002年調査と2012年調査においては，別居者が恋愛交際に有利であることがわかった．特に20代前半の同別居は重要な条件となっている．

若者の離家について研究を行った嶋崎（2010）は，離家が子どもの親からの自立を促進するとの仮説に疑義を呈している．先行研究から，離家の契機は進学，就職，結婚との同時性が強いが，その契機とともに子どもの親からの自立が促進されるとは結論できないようである．親から子への経済的援助は，離家や親子の住居の空間的距離と明確な連関がなく，親の経済的状況や子の仕事先などの生活状況が同別居を決定しているという．ただし，結婚後の親からの援助は，別居者よりも同居者でみられる．親から子への干渉は，空間的距離の問題よりも，ジェンダーで異なる．別居では差が見られないようであるが，同居の場合，女性への干渉が男性よりも強いようである．

恋愛交際と同別居は，この親の干渉と関連すると推察される．男女ともに別居の場合は，親の干渉を感じる率が小さくなっている．子どもの親からの自立という側面のみを取り出すのであれば，離家の自立促進機能は認められないかもしれないが，恋愛交際という結婚の前段階となる経験を促進する機能は充分に認められるだろう．

4　ポピュラーカルチャーへの関心

4-1　関心の変化

1992年の調査には，メディア利用や友人関係が恋愛に関する考え方に影響を与えるかどうか，という質問項目があった．その結果，「友人の恋愛経験」

[11] 男性では63.7%，女性では74.9%の肯定率であった．

に影響されると回答した若者は，38.3％で最も多かったが，その次にテレビドラマの影響があると回答した若者は25.9％であった．ところが，そもそも2012年調査対象者は，テレビドラマを鑑賞しないようであった．2002年調査の結果と比較してもテレビドラマファンは激減（12.1％→5.8％）といっていいだろう．その一方で，テレビゲーム（4.0％→7.5％），マンガ（4.4％→9.4％），アニメ（1.4％→7.1％）に関心をもつ若者が増加している．

4-2　メディア利用

前述のように，ポピュラーカルチャーへの関心は劇的に変化しているが，この背後に，1990年代の日本のメディア環境は急激な変化がある．1992年調査のメディア利用行動と2002年調査，2012年調査の調査内容もそれにあわせて異なったものとなっている．

1992年調査において注目されたメディアは電話であった（富田，1995）．この頃は，携帯電話の利用は大変少なく，日常的に利用されているわけではなかった．人々の新たな風俗として，固定電話のサービスであるダイヤルQ2が社会問題化されていた．1992年調査において，ダイヤルQ2の利用経験があると回答した若者は18.5％であり，特に男性は21.6％であった．そして，この頃の分析では，このダイヤルQ2の利用と社交性と相関を指摘していた．

また，自分専用電話の所有状況は，38.5％であり，この頃，毎日電話をかける若者は，11.6％と10人に1人程度しかいなかったのである．電話利用についても，ジェンダー化されており，女性が男性よりも長電話を行っていたことが指摘されていた．

2002年調査時点では，携帯電話とインターネットが新しいメディアとして日常生活に浸透し，特に若者がその利用の中心的な層としていた．二方（2005）は，この若者の新しいメディア利用の類型を分析し，性別，年齢層，生活状況によって，多種多様であると指摘している．

7章で詳細に分析しているが，2002年時点から2012年時点への変化としては，関心対象のメディアの変化と関わり，インターネットを利用して形成した人間関係をもつ若者の増加やテレビゲームにコミットする若者の増加が特徴的である．電子空間における行動が日常化したことにより，人間関係の形成，維持や離脱，意識の変化は劇的なものがある．ネット上のコミュニケーションと現実のコミュニケーションはシームレスにつながっており，メディアを利用したコミュニケーション量は飛躍的に増大した．コミュニケーションの場に対する参与の複雑化は，個々人に対して基本的なコミュニケーションスキルの向上を要求する．この状況により，現在ではメディア依存やメディア疲れという状態に陥る若者の存在も問題化されている．

4-3　音楽への関心

1992年調査においては，音楽活動について，カラオケやドライブ，楽器演奏といったシーン別に分析を行っている．その際，音楽聴取について「能動的／受動的」もしくは「プロ／アマ」という既存の枠組みで分析不可能なほど多様化していることを指摘している（小川 1995）．そして，音楽へのアクセシビリティが高くなることで，若者の音楽活動が日常的な行為として浸透していった（南田 2005）．2002年調査の結果から，音楽趣味の細分化，音楽コミットメントや音楽情報感度などが大きいことによる自己意識への肯定感の促進などが指摘されている．

2章でより詳細な分析を行っているが，2012年調査の結果としては，音楽趣味のさらなる細分化が進んだこと，音楽の日常化に拍車がかかったことが重要な意味をもっている．

5　生活満足度と将来への不安

5-1　生活満足度

若者の幸福をどのように計測可能なのだろうか．本調査からは，生活満足度や自己評価などから類推することが可能だと思われる．20年間の変化について確認しておく必要があるだろう．

生活満足度については，2012年調査では「満足している」という回答率が上昇している.「どちらかといえば満足していない」という回答が減少している．

生活満足度は男性よりも女性の方が高い．しかし，女性の生活満足度の変化は男性ほどみられない[12)]．男性の場合，1992年調査や2002年調査と比較して，

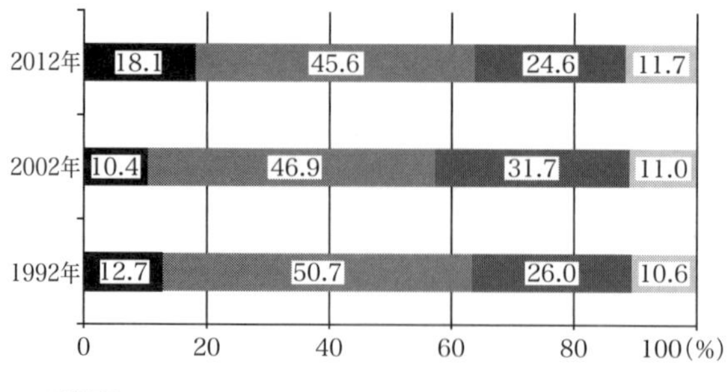

図表1･4　生活満足度

2012年度調査の生活満足度は高くなっている（ソマーズのD：p＜.001）．年齢別に分析した結果，20代と比較するならば，10代の生活満足度の変化が著しい（ソマーズのD：p＜.001）．10代の満足度は，1992年と比較して，2002年調査時点でいったん落ち込み，2012年度調査の満足度は急激に高くなっている[13]．

現代都市の若者は，6割強が生活に満足しており，さらに10代は7割を超える若者が生活に満足している．この点は，これまでの調査データと比較してもそれほど変わらない（古市 2011）．しかし，古市が2011年時点で考えていたように，また本書のタイトルにあるように，若者は不安をいだき，社会に希望をもっていないといえるだろうか．幸福だと考える若者にはどのような特徴があるのか，ざっと概観しておこう．

---

[12] 「満足している」と「どちらかといえば満足している」を合計した数値は，女性の場合，69.4％（1992年）→60.3％（2002年）→65.8％（2012年）であり，男性の場合，54.5％（1992年）→53.6％（2002年）→61.4％（2012年）となっている．

[13] 10代の「満足している」と「どちらかといえば満足している」を合計した数値は，67.8％（1992年）→57.5％（2002年）→72.7％（2012年）となっている．

5-2　日本の将来と自分の将来

まず，日本の将来について，若者は明るい見通しをもっていないということが確認できる．図表1・5にみるように，「日本の将来は明るい」という意見に賛成する若者は3割を下回っている．

ここまでは，先行調査で示されたデータと同様の数値が確認された．自身の生活満足度は高いが，将来社会は不安であるというものである．この仮説の発端は，古市が2011年時点で大澤のコメント（大澤 2011）に言及し，「生活に満足していない」と回答する人は，将来に希望をもつことができる人である，と説明したことによる．「今日よりも明日の方がよくなる」と信じることができるから，今のところ「生活に満足していない」と回答するのだという説明がされている．したがって，希望をなくしたときに，人は今のところ「生活に満足している」と回答できるという（古市 2011）．

確かに，今よりも良い将来が待っていないなら，そうかもしれない．しかし，社会への不安感がそのまま自分にあてはまると感じているとは限らない．そこで，若者自身の将来への展望について確認してみよう．

図表1・6にみるように「自分の将来は明るい」と感じている人は，半数を超えている．これは，社会に対する不安と比較するならば，非常に高い数値だといえる．この結果から，若者が将来について希望をなくしている，と一刀両断することは難しいことがわかる．確かに，「自分の将来は明るい」と回答する若者は，「日本の将来は明るい」と将来社会も肯定する傾向にある（χ^2 検定：$p < .001$）．したがって，正の相関をしているため，社会に不安を抱えている若者は，自分の将来にも不安を抱える傾向があるといえる．しかし，将来への不安自体が，生活満足度を高める規定要因にならない．なぜなら，「日本の将来は明るい」と回答している若者は，「生活に満足している」傾向が強いからである（χ^2 検定：$p < .001$）．また，「自分の将来は明るい」と回答している若者も，「生活に満足している」傾向が強い（χ^2 検定：$p < .001$）．

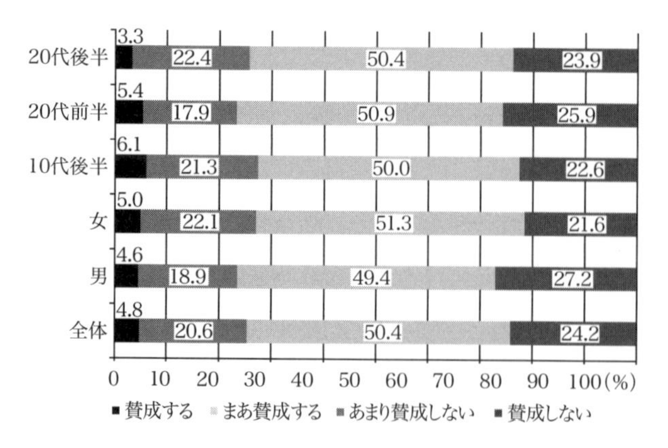

図表 1·5 「日本の将来は明るい」にどのくらい賛成するか（2012 年）

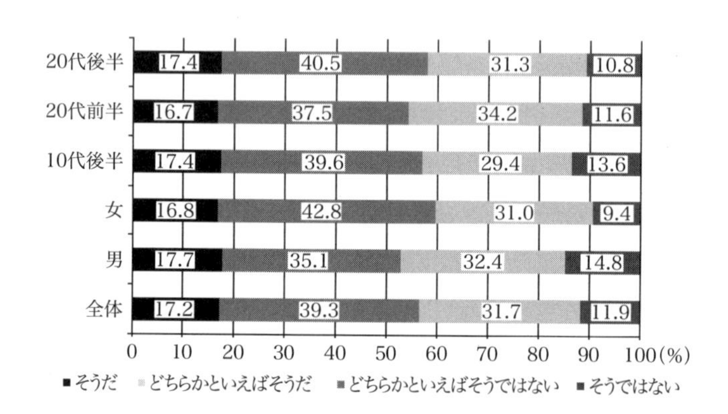

図表 1·6 「自分の将来は明るい」にどのくらい賛成するか（2012 年）

5-3　自己評価

生活満足度には，自己評価も関わっている．自己評価について，「自分が好きか嫌いか」を 4 件で質問している．2002 年度の結果では，全体的に「自分好き」の増加がみられたが，2012 年は，1992 年と同様の結果となっている．そして，2012 年は，「大嫌い」という回答の増加に特徴がある．

自己評価の高い若者は，生活満足度が高い（χ^2 検定：$p < .001$）．このように，

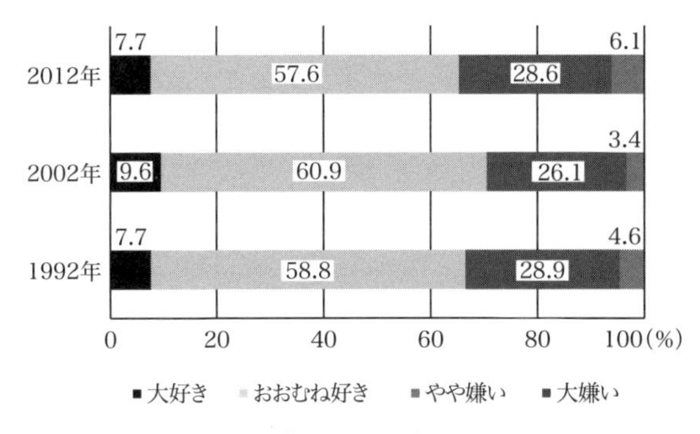

図表 1・7　自分のことが好きかどうか

自己評価や自分の将来予想, 日本の将来予想に対して, ポジティブな見方をもっていれば, 生活満足度も高く, ネガティブな見方をもっていれば, 生活満足度が低いということが結論できる. ある意味, 当たり前の結果である.

それでは, 属性要因などを含めて, 生活満足度との関連を分析するならばどのような傾向が見出せるのだろうか.

5-4　生活満足度との関連項目

基本的な属性で分析するならば, 女性の方が男性よりも生活満足度が高い. これは, 3 回すべての調査において,「生活に満足していない」と回答する率を比較したときに, 男性が女性より高率であった. 解釈が難しいのは, 年齢による差である. 1992 年調査では, 年齢による有意な差はみられなかった. しかし, 2002 年調査では, 若ければ若いほど「生活に満足していない」と回答する率が高いのに対して, 2012 年では逆の相関を示している. つまり, 2012 年調査では, 若ければ若いほど「生活に満足している」と回答する率が高いという結果となった. また, 経済的な余裕と生活満足度について, 2012 年調査では自由に使えるお小遣いの額との相関がみられなかった.

年齢に関する相関は, ドラスティックな変化をみせているために, 説得的な説明が難しい. また経済的な余裕との連関がみられないことへの解釈も難しい. しかし, ジェンダーについては, 前述した人間関係との相関を考えるならば, 仮説が得られそうである. 男性よりも女性の方が親友をもつ率が高く, 関係のオリエンテーションについて，男性が女性よりも「友人（友達）といるより，ひとりでいる方が気持ちが落ち着く」という関係忌避傾向にあることと関わっているのかもしれない．

人間関係との関連を確認するならば，親友の有無と生活満足度は3回の調査すべてにおいて，弱い相関があった．親友のいる若者は，いない若者に較べると生活満足度が高い．その一方で，異性の親友の有無と生活満足度との相関はない．交際をしている恋人の有無に関しては，1992年には強い相関があったが，2002年には差が有意ではなくなり，2012年の結果においても弱い相関がみられるという変化があった．恋人のいる若者の方がいない若者に較べると若干，生活満足度が高い．

以上のように，弱い相関ではあるものの，親密な人間関係を取り結んでいる若者の方が，生活満足を得ているようにみえる．しかし，関係のオリエンテーションにジェンダー差がみられたように，男女では，人間関係の取り結び方と生活満足度の関わり合いが異なるのかもしれない．そこで，男女で分けて傾向を確認してみたい．

男性の場合，1992年調査において恋愛行動と生活満足度が強く相関していたが，2002年調査と2012年調査では相関がなくなっている．つまり，恋人のいる若者の生活満足度が高かった時期は1992年調査時点のみである．この20年間で男性にとって，恋愛は生活満足度を高める経験ではなくなった．また，親友の有無については，3回すべての調査において，相関がみられなかった．つまり，親友の存在は，男性の生活満足度を高める要因ではない．

女性は，男性とは異なる変化がみられた．1992年調査と2002年調査において，恋愛行動と生活満足度は相関していないが，2012年調査では弱い相関がみられた．つまり，恋人の存在が女性の生活満足度を高める要因として機能するよう変化してきたのではないだろうか．弱い相関であるため，今後の動向を確認する必要があるが，少なくとも男性と逆向きの変化を起こしているということはいえる．また，親友の有無については，女性の生活満足度にもはっきりとした強い相関が認められない．2002年調査において，親友のいる女性の生活満足度が若干高いという結果であった．1992年調査と2012年調査では，親友の有無と女性の生活満足度に相関がみられなかった．

以上の結果を総合するならば，男性は親しい人間関係が生活の満足をもたらすわけではなく，その傾向は近年強まっていると結論できる．また，女性は親しい人間関係のなかでも，恋愛関係が生活の満足を規定する傾向が生じてきていると仮説をたてることができる．

6　まとめ

ここまで，1992年，2002年，2012年の時系列データによる若者の意識の変容をおってきた．その結果，日本の若者の意識は，さまざまな領域でジェンダー化され，その差が広がる傾向があるということが明確になった．特筆するべきことは，男性の人間関係からの撤退傾向である．生活満足度を幸福感として読み替えることができるならば，関係性のなかで幸福感を得るという物語はすでに消失しているということだろう．その一方で，女性にとって恋人の有無が幸福感を規定するようになったのは，最近のことだといえる．

また，この幸福感を感じる若者は，日本の将来や自分の将来についても楽観的であり，希望をもっているということが明らかになった．

参考文献

浅野智彦，1995，「友人関係における男性と女性」高橋勇悦監修『都市青年の意識と行動』恒星社厚生閣．
浅野智彦編，2006，『検証・若者の変貌』勁草書房．
福重清，2005，「若者の友人関係はどうなっているのか」浅野智彦編『検証・若者の変貌』勁草書房．
古市憲寿，2011，『絶望の国の幸福な若者たち』講談社．
二方龍紀，2005，「メディアと若者の今日的つきあい方」浅野智彦編『検証・若者の変貌』勁草書房．
羽渕一代，2006，「青年の恋愛アノミー」岩田考・羽渕一代・菊池裕生・苫米地伸編『若者たちのコミュニケーション・サバイバル―親密さのゆくえ―』恒星社厚生閣．
林雄亮，2013，「青少年の性行動の低年齢化・分極化と性に対する新たな態度」日本性教育協会編『「若者の性」白書　第7回青少年の性行動全国調査報告』小学館．
小林哲郎，2005，「オンラインコミュニティの社会関係資本」池田謙一編『インターネット・コミュニティと日常世界』誠信書房．
草柳千早，1999，「関係の変容と個人文化と恋愛をめぐって」三田社会学会『三田社会学』第4号．
南田勝也，2005，「若者の音楽生活の現在」浅野智彦編『検証・若者の変貌』勁草書房．
村山直樹，1995，「現代青年の友人―親友関係」高橋勇悦監修，『都市青年の意識と行動』恒星社厚生閣．
小川博司，1995，「青年の音楽生活」高橋勇悦監修，『都市青年の意識と行動』恒星社厚生閣．

1章　21世紀初頭の若者の意識

大澤真幸，2011,「可能なる革命第1回『幸福だ』と答える若者たちの時代」『at プラス』7号，太田出版.

嶋崎尚子, 2010,「移行期における空間的距離と親子関係——近代的親子関係の再考」岩上真珠編『〈若者と親〉の社会学——未婚期の自立を考える』青弓社.

苫米地伸，2006,「脱青年期と親子関係」岩田考・羽渕一代・菊池裕生・苫米地伸編『若者たちのコミュニケーション・サバイバル—親密さのゆくえ—』恒星社厚生閣.

富田英典，1995「電話コミュニケーションと青年」高橋勇悦監修，『都市青年の意識と行動』恒星社厚生閣.

富田英典，1999,「〈みんなぼっち〉の世界のゆくえ」富田英典・藤村正之編『みんなぼっちの世界—若者たちの東京・神戸90's・展開編—』恒星社厚生閣.

高橋勇悦監修，1995,『都市青年の意識と行動』恒星社厚生閣.

2章

Jポップの20年

自己へのツール化と音楽へのコミットメント

木島由晶

0　音楽は幸福のスパイス

音楽のある生活は，個人の幸福とどのように結びついているのか．お金がなければ生活は維持できないが，音楽がなくても生活を維持するうえでは困らない．しかし音楽があることで，生活には潤いがもたらされるだろう．このような意味で，音楽は個人の幸福感に彩りを添えるスパイスのようなものだと考えられる．

では，私たちはどういうときに音楽のある生活を幸福と感じているのか．カラオケボックスで最新のヒット曲を熱唱しているときか，友人と特定のアーティストの話題で盛りあがっているときか，それとも，ヘッドフォンでお気に入りの楽曲をじっくり聴き込んでいるときだろうか．いずれも幸福なシチュエーションだと思われるが，本章ではとくに，他者とのツール（コミュニケーションをとるための利用）か，自己へのツール（気分転換などの利用）かというように大きく分けて，音楽の利用のされ方の変化を探ってみたい．

1　Jポップの時代の不透明感

音楽には人々の幸福感を盛り立てる効果がある．仮にそうだとして，その効果には個人差があるだろう．例えば，音楽への関心が乏しく，あまりお金を使わず，短時間しか聴かない人は，そうでない人と比べると音楽の恩恵を受けていないに違いない．そこで本章では，音楽の利用のされ方を検討するとともに，音楽へのコミットメントが深い層／浅い層に大別して，それぞれがどういった音楽ジャンルを好んでいるのかも検討する．以上をあわせると，今日の若者が音楽の好みを分かち合う際に生じる期待と困難とが浮き彫りになるはずである．

ただし，若者と音楽の関係性を探るのは，容易なことではない．例えば図表2・1は，日本で最も知名度のあるヒットチャートであるオリコン年間シングルランキングと，2012年調査で若者が選んだ「最も好きな音楽家」の回答結果の上位を並べたものだ．かつては「歌は世につれ，世は歌につれ」の言葉どおり，流行歌が時代や世相を反映しているという想定がある程度は社会的に通用したし，そうした想定に基づく優れた社会学的分析も存在した（見田1967）．しかしその想定は消費社会の進展とともに通用しなくなったとされ（宮台・石原・大塚1993），2000年代後半からはより明白な傾向として理解されやすくなった．「AKB商法」という俗語が示唆するように，様々な特典を駆使してCDが販売される現在では，作品の売り上げは社会的人気を示す指針にならない．このことは若者と音楽の関係について考えることをますます困難にしている．

もう1点，音楽から若者の社会生活を読み解く作業が困難な理由は，音楽という対象がもつ性質に由来している．後に確認するとおり，現代社会は情報化，消費社会化などの概念と比肩し得るほどに，「音楽化」した社会でもある（小川1988）．それはメディアとの関わりのなかで，とりたてて意識しないほどに音楽が人々の生活を取り巻いていく状況を示した概念だが，誰もが少なからず音楽を耳にし（例えば，ふと立ち寄ったコンビニから流れてくる有線で），たいていの若者が音楽鑑賞を趣味と自認する状況では，「音楽」というカテゴリーに含まれる意味の振れ幅が大きすぎて，それだけでは分析の基準に据えることが難しい．

そこで本章では，なるべく変化の概観を伝えることに努めたい．青少年研究会は若者についての総合的な把握を目的とするなかで，特に音楽に関して厚みのある調査を行ってきた点に特色がある．そしてこの研究会が大規模な統計調査を始めた1992年からの約20年間は，日本の流行歌が「歌謡曲」や「ニューミュージック」ではなく，「Jポップ」と呼称され始めて以降の約20年間とほぼ対応している．Jポップの20年を若者の音楽生活の変化として，データを交え振り返ることは，社会学やメディア研究はもちろんのこと，産業論的な分析にも有意義な知見を提供するものと思われる．まずはそれぞれの調査に共通する質問を比較し，若者の音楽生活にみられる変化の特徴をつかむところから始めよう．

順位	アーティスト名	楽曲名
1	AKB48	「真夏の Sounds good !」
2	AKB48	「GIVE ME FIVE!」
3	AKB48	「ギンガムチェック」
4	AKB48	「UZA」
5	AKB48	「永遠プレッシャー」
6	嵐	「ワイルドアット ハート」
7	嵐	「Face Down」
8	SKE48	「片想い Finally」
9	SKE48	「キスだって左利き」
10	SKE48	「アイシテラブル !」

順位	アーティスト名	度　数
1	Mr.Children	54
2	嵐	26
3	EXILE	22
4	B'z	17
4	BUMP OF CHICKEN	17
6	ポルノグラフィティ	15
6	ゆず	15
8	YUI	14
9	Aiko	13
9	西野カナ	13

2011/11/26付〜2012/12/17付 © オリコンリサーチ．N = 972，記入されたアーティスト数：428名．

図表2･1　年間シングルチャートと最も好きなアーティストとの比較（2012年）

2 若者の音楽生活の概観

2-1 情報源：ショップとラジオの退潮

図表2･2は，経年比較が可能な項目を，情報源，意識，行動の3つに分けて整理したものだ．まず，音楽を知る情報源については，この10年でインターネットが大きな伸びを見せた反面（21.7%→59.2%，$p < 0.01$），CDショップとラジオから知るスタイルの凋落が目立つ（CDショップ：53.0%→22.8%，$p < 0.01$，ラジオ：34.8%→12.3%，$p < 0.01$）．このCDショップとラジオはともに，1980～1990年代を通じてJポップの時代を推進する原動力でもあった．

例えば，タワーレコードに象徴される外資系の大型CD店は，楽曲を購入するまで良し悪しを判断できなかった旧来のリスナーに視聴機を用意し，店頭のポップ広告や無料情報誌で積極的に楽曲を推奨することで，最新の音楽情報が行き交う場として単なる販売店以上の役割を果たした．また，J-WAVEやFM802のような第二FM局は，局の推奨する曲が様々な番組で流れるヘビーローテーション制をいち早く導入し（木島2010），洋楽専門局でもオンエアで

	1992年		2002年		2012年
情報源					
インターネット			21.7	＜	59.2
ラジオ			34.8	＞	12.3
CDショップ（店頭）			53.0	＞	22.8
意識					
自分の気持ちを変えるために，曲を選んで聴く			63.6	＜	80.2
音楽を聴く機器を買うなら，音のクオリティを優先したい			64.4	＜	74.7
行動					
好きな音楽のCDを購入する	69.2	＝	65.2	＞	43.5
月に1回はCDレンタル店を利用する	27.7	＜	32.1	＞	27.3
年に数回以上はコンサートやライブに行く	27.1	＞	22.3	＝	23.6
月に1回はカラオケで歌う	46.4	＞	29.7	＝	30.4

※「＞，＜」は有意差のある変化を，「＝」は有意差がないことを表す．

図表2･2 共通質問から見る経年変化の抜粋（1992年，2002年，2012年）

きそうな邦楽を「J-pop」と呼称し始めるなど（烏賀陽 2005），新しい音楽文化を発信する基地の役割を担った．情報源としてのインターネットの台頭は，そうした音楽を知り，耳にする役割が，動画サイトやネット通販のレコメンド機能，カスタマーレビューといったものに代替されつつあることを示唆する．

2-2　意識：楽曲による感情の切り替え志向の高まり

意識の面では，「自分の気持ちを変えるために，曲を選んで聴く」への回答の伸びから，気分を高揚させたいときにはこの曲，落ち着きたいときはこの曲……といったように，音楽を自分の感情をコントロールするサプリメントのように用いる傾向（感情サプリ志向）の高まりを確認できる（63.6%→ 80.2%，$p < 0.01$）．また，音質重視の傾向も確認できるが（64.4%→ 74.7%，$p < 0.01$），この場合の機器とは，主要な再生機器としてパソコンやデジタル音楽プレーヤーが浸透していることや[1]，若者のお小遣いの範囲内でも購入が容易なことから，イヤフォン・ヘッドフォンが多いと推察される．

2-3　行動：CD 購入率の低下とカラオケの定着

音楽行動に関しては，3 時点比較が可能な項目もある．まずわかることは，1998 年をピークに下降に転じたとされる音楽不況の実態だろう．CD の購入率をみると，1992 ～ 2002 年の 10 年間では大きな変化が見られないものの（69.2%→ 65.2%，n.s.），2002 ～ 2012 年の 10 年間では 21.7%と大幅に減少した（65.2%→ 43.5%，$p < 0.01$）．他方，1997 年からのフジロックフェスティバルの開催を皮切りに，音楽ビジネスはライブで儲ける構造に転換したとされるものの[2]，若者に限った場合，ライブ参加者の割合はこの 20 年間で大きな変化がない（27.1%→ 22.3%→ 23.6%，n.s.）．いずれにせよ，音楽不況とはもっぱら CD 不

---

1) 日本レコード協会（2013）の調査によると，2012 年の音楽機器の利用動向では，屋内ではパソコンが最も多く，CD/DVD 等のメディア再生と音源ファイル再生の両方に利用されている．また，屋外ではデジタルオーディオプレーヤー（DAP），iPhone，Android 携帯等，音源ファイルを再生する機器の利用が多い．

2) コンサートプロモーターズ協会（2013）の調査によると，「CD バブル」の最盛期だった 1998 年以降，縮小を続けるレコード市場とは対照的に，コンサート市場は規模を拡大している．2012 年のコンサート市場規模は 1700 億円を突破し，1998 年の 710 億円程度から比べると倍増，総動員数は 2011 年と比べて 500 万人増加し，3000 万人を突破した．

況を指すと解釈できよう．

これに関して考えられるのは，消費の高齢化である．日本レコード協会の調査によると，音楽市場を支える年代は，1990年代後半には10～20代の若者が2/3を占めていた[3]．だが近年は，支える年代が中高年に広がっており，2012年の商品別市場シェアは，セルCD，有料音楽配信ともに30～40代が最も多い（日本レコード協会編 2013）[4]．消費の中心が加齢に伴い上昇したと解釈すれば，CDを買わない（欲しがらない）昨今の若者を「嫌消費」と特徴づけるよりも（松田 2009，山岡 2009など），CDが最も売れた時期に青春を過ごした（ポスト）団塊ジュニア世代こそを「好消費」と特徴づけるほうが適切かもしれない．

また，2000年代とは，カラオケが一過性のブームを経て若者文化に定着（安定）した10年間でもあった．カラオケの利用率をみると，1992～2002年の10年間では大きく減少するものの（46.4％→29.7％，$p < 0.001$），2002～2012年の10年間では有意な変化は見られない（29.7％→30.4％，n.s.）．このことは別のデータからも確かめられる．

全国カラオケ事業者協会（2013）の調査によると，2012年の全国のカラオケ利用人口は4680万人で，1995年の5850万人と比べると1200万人ほど減少した．ただし，大きな減少は1990年代後半にあり，2000年以降は平均して4000万人台後半を維持する状況が続いている．なお，この年のカラオケ経験のある利用者（過去1年でカラオケ経験があった人）の割合は10代，20代が圧倒的に多いが，利用頻度では50～60代が高い[5]．1990年代の後半には，若者がテレビのヒット曲をカラオケで歌うというサイクルが市場の拡大に寄与したが，その構造は変化し，いまや過去のヒット曲を楽しむシニア層が市場を支えているのである．

---

3)　同協会のデータによると，例えば，1998年のCD市場のシェアは，中学生～20代が66.6%，30～40代が15.0%，40～55歳が20.4%となっている．

4)　CDアルバム・シングルについては，「中学生～20代社会人」で31.6%，「30代～40代」で41.8%，「50代～60代」で26.6%と，30代～40代の割合が最も多くなっている．これはインターネット配信や「着うたフル®」についても同様で，前者はそれぞれ30.9%，42.6%，26.5%，後者は41.2%，42.8%，16.0%となっている（日本レコード協会編 2013）．

5)　「過去1年でカラオケ経験あり」と回答した人は，10代：77.6%，20代：66.7%，30代：37.9%，40代：36.7%，50代：49.1%，60代：36.7%となっている．

2-4　好きなジャンル：邦楽とオタク系音楽の人気

ここからは音楽の好み（taste）に関して検討を加えていこう．2012年調査では，全22の項目（その他を除く）から好きなジャンルをいくつでも選んでもらった（図表2･3）．結果，3/4の人がJポップを好きなジャンルに選んでいる（75.7%）．興味深いのは，オタク的とみなされやすい音楽がロックやポップスと比肩するほど人気である点で，そういった趣味はもはや日陰の存在ではないことが確認できる（アニメ・声優・ゲーム：30.8%，同人音楽・ボカロ：13.2%）．また，好きなジャンルの平均選択数は4.22で，現在の若者が幅広いジャンルの音楽を好んでいることが推察される（中年の平均選択数：3.74）．

若者と中年とを比較した場合，ジャンル全体の選択数は中年の方が少ないにもかかわらず，若年よりも中年の方が割合も多く順位も高いジャンルがある点に注意しよう．そうして見た場合，若者の割合が目立って高いのは，「アニメ・声優・ゲーム」（若者：30.8%／中年：12.0%），「同人音楽・ボカロ」（若者：13.2%／中年：1.9%），「邦楽ロック」（若者：38.2%／中年：30.1%），「Kポップ」（若者：16.2%／中年：9.6%），「アイドル」（若者：18.1%／中年：11.6%），「Jラップ」（若者：9.1%／中年：3.2%）などであり，中年の割合が目立って高いのは，「クラシック」（若者：21.4%／中年：29.9%），「演歌・歌謡曲」（若者：6.2%／中年：12.7%），「フォーク・ニューミュージック」（若者：5.6%／中年：12.5%），「ジャズ」（若者：17.9%／中年：26.9%），「洋楽ロック」（若者：30.0%／中年：31.2%），「R & B」（若者：17.5%／中年：19.5%）などである．ここからは，オタク系の音楽ジャンルと邦楽が目立つ若者／伝統的な音楽ジャンルと洋楽が目立つ中年，といったコントラストを描くことができるはずだ．

若者		
1	Jポップ	75.7
2	邦楽ロック	38.2
3	洋楽ポップ	34.3
4	アニメ・声優・ゲーム	30.8
5	洋楽ロック	30.0
6	映画音楽・サントラ	25.9
7	クラシック	21.4
8	アイドル	18.1
9	ジャズ	17.9
10	R&B	17.5
11	Kポップ	16.2
12	洋楽ヒップホップ	15.1
13	同人音楽・ボカロ	13.2
14	Jラップ	9.1
15	ハウス・テクノ	9.0
16	パンク	8.3
17	ヴィジュアル系	7.0
18	洋楽レゲエ	6.2
19	演歌・歌謡曲	6.2
20	ジャパレゲ	5.9
21	ヘヴィメタル	5.7
22	フォーク・ニューミュージック	5.6

中年		
1	Jポップ	67.8
2	洋楽ポップ	32.7
3	洋楽ロック	31.2
4	邦楽ロック	30.1
5	クラシック	29.9
6	映画音楽・サントラ	29.7
7	ジャズ	26.9
8	R&B	19.5
9	演歌・歌謡曲	12.7
10	フォーク・ニューミュージック	12.5
11	アニメ・声優・ゲーム	12.0
12	アイドル	11.6
13	Kポップ	9.6
14	ハウス・テクノ	8.5
15	洋楽ヒップホップ	7.8
16	洋楽レゲエ	6.3
17	パンク	5.8
18	ヘヴィメタル	5.0
19	Jラップ	3.2
20	ヴィジュアル系	2.6
21	同人音楽・ボカロ	1.9
22	ジャパレゲ	1.8

	ジャンル	若者	中年
若者の割合が高い	アニメ・声優・ゲーム	30.8	12.0
	同人音楽・ボカロ	13.2	1.9
	邦楽ロック	38.2	30.1
	Kポップ	16.2	9.6
	アイドル	18.1	11.6
	Jラップ	9.1	3.2
中年の割合が高い	クラシック	21.4	29.9
	演歌・歌謡曲	6.2	12.7
	フォーク・ニューミュージック	5.6	12.5
	ジャズ	17.9	26.9
	洋楽ロック	30.0	31.2
	R&B	17.5	19.5

図表2・3　好きな音楽ジャンルの順位と特徴（2012年：若者・中年，単位：%）

2-5　好きなアーティスト：好みの細分化と洋楽離れの進展

図表2･4では，好きなアーティスト1名（組）の自由記述の回答から，上位20名（組）を10年前と比べている．このうち，人気を保ち続けているのはMr.Children（1位→1位），B'z（4位→4位），ゆず（16位→6位），aiko（13→9位），L'Arc～en～Ciel（13位→13位），SPITZ（19位→15位）の6名（組）である．これらは概ね1980年代後半から1990年代半ばにメジャーデビューしており，Jポップの時代を象徴するアーティストであるとともに，その呼称がバラエティに富んだ音楽性を含むあいまいな概念であることを想像させる．

2002年			2012年		
順位	アーティスト名	度数	順位	アーティスト名	度数
1	Mr.Children	55	1	Mr.Children	54
2	浜崎あゆみ	41	2	嵐	26
3	宇多田ヒカル	36	3	EXILE	22
4	B'z	32	4	B'z	17
5	GLAY	30	4	BUMP OF CHICKEN	17
6	MISIA	28	6	ポルノグラフィティ	15
7	サザンオールスターズ	18	6	ゆず	15
8	DREAMS COME TRUE	16	8	YUI	14
8	MONGOL800	16	9	aiko	13
10	The Beatles	15	9	西野カナ	13
11	Backstreet Boys	13	11	RADWIMPS	12
11	RIP SLYME	13	11	いきものがかり	12
13	aiko	12	13	L'Arc～en～Ciel	11
13	L'Arc～en～Ciel	12	14	GReeeeN	10
13	平井堅	12	15	AKB48	9
16	CHEMISTRY	11	15	SMAP	9
16	Every Little Thing	11	15	コブクロ	9
16	ゆず	11	15	SPITZ	9
19	SPITZ	10	15	Michael Jackson	9
20	BON JOVI	9	15	関ジャニ∞	9
20	THE BLUE HEARTS	9	15	水樹奈々	9
20	倉木麻衣	9			
N = 972，記入された総アーティスト数347名．			N = 972，記入された総アーティスト数428名．		

図表2･4　好きなアーティスト上位20人（組）の比較：2002年，2012年

また，記入された総アーティスト数の変化をみると（347名→428名），2002年調査から指摘されていた好みの細分化（南田2006）がさらに進んだように思われること，洋楽／邦楽でアフターコーディングした結果をみると（アーティストの国籍で判定），洋楽離れがいくらか進んでいることが推察される（25.6%→19.2%，ソマーズのD：－0.064）．

以上を整理すると次のようになるだろう．Jポップの20年は，若者のカラオケ文化の定着に象徴されるが，インターネットの躍進やCDの購入率低下といった状況の変化のなかで，オタク系音楽の躍進など，嗜好の細分化はさらに進んでおり，音楽は楽曲単位で個人の感情を切り替えるサプリメントのような役割を強めている，と．

これを踏まえて，以下では①自己／他者へのツールとしての音楽利用，②音楽へのコミットと好みの関係性に着目して検討を進めていきたい．

3　ツールとしての音楽利用

3-1　若者のカラオケ利用の特色

まずは，2000年代後半から社会現象として目立ってきた「ヒトカラ」[6]（一人カラオケ）志向と，先述の感情サプリ志向を中心に，若者の音楽意識のありようをもう一段掘り下げよう．ただしそれを検討する前に，1990年代からのカラオケ利用について状況を確認しておく必要がある．

カラオケそのものは1970年代から普及し始めており，すでに半世紀ほどの歴史がある．だがそれが本格的に普及し，若者や主婦の間で人気を集めるようになったのは1989年頃からで，「ボックス以前のカラオケは，社交，接待などの付随物であり，スナック的なおじさんの社交マナーがもちこまれていた．『他人が歌っている時は，間奏部分と曲の終わりで，拍手をしたり喝采を送らねばならな』（小川1994）かったのであり，それはまず酒場（スナック）に置かれ，職場の上下関係がそのまま持ち込まれるのが常識だった．

---

6) ヒトカラとは，「一人カラオケ」の略語で，一般的には大人数で楽しむものとされるカラオケを一人だけで楽しむことを指す俗語であると同時に，「ヒトカラ®」は株式会社エクシングの登録商標にもなっている．

けれども元号が昭和から平成に代わる頃から，全国各地にカラオケ専用の空間（ボックス）が設置されるようになり，1992年からの通信カラオケの普及とあいまって，リリースされたばかりの楽曲を歌うことのできる「新曲が早い」状況が到来する．さらにこの時期は，それまでCMやドラマの添え物だった音楽がタイアップソングとして対等の立場を獲得する時期とも概ね重なっており，Jポップの時代とヒット曲をすぐに歌える社会環境の整備とを切り離して考えることはできない．

そしてこの頃から，カラオケは同世代の友人と水平的なコミュニケーションを楽しむ場という意味を獲得していく．「カラオケ・ボックスは，もともと水平な関係から成り立つ集団の利用に適している．気心の知れた文字通りの仲間内＝ウチワで利用するからこそ楽しいのである．……様々な対人的配慮の煩わしさから逃れられるところが，カラオケ・ボックスの魅力である」（市川1992）といった認識が広がっていくのである．

3-2 「みんなぼっち」の典型としてのカラオケ

ただしこの頃に台頭してきたカラオケ利用を，単に同世代の仲間と仲良くするというふうに理解すると本質を見誤る．当時，勃興してきた若者のカラオケ利用は，青少年研究会が1992年調査の知見の1つとして提示した「みんなぼっち」という特徴を象徴するものでもあった．

> 「暗黙に了解されたカラオケ・ボックスでのルールとして，他の人と同じ歌を歌わないこと，誰かが歌っている曲の間奏中やエンディングで拍手をすることが挙げられる．しかし，近頃は，若者たちが仲のよい少人数でカラオケに行った場合，ボックス内で拍手はしないという．（中略）歌っていないものは映像を見ていたり，リストから選曲していたり，お酒を飲んでいたり，隣のものと耳打ち話をしていたりする．同じ空間にいるという点では一緒にいたいが，そのなかでは各自が何をしていようとかまわないという志向をもつ若者たち」（藤村1999）．

ここに示されている若者への理解は「会話によるコミュニケーションがなくても自然」という意味でのカラオケ・ボックスの快適さについて言及しており，

その独特の距離感は,「じめじめした人間関係は嫌いだけど，ひとりぼっちになるのも嫌いだ．ありのままの自分でいいという思いと，得体の知れない他人とつきあう際の不安との間を葛藤するのが，〈みんなぼっち〉という形式」なのだと説明されている（藤村 1999）．1990 年代のカラオケ利用に見られたこうした感覚は，今日のカラオケ利用のなかにも一定程度，共有されているだろう．

3-3　音楽は他者とのツールか，自己とのツールか

このように若者にとってのカラオケは，もっぱら世代内のコミュニケーション・ツールとして定着してきた．しかしそれに限らない利用が目立つようになるのが，この 10 年の特徴である．2012 年調査では「ひとりでカラオケ店を利用したいと思う」という意見に 30.1％の人が肯定回答（そうだ＝ 14.9％，まあそうだ＝ 15.2％）を示した．こうした志向の高まりを考えるために，ここでは 5 つの音楽意識項目と性差・年齢層との関連を検討しよう．

まず性差をみると（図表 2･5），感情サプリ志向（男性：75.6％／女性：84.1％，$p < 0.001$）とヒトカラ志向（男性：25.8％／女性：34.0％，$p < 0.01$）は有意に女性が高い．つまり女性の方がヒトカラを志向し，気分に合わせて曲を選ぶ傾向にある．

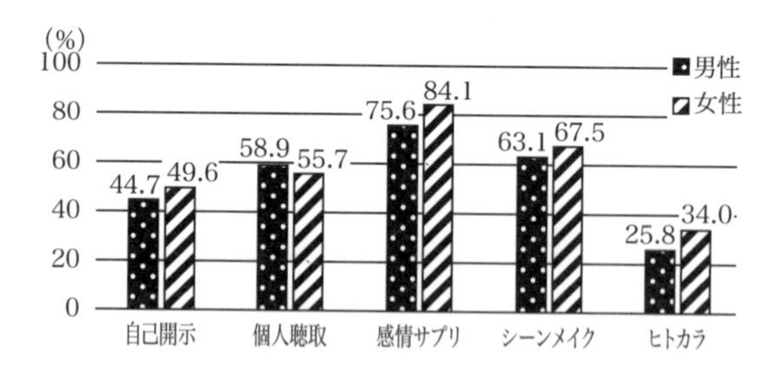

図表 2・5　音楽意識 5 項目×性別（2012 年）

次に 2012 年の若者（16 ～ 29 歳）と中年（30 ～ 49 歳）とで比べたところ,「自分の音楽の好みを知人･友人に知ってもらいたい」という自己開示志向（若者:47.4％／中年：20.2％，$p < 0.01$），感情サプリ志向（若者：80.2％／中年：63.5％，$p < 0.01$），ヒトカラ志向（若者：34.0％／中年：15.0％，$p < 0.01$）

の3つで有意差がみられた．「音楽はひとりでじっくり聴くものだと思う」という個人聴取志向（若者：57.2%／中年：52.5%，n.s.），「誰かと一緒にいるときにはその場の雰囲気にあった音楽を選ぶ」というシーンメイク志向[7]（若者：65.5%／中年：56.9%，n.s.）も含め，いずれの項目も数値が下がっているが，これは加齢に伴い，人々の音楽への関心が薄れていくことが根底にあると考えられる．

また，細かく年齢層ごとにみると（図表2･6），自己開示志向とヒトカラ志向は，加齢に伴い一貫して減少する傾向にあり，感情サプリ志向は30代以降に減少，シーンメイク志向は20代だけが高いといった特徴がある．

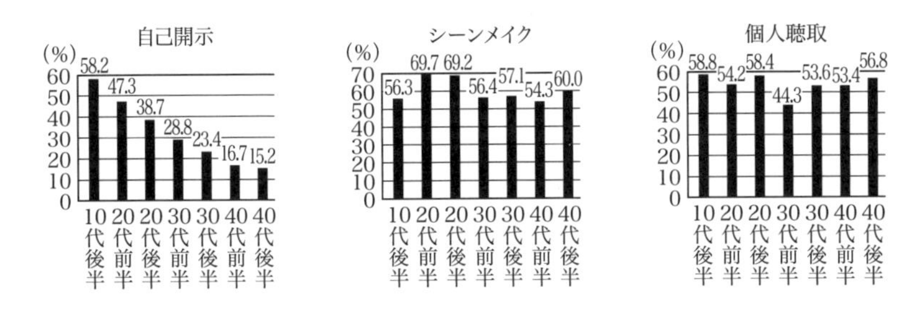

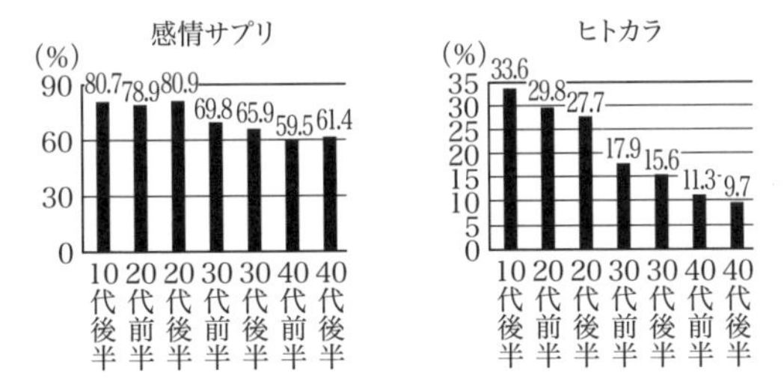

図表2・6　音楽意識5項目×年齢層（2012年）

3-4　ヒトカラ志向と好みの開示

以上を踏まえていくつかの検討を加えてみよう．まず，加齢に伴いヒトカラ志向の割合が低下していく理由は，年配者ほど，それが垂直的なものであれ水

7)　場を演出する「シーンメイク」という捉え方については，宮台・石原・大塚（1993）の考え方に依っている．

平的なものであれ,「カラオケはコミュニケーションをとるためのツール」といった前提を共有しているからであるように思われる．しかしヒトカラ志向に有意な性差が見られるのはどうしてなのか.

高校生の音楽生活をグループインタビューなどで調べた小泉恭子（2007）によると，男子よりも女子の方が，親密になるまで周囲の人に自分の音楽の好みを開示しない傾向があるという．この知見が正しいとすると，男性よりも女性のヒトカラ志向が高いのは,女性の方がこっそり自分の好きな歌を歌いたい(自己開示したくない）からという推察が成り立つ．しかし今回の調査からは，ヒトカラ志向と自己開示志向との間に統計的に有意な関連は見られなかった.

また，ヒトカラ志向の台頭が，世代内のコミュニケーションにわずらわしさを感じているためか（一緒に歌いたくない)，仲間内でのカラオケをより楽しむためか（練習して賞賛されたい）は，今回の調査データからはわからない．けれども，自己開示志向の強い人ほど（肯定回答：35.2%／否定回答：25.6%，$p < .01$)，また友人関係の形成に音楽の話題が役立った人ほど（肯定回答：36.2%／否定回答：24.8%，$p < .001$)，ヒトカラ志向が強い傾向にあるため，これが台頭してきた理由を，安易に若者のコミュニケーション回避志向と結びつけて理解すべきではないとは言えるだろう.

3-5　感情サプリ志向と断片消費

さらに感情サプリ志向について，もう1点付け加えておこう．若者にとって音楽が個人の感情を調整するサプリのような役割を強めている背景として，音楽の断片消費の傾向，つまり楽曲をアルバム単位で通して聴くのでなく，曲単位で様々な音楽をつまみ聴く聴取者の姿を想定できる．そしてそうした聴取を可能にする技術としては，iTunesやx-アプリに代表される，パソコンやスマートフォンでも再生可能なソフトウェアの存在が挙げられよう．つまりiPodやWALKMANなどのデジタル音楽プレーヤーの普及に伴い，ハードディスクに自分の所持する楽曲を丸ごと放り込んで持ち歩くような消費のスタイルが一般化し，そのことが感情サプリ志向の高まりに影響している可能性がある，ということだ.

そこで，感情サプリ志向と「音楽専門プレーヤー（iPodやWALKMANなど）

を持ち運ぶ」という項目とをクロス集計したところ，顕著な有意差が見られた（肯定回答:85.5%／否定回答:64.9%，$p < .001$）．要はデジタル音楽プレーヤーを持ち運ぶ人ほど，自分の気持ちに合わせて曲を変える傾向にある．2012年調査では断片消費を直接確認できる項目は用意されていないため，仮説の提示にとどまるが，聴取の断片化と感情サプリ化との間には何らかの連関があるものと推察される．

4　音楽へのコミットと好みの関係性

4-1　ポピュラー文化に占める音楽の位置

以下では，音楽へのコミットと好みの関係を中心に検討する．その前に文化ジャンル全体のなかでの音楽の特色について確認しておこう．

音楽と若者との親近性は古くから指摘されてきたが，現在でもそういえるのか．図表2·7は，10の文化ジャンルのなかで，回答者が最も関心のあるものの割合を示したものだ[8)]．上位2つをみると，1位が音楽で2位が映画という順番は，2012年の若者（16～29歳）および中年（30～49歳），2002年の若年に共通しており，これらは安定して多くの人々の関心を集める文化ジャンルといえる．

しかしそうはいっても，全体の関心はそれぞれで異なっている．2012年の若者と中年を比較してわかることは大きく2点ある．第1は，若者の文化的関心が一極集中的に音楽に向けられていることだ．中年では音楽（23.3%），映画（17.5%），文学（16.8%），テレビドラマ（14.8%）の上位4ジャンルの割合がまずまず拮抗しているのに対し，若者では1位の音楽（31.8%）が2位の映画（13.6%）以下を大きく引き離している．この点は2002年の若者も同様で（音楽：38.1%，映画：16.0%），若者の音楽への高い関心は少なくともこの10年間一貫している．

第2の特徴は，若者ではアニメ・マンガ・テレビゲーム（以下「ACG」と略

8)　2002年調査と2012年調査とでは，一部文言が変わっているところがある．具体的には，「文学」は「文学（小説など）」，「お笑い」は「お笑い（漫才・落語など）」という風にカッコ内の説明が加えられた．そのため，厳密な比較にはならない点に留意されたい．

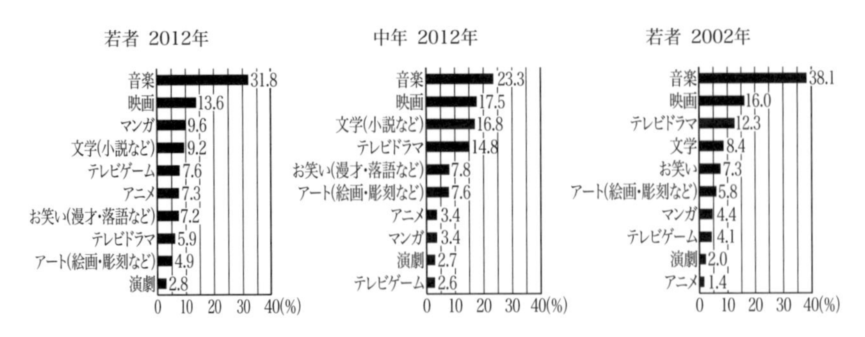

図表2·7　最も関心のある文化ジャンルの順位（若者2012年・中年2012年・若者2002年）

記）[9] への関心が目立って高く，中年ではテレビドラマへの関心が目立って高いことだ．特にマンガは，中年では3.4%しか選択されていないのに対し，若者では9.6%が選択しており，文学（9.2%）よりも上位に位置している点に，活字や実写よりもイラストやキャラクターを好む昨今の若者の特徴が表れている．

ともあれ音楽とACGは，今日の若者に重要な文化ジャンルであることは疑いえない．このことは年齢層別に関心を整理してもよくわかる．図表2·8をみると，音楽，アニメ，ゲームは年齢が上がるごとにほぼ一貫して関心が下がる傾向にあり，マンガは20代の後半を頂点とする山型の関心を示している．文学・映画・テレビドラマはそれらと対照的に，年齢が上がるにつれて関心もほぼ一貫して上昇している．

以上の変化は次のように要約できるだろう．すなわち，音楽は依然として若者文化のなかで大きな位置を占めているが[10]，しかしその傾向には陰りも見え，音楽の相対的な関心の低下と対照的に，伸びを示しているのがACGである，と．

---

9) これら三者に共通するのはイラストで描かれたキャラクターが作中に登場し，俗にオタク的な文化ジャンルと理解されやすい点にある．そこで以下では，これらを包括的に扱う場合にはそれぞれの頭文字をとって「ACG」（Anime・Comic・Game）と略記して議論を進めることにしたい．

10) このことは別の調査からも間接的に確かめられる．NHK放送文化研究所（2013）が中高生を対象に行った調査によると，「今，関心があること」の上位３つは，2002年も2012年も「友達づきあい」「音楽」「将来のこと」だった．このことからも，若者における音楽への強い関心がうかがえる．なお，この質問に対し，他に用意された選択肢は，「成績，受験」「クラブ活動」「スポーツ」「テレビ番組」「おしゃれ，ファッション」「ゲーム」「マンガ」「世の中の動き」「健康，からだ」「学校，先生のこと」「家族，家のこと」「芸能界の動き」「異性とのつきあい」であった（NHK放送文化研究所編 2013）．

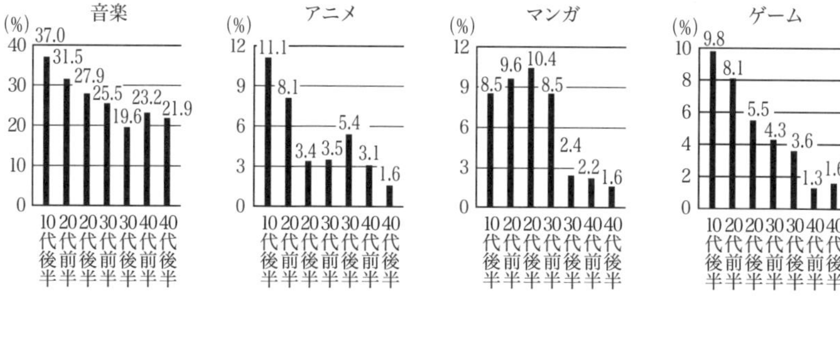

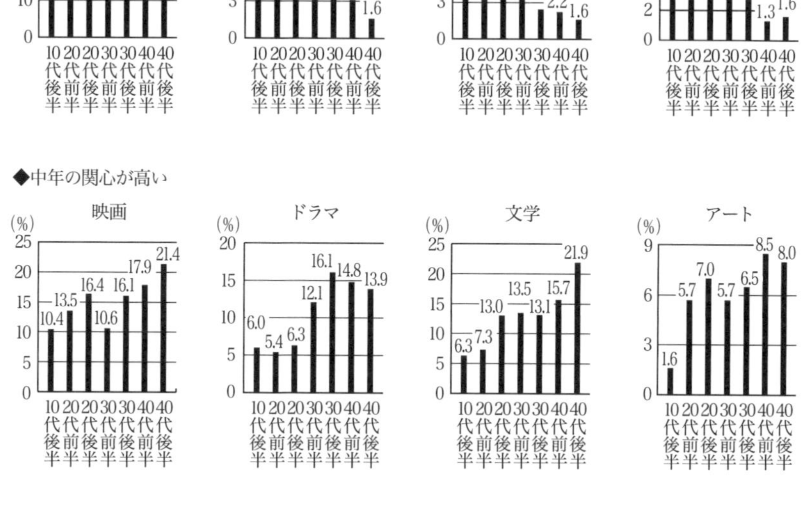

図表 2·8　年齢層別にみた文化ジャンルへの関心（2012 年）

4-2 「全体性集約的趣味」としての音楽

ならば音楽とACGは，今日の若者文化のなかでどのような特徴をもっているのか．北田暁大らが2010年に東京・練馬区で行ったアンケート調査によると（北田 2011, 北田・新藤・工藤・岡澤・團・寺地・小川 2013），アニメ視聴と音楽鑑賞は若者の趣味として対照的な特徴をもっている．すなわち，アニメ視聴は趣味選択の独立性が高く，趣味の共有と友人関係との連関が密接で,「趣味縁」（浅野 2011）の形成媒体になりやすい（＝自律的趣味）．個々の作品の好みはともかく，それを趣味にするだけでも友人関係を媒介する効果を期待しやすいと考えられるという．

一方，音楽鑑賞の場合は他と比べると趣味としての個別性に乏しく，誰もが選びやすい一般性をもつがゆえに，他に趣味のない人，音楽へのコミットが浅い人でも趣味を自認しやすいが，深くコミットする人も多いという層の厚みがある（＝全体性集約的趣味）．そのため「音楽鑑賞が趣味」というだけでは友人形成のきっかけにはつながりにくく，趣味間関係よりは趣味内関係，つまり，どの作品やジャンルを愛聴しているかという好み（taste）についての親近性が，友人関係を媒介する効果を生むと考えられるという[11]．

なるほど,「今季の熱いアニメ」について盛り上がることはまだ容易でも,「今，熱い音楽」で盛り上がることはなかなか難しいのかもしれない．このような，誰もが趣味として選びやすい（がゆえに，音楽が好きというだけでは行為者類型に差が出ない）点も，音楽における好みの細分化を感じさせるのに一役買っているだろう．

4-3 好みの細分化と包摂化

実際，1990年代から継続して語られ続けているのは，音楽における好みの細分化である．

> 「現在，若者と音楽に関して，最もよく聞こえてくるのは，「若者が何を聴いているのかわからない」という意見である．世代を超えて共有する音楽はもはやなく，若者の趣味嗜好は把握しきれない．それどころか，若者自身が，隣の席のクラスメイトの好みを捉えきれていない状況にある．その原因は「細分化」に求められる．90年代から，細分化の事態が取りざたされるようになった．細分化の言葉が説得力をもつように思えるのは，かつてであれば若者が好む音楽を何とかして知りたいと思っていた社会の側の欲望が減退し，音楽に時代を見ることを断念するようになったことと関わりがある」（南田 2006）．

人々の音楽の好みが実態としてどのように／どのくらい細分化しているかを検証することは難しい．けれども好みの細分化（少なくとも，不透明化）が進

---

11) ここでは紙幅の関係上，十分に展開できないが，後にみる音楽コミットメントスコアの二類型と友人関係形成に関する項目，「新しく友達をつくる際に，音楽の話題が役に立ったことがある」との間に有意な連関が見られる（低群：35.2%／高群：59.1%，$p < .001$）．

んだからこそ，南田は多種多様な作品やアーティストを包摂する魔法の言葉として，「Jポップ」というジャンル概念が便利使いされるメカニズムがあると考察している[12)]．「現代日本のポピュラー音楽は10年前よりも細分化しているがゆえに，便宜的なJポップの用語に包摂される状況が生まれている．細分化と包摂化は，表裏一体の現象なのである」（南田 前掲書）．

しかし好みの細分化／Jポップの包摂化は，音楽に見出される価値のフラット化を必ずしも意味しない．2002年調査では，音楽へのコミットが深いものほど，Ⓐマイナーなアーティストを選好する傾向があり，Ⓑ音楽の国内自給自足化，つまり「J化＝ドメスティックな傾向」（南田 2001）が進むなかで洋楽を好み，Ⓒポップス系よりロック系の音楽を好む傾向があると指摘されていた（南田 前掲書）．こうした傾向が2012年においても見られるのかどうか，また，音楽へのコミットの深さ／近さは，どういう好みに違いとなって表れているのかを次に検討しよう．

4-4 音楽へのコミットと好み

まず，10の文化ジャンルのなかから，a：最も関心のあるもの，b：最もお金を使うことに抵抗のないもの，c：最も長時間接しているものを1つずつ選択する設問のそれぞれについて，音楽と回答した場合＝1点，音楽以外を回答した場合＝0点と得点化して総和を求め，音楽へのコミットを測る暫定的な指標とする（クロンバックのα：0.861，スコアの平均：1.00，標準偏差：0.34）．

次に各文化ジャンルにおける0点／1点以上の割合と平均得点をみると（図表2·9），音楽は過半数の若者が関心・金銭・時間のいずれかで1つ以上を選択する傾向にあり，他の文化ジャンルの選択率を大きく引き離している．そこで以下では，0点＝コミット低群，1点以上＝コミット高群と操作的に定義したうえで，性差，年齢，好きな音楽ジャンルとの関連を探ってみたい．

---

12) 似たような状況認識は他にもみられる．例えば「90年代に入り，CD市場が右肩上がりで成長し続ける中，「J - POP」という呼称は世の中に定着しただけでなく，それが含む範囲も拡大し続け，今日，日本のポピュラー音楽は，極論を言えば，演歌以外はすべてJ - POPと言えるような状況になっている」（大場 2012）．また，Jポップのフラットさに関する考察は阿部（2010）に詳しい．

	0	1以上	平均得点
音楽	44.2	55.8	1.00
マンガ	75.3	24.4	0.35
文学	76.9	23.0	0.32
映画	73.3	20.6	0.35
テレビゲーム	81.9	18.0	0.28
テレビドラマ	82.6	17.4	0.21
アニメ	87.8	12.2	0.17
お笑い	89.5	10.5	0.12
アート	91.2	8.8	0.11
演劇	94.2	5.8	0.08

図表2･9　10の文化ジャンルの選択率（%）

まず属性をみると，性別は男性が47.0%，女性が63.3%で女性の方が有意に高く（$p < .001$），年齢は15～19歳が63.3%，20～24歳が52.0%，25～29歳が52.9%となっており，10代後半の割合が目立って高い（$p < .01$）．音楽は，若年女性がのめり込みやすい趣味であることがうかがえる．

図表2･10では，コミット低群／高群の二類型とそれぞれのジャンル選好とをクロス集計したうえで，①コミット高群が有意に高い回答を示したジャンル，②有意に低い回答を示したジャンル，③コミット高群と低群とで有意差が見られなかったジャンルに整理している[13)]．

これをみると，①では，洋楽ポップ（低群＝28.3%／高群＝38.9%，$p < 0.001$），洋楽ロック（低群＝25.4%／高群＝33.7%，$p < 0.01$）を筆頭に，洋楽に相当するジャンルが軒並み高い割合を示している[14)]．インターネットの浸透で世界中の音楽が視聴できる環境が整ったとされるが，誰もが海外の音楽に興味を抱くわけでなく，実際は深くコミットしている人ほど接するジャンルといえる．また，どことなく洒落た印象を与えがちなR＆B（低群＝11.9%／高群＝

13) 2002年調査にもコミットメントスコアを用いた分析が行われたが（南田 2006），2002年調査と2012年調査では，違う考え方に基づいて尺度構成している点に注意されたい．

14) 洋楽を好む日本のリスナーに関する卓越化の構図については，岡田（2007）の議論が示唆的である．また，旧来の高級／低級音楽の区分の無効性に基づく，ポピュラー音楽のなかの「ポピュラー美学」に関する指摘についてはFrith（1996）を参照のこと．

22.1％，$p < 0.001$）や，敷居が高いと思われがちだったジャズ（低群＝14.8％／高群＝20.7％，$p < 0.05$）も，カジュアルに消費されるようになったとはいえ，

①高群が有意に高いジャンル

ジャンル名	低群	高群	差
洋楽ポップ	28.3	38.9	＋10.6
洋楽ロック	25.4	33.7	＋8.3
ジャズ	14.8	20.7	＋5.9
R & B	11.9	22.1	＋10.2
Kポップ	12.2	19.5	＋7.3
洋楽ヒップホップ	10.6	18.2	＋5.6
ハウス・テクノ	6.4	11.1	＋4.7
パンク	5.8	10.5	＋4.7
ヴィジュアル系	5.1	8.6	＋3.5
洋楽レゲエ	3.3	8.1	＋4.8

②高群が有意に低いジャンル

ジャンル名	低群	高群	差
アニメ・声優・ゲーム	43.8	21.2	−22.6
同人音楽・ボカロ	16.8	10.9	−5.9

③有意差が見られないジャンル

ジャンル名	低群	高群	差
Ｊポップ	76.8	75.3	＋1.5
邦楽ロック	37.4	39.3	＋1.9
映画音楽・サントラ	26.8	26.1	−0.7
アイドル	15.7	20.4	＋4.7
Ｊラップ	7.5	9.8	＋2.3
演歌・歌謡曲	6.0	6.7	＋0.7
ジャパレゲ	4.4	7.0	＋2.6
ヘヴィメタル	4.2	7.0	＋2.8
フォーク・ニューミュージック	4.4	6.7	＋2.3
クラシック	20.0	23.0	＋3.0

図表2･10　音楽コミットメントスコア二類型× 好きな音楽ジャンル（2012年若者，単位：％）

依然として聴く人を選ぶ印象も残っているようだ．

②では，音楽に深くコミットしている人ほどオタク系音楽を選好しない傾向が如実に表れている（アニメ・声優・ゲーム：低群＝43.8％／高群＝21.2％，$p < 0.001$，同人音楽・ボカロ：低群＝16.8％／高群＝10.9％，$p < 0.01$）．オタク系文化の愛好者にもともと男性が多い点を割引いてみる必要はあるが，価値観の「フラット化」が指摘されやすい現在においても，音楽文化とオタク系文化との間に好み（taste）の溝が横たわっていることを推察するのはたやすい．

さらに興味深いのが③である．音楽に深くコミットする人とそうでない人との間に有意差が見られない理由の一因には，そのジャンル名が特定の美的価値観を代弁しないこと，換言すれば，人々がそのジャンル名に見出す意味が多義的で拡散しているため，個別・具体的なイメージをつかみにくく，何らかの価値観を示す差異の記号（Baudrillard 1970 = 1995）になりにくいことが考えられる．この意味でJポップはまさしく，日本の流行歌でさえあれば何でもそう呼称されるような概念のあいまいさ（包容力）をもっていると推察される．そして，これと同様の意味で邦楽ロックも，今日の若者にとってはもはや「若者の反抗の象徴」といった意味合いを付与しにくくなっており，特にコミットの浅い層には「バンドを組んでさえいれば何でもロック」といった包括的なジャンル概念として認識されている[15]可能性が示唆されているだろう．

---

15) 一部の邦楽ロックとそのファンを指す「ロキノン系」という俗語は，このことを示唆している．「ロキノン系」とは，音楽専門誌『ROCKIN' ON JAPAN』に登場するような邦楽ロックといった意味で，コミットの浅い人（というよりは音楽の知識に乏しい人）を揶揄する文脈で用いられることがある．しかし，たとえ「自称ロックエリート」が「ロキノン系」のファンを小馬鹿にしようとも，日本で最も集客数を集めるロックフェスは「ロキノン系」のフェスだったりするわけで，卓越化しようにも暖簾に腕押しといった状況があるのかもしれない．

5　結語に代えて

以上，本章ではJポップの20年の間に生じた若者の音楽生活の変化を，①自己／他者へのツールとしての音楽利用，②音楽へのコミットと好みとの関係性に着目して概観してきた．

まず，自己／他者へのツールという観点でいえば，「みんなぼっち」と称された20年前と比べると，それがコミュニケーション回避のためであれ別の理由であれ，「みんな」の部分が縮小している印象を受ける．ヒトカラ志向，感情サプリ志向の高まりはともに，音楽を自己へのツールとして用いる傾向の高まりと解釈できるからだ．別言すると，音楽は以前よりもパーソナルに楽しむものと理解されているのかもしれない．

一方，コミットと好みの関係性については，概ね2002年調査と同様の傾向を確認できたように思われる．すなわち，音楽へのコミットが深い人ほど洋楽的なジャンルを好む傾向についてはある程度確かめられた．変化の可能性があるとすれば，いわゆる「ロック／ポップス差異」の近接化の可能性だろう．邦楽ロックがJポップに近い包括的なジャンル概念となっている可能性である．

以上を踏まえて，音楽と若者をめぐる変化を考えると，この20年間は次のように整理できよう．先述のとおり，1990年代に若者に浸透したカラオケは，音楽で対人コミュニケーションを深める可能性，つまり，音楽を他者とのツールに用いる可能性を示唆していた．ところが，2010年代に目立っているのは自己へのツールに用いる傾向であり，若者全般で見た場合，音楽は自分の気持ちを鼓舞し，ストレスを解消する役割を強めている．とはいえ，音楽への一極集中的な関心の強さなどから類推すると，今日の若者が音楽でコミュニケーションを深める志向を衰退させたと結論づけることは難しい．想像されるのはむしろ，好みの細分化と裏返しの包摂化が進むなかで，多彩な音楽をつまみ聴いては，なかなか他者とのツールに用いられない現状にやきもきする若者たちの姿であるはずだ．

これを含めて，趣味の細分化が進んだ先の，若者の雑食的な音楽消費の傾向を検討することが今後の課題として挙げられる．冒頭で述べたとおり，今日の社会で若者と音楽をめぐる変化を探ることは，決して容易ではない．しかしながら，現代社会を「音楽化」と捉えることに意味があるとするなら，一見，不透明にも思えるJポップの時代の音楽生活にこそ，今日の社会的なメカニズムを探る重要なヒントが隠されていると考えられよう．

参考文献

阿部勘一，2010,「J-POPほどフラットなカルチャーはない」遠藤知巳編『フラット・カルチャー――現代日本の社会学』せりか書房．

浅野智彦，2011,『趣味縁からはじまる社会参加』岩波書店．

Baudrillard, Jean, 1970, *La Societe De Consommation: Ses Mythes, Ses Structures*, Paris：Denoel.（＝1995, 今村仁司・塚原史訳『消費社会の神話と構造』紀伊國屋書店．）

藤村正之，1999,「〈みんなぼっち〉の世界」，富田英典・藤村正之編『みんなぼっちの世界――若者たちの東京・神戸90s・展開編』恒星社厚生閣．

Frith, Simon, 1996, *Performing Rites: On the Value of Popular Music*, Harvard University Press.

木島由晶，2010,「OVERVIEW ～ BACK TO THE 90'S」『THE GROOVY 90'S ―― 90年代日本のロック／ポップ名盤ガイド』ミュージックマガジン社．

北田暁大，2011,「コミュニケーションにとって趣味とは何か（1）―2010年練馬区若者文化調査に基づく趣味概念の再検討」第84回日本社会学会報告資料．

――・新藤雄介・工藤雅人・岡澤康浩・團康晃・寺地幹人・小川豊武，2013,「若者のサブカルチャー実践とコミュニケーション―2010年練馬区「若者文化とコミュニケーションについてのアンケート」調査」情報学研究・調査研究編『情報学環紀要』（東京大学大学院情報学環紀要）(29) 105-153.

市川孝一，1993,「カラオケ行動に見る日本人の対人配慮」『現代のエスプリ312 情報化と大衆文化――ビデオゲームとカラオケ』至文堂．

小泉恭子，2007,『音楽をまとう若者』勁草書房．

コンサートプロモーターズ協会，2013,『平成24年基礎調査報告書』．

松田久一，2009,『「嫌消費」世代の研究――経済を揺るがす「欲しがらない」若者たち』東洋経済新報社．

南田勝也，2001,『ロックミュージックの社会学』青弓社．

――，2006,「若者の音楽生活の現在」浅野智彦編『検証・若者の変貌―失われた10年の後に』勁草書房．

見田宗介，1967,『近代日本の心情の歴史――流行歌の社会心理史』講談社．

宮台真司，大塚明子，石原英樹，1993,『サブカルチャー神話解体――少女・音楽・マンガ・性の変容と現在』PARCO出版．

NHK放送文化研究所編，2013,「NHK中学生・高校生の生活と意識調査2012――失われた20年が生んだ"幸せ"な十代」NHK出版．

日本レコード協会編，2013,『音楽メディアユーザー実態調査報告書2013』．

小川博司，1988,『音楽する社会』勁草書房．

――，1994,「カラオケと音楽文化の変容」『メディア時代の音楽と社会』音楽之友社．

岡田宏介，2007,「音楽――『洋楽至上主義』の構造とその効用」佐藤健二・吉見俊哉編『文化の社会学』有斐閣．

大場吾郎，2012，「映像・音楽」藤竹暁編『図説日本のメディア』NHK 出版.
烏賀陽弘道，2005，『J ポップとは何か』岩波書店.
山岡拓，2009，『欲しがらない若者たち』日本経済新聞出版社.
全国カラオケ事業者協会編，2013，『カラオケ白書 2013』一般社団法人全国カラオケ事業者協会.

3章

友人関係の変容
流動化社会の「理想と現実」

辻　泉

0　友人関係と幸福感の両義性

幸福は両義的なものである．あるいは，絶対的な永続する幸福などあり得ない，といってもよい．なぜならば，究極のゴールのようなものにたどり着いたら，そこで幸福への探求は終わってしまうからである．友人関係に関する幸福感もそのようなものだろう．

大勢と騒いで楽しさを感じながらも，一方では少人数でじっくりと語り合う楽しさを思い出していたり，あるいはその逆に……といった場合もあり得る．

いわば，万人が納得するような，究極に幸福な友人関係のありようなど，提示するのが難しい．むしろ状況に応じて異なってくると言わざるを得ないだろう．

本書全体を通じても語られていることだが，若者たちは，そのフットワークの軽さもあって，流動化が進み，変化の激しいこの現代社会にあって，状況ごとに応じた幸せのありかを上手に見つけ出しているように見える．

本章で掘り下げられるのは，流動化が激しいからこそ，むしろ気の合う同質的な友人関係を維持すること，いうなれば「アウェイ」よりも「ホーム」をしっかりと固めるような友人関係のありようである．これは社会関係資本論の観点からいっても，「結束型」に恵まれた状況ということができ，時代状況への合理的な適応のあり方と評価もできよう．

だが，その半面で，「橋渡し型」の社会関係資本が不足する状況，わかりやすくいえば「ホーム」を重視するあまり「アウェイ」に出る機会を失いかねない問題点もあるのではないだろうか.

日本の若者たちの生活満足度が，高い水準のまま維持されていることは良く知られていることだし，とりわけ友人満足度は高い水準にある.

それを時代への適応と評価しつつ，一方ではその問題点も同時に探るような，両義性に注目しながら，本章の議論を展開していきたい.

1　再帰化する友人関係

1-1　「友活」の時代

「トモカツ」という言葉がある．漢字をあてはめると「友活」，「友達活動」の略である.

基になっているのは「婚活」という2007年に世に出た言葉であり，その意味は結婚を目的とした自覚的な活動や行動というものである.

つまり「トモカツ」という言葉が意味しているのは，友人関係も，あえてするものに，すなわち，それをするための努力を，自覚的になすべきものになりつつあるということである．自覚的に「あえてする友人関係」，いうなれば「再帰化する友人関係」ともいえよう.

「普通の人生」や，それを成り立たせていた「普通の社会」は，大きく変わりつつある．社会の先行きについてだけでなく，人々の日常生活についても，不透明感が増しつつある．それは流動化の進展に伴って，自由な選択の幅が大きく広がってきたからといえるだろう.

では，こうした時代を生きていくためには何が必要だろうか．いくつもの答えが考えられるが，特に重要なのは社会学的な相対化ではないだろうか.

1-2　社会学的な相対化の必要性

ここでいう社会学的な相対化とは，簡潔に言えば，当たり前さ（自明性）を見直すことであり，そのうえで自覚的な選択をする際の手助けとなるような情報を提供したり参照することである．本章でいえば，友人関係がどのように変わってきたのかを理解しながら，今後に向けての可能性や問題点を挙げていくことが重要である．

そして，その際にキーワードとなるのが「両義性」である．というのも，これまで，若者に関しては「一義的」な議論がなされやすかったからである．

だが，批判的な議論であれ，逆に擁護する議論であれ，実は同じ陥穽にはまっており，主張のわかりやすさや，読者にもたらされるカタルシスの感覚からして，こうした論調がまかり通りやすいということはわからなくもないのだが，実態はそれほど「一義的」なものではない．

友人関係は，まさにその典型であろう．つながりが濃密すぎても希薄すぎても，人数が多すぎても少なすぎても問題視されかねないし，身近な関係ばかりを重んじていれば「付き合いの幅が狭い」と言われ，逆にあちこちに顔を出していれば「八方美人」と言われかねない．

1-3 「ホーム」と「アウェイ」のバランスをいかに考えるか

このバランスの難しさを理解するうえで，補助線として役立つのが社会関係資本論である．人々のつながりを「役立ち得る資源（資本）」として捉えるこの議論において，代表的論者であるロバート・パットナムは，2つの類型からそれを捉えようとする（Putnum 2000）．

すなわち，1つには「結束型社会関係資本」であり，「メンバーの選択あるいは必要性によって，内向きの指向性をもち，排他的なアイデンティティと等質な集団を強化していくもの」であり，「特定の互酬性を安定させ」たり「重要な精神的，社会的支えと」なるようなものである．

もう1つは「橋渡し型社会関係資本」であり，前者のような「「強い」つながりによって結びつく，社会学的な居場所が自分のそれとよく似た親類や親密な友人」とは違って，例えば「自分と遠く離れており，自分と異なるサークルのなかで動く知り合い」が結びつくことで，「外部資源との連携や情報伝播」などに役立ち得るものである（Putnum 2000：19-20）．

パットナムも言うように，これらは対立した別個の概念というよりも，実際のつながりのなかに様々なグラデーションをもって混在しているものである．あるいはそのグラデーションの具合によって，つながりの類型化も可能となる．

本章でも後に参照することになるが，社会心理学者の松井豊は，友人関係が若者の社会化に果たす機能について,「心理的安定化」「社会的スキル学習」「モデル機能」という3つの類型から整理したことがあるが，これらもほぼパットナムの二分類に対応させることができよう．すなわち，親しさの度合いが高く自分と似通ったような友人からは「心理的安定化」がもたらされるだろうし(「結束型」), 自分とは異なったところをもつような友人からは「社会的スキル学習」や「モデル機能」を期待できよう（「橋渡し型」).

パットナムの議論は，もともと若者の友人関係を主たる対象としていたわけではないが, 人々のつながりを「結束型」と「橋渡し型」の含まれた「両義性」のあるものとして捉えることで，一義的な批判や称賛を回避しつつ，社会学的相対化へと導くことが期待できる.

あるいは「結束型」と「橋渡し型」という概念は，スポーツのフィールドにたとえて言うならば,「ホーム」と「アウェイ」のようなものと言ってよい. どちらのフィールドもそれぞれに重要さを持ち合わせており，流動化の進むなかでは,「ホーム」を重視しつつ「アウェイ」でも活躍できるようなバランスが求められているといえる.

2　友人関係はどのように論じられてきたか

2-1 「希薄化説」を相対化した「選択化説」

次節以降で，実際の調査データに基づいた議論を展開していく前に，ここで関連する先行研究を振り返っておきたい.

新しいメディアの普及に代表されるように，社会の流動性が高まると人々のつながりは希薄化するものだと，ある時点まで強く思われてきた．そして，若者の友人関係は，まさにそれを象徴するトピックとみなされてきた.

例えば，2000年に出された著作『「ケータイ・ネット人間」の精神分析』（小此木 2000）に付けられた,「少年も大人も引きこもりの時代」というサブタイトルが象徴するように，リアルな生身のつきあいが苦手になることで，希薄化が進むのだと考えられてきた．こうした議論は，主として精神分析や青年心理学から提起されてきており（他には，松井 1990, 1996, 岡田 1992, 2010 など), 新しいメディアの普及などと関連づけられつつ，意識項目に関する分析や，どちらかといえば思弁的な検討に基づいて提起された仮説的な議論として「希薄化説」と呼ぶことができる．

一方で，1990年代末以降，友人数などの行動項目にも着目しながら，実証的な調査結果に基づいて「希薄化説」を相対化する議論が社会学者を中心に提起された．すなわち，友人の人数あるいは満足度は，低下するどころかむしろ増加傾向にあり，この点で「希薄化説」を裏づけるような調査結果は乏しいのではないかという疑問を呈しつつ，さらに流動化の進むなかで，若者たちは，むしろ友人関係や自己を場面に応じて使い分けているのではないかという可能性が示唆された．浅野智彦（1999）や辻大介（1999），松田美佐（2000）らによって提起されたこの議論は，「選択化説」と呼ぶことができる．

例えば，図表3･1は，友人全般とのつきあい方について，青少年研究会による2002年調査と2012年調査の調査結果を比較したものである．

これをみると，まず（狭く深くの）求心志向も，（浅く広く）の遠心志向も減少していることがわかる（中でも「ソマーズのD（係数)」の負の値がもっとも大きく，減少傾向が目立つのは，「友達と意見が合わなかったときには，納得がいくまで話し合いをする（求心志向②)」という項目である）．そして，

	2002年	2012年	全体（n）	ソマーズのD
友達をたくさんつくるように心がけている（遠心志向①）	52.3	43.6	2135	−0.083　***
初対面の人とでもすぐに友達になる（遠心志向②）	50.2	47.2	2136	−0.02　n.s.
友達との関係はあっさりしていて，お互いに深入りしない（求心志向①※）	53.7	48.5	2128	−0.071　***
友達と意見が合わなかったときには，納得がいくまで話し合いをする（求心志向②）	50.2	36.3	2133	−0.137　***
遊ぶ内容によって一緒に遊ぶ友達を使い分けている（状況志向）	65.9	70.3	2127	0.062　**
いつも友達と連絡をとっていないと不安になる（孤独志向①※）	80.9	84.6	2133	0.015　n.s.
友達といるより，ひとりでいる方が気持ちが落ち着く（孤独志向②）	46.0	71.1	2135	0.234　***

図表3･1　友人全般とのつきあい方の経年変化（単位は%，※は逆転項目）

むしろ「遊ぶ内容によって一緒に遊ぶ友達を使い分けている」という状況志向が65.9％から70.3％へと増加しており，「選択化説」が裏づけられるように思われる．

他にも「選択化説」が唱えていた点として，友人数は後に見るように増加傾向にあり，満足度も，他のいくつもの調査において高い傾向にある．

2-2 「選択化」の両義性と「同質化説」

だがその一方で，図表3･1では「友達といるより，ひとりでいる方が気持ちが落ち着く」という孤独志向も46.0％から71.1％と大幅に増加しており，（また「ソマーズのD係数」の値についても，正の値で最も大きくなっており）「希薄化説」を支持する結果もまた同時に得られているかのように感じてしまう．いったい，この点はどのように理解したらよいのだろうか．

この結果を解釈するためには，筆者が以前提起した議論が参考になるだろう．そのポイントは，いわば「選択化」の両義性に着目するというものである．

すなわち，先の例え話でいうならば，当人にとっては「ホーム」と「アウェイ」を，あるいはいくつもの「アウェイ」をバランスよく使い分けているつも

用語解説

ソマーズのD係数

「ソマーズのD係数」とは，－1～1の値をとる，2つの離散変数の関連についての測度であり，正負の符号が関連の向き（増加傾向か減少傾向か）を，絶対値が関連の大きさを示すものである．独立変数と従属変数が明確に区別されるときに用いられる測度であり，この場合は、2002年から2012年への調査時点の変化が独立変数であり，正の値であれば増加傾向にあり，さらにその値が傾向の大きさを示していることになる．具体的に言えば，「いつも友達と連絡をとっていないと不安になる」や「初対面の人とでもすぐに友達になる」の項目は有意差が見られないが，「ソマーズのD係数」が有意に正の値をとる項目の中でも，「遊ぶ内容によって一緒に遊ぶ友達を使い分けている（0.062）」よりは「友達といるより，ひとりでいる方が気持ちが落ち着く（0.234）」のほうが，増加傾向が大きいということである．

χ^2検定でも関連の有意性についてはわかるが，「ソマーズのD係数」では，傾向の大きさを数値で比較できるのがメリットといえよう．

りであっても，結果としては，自分と似たような相手ばかりを「選択」することを繰り返していけば，最後にはどれもが「ホーム」になる可能性があるということである．そして友人数が増加しているならば，多量に「ホーム」を抱えるだけの息苦しい状況にもなりかねない．つまり友人関係について一定の人数や満足度には恵まれつつ，そこから抜け出したいという意識も抱えていることが先の図表3・1のような結果をもたらしていると考えられるのではないだろうか．

筆者や土井隆義などによって展開された，いうなれば「選択化」の「意図せざる結果」に着目し，結果として似通ったものばかりの友人関係になることに警鐘を鳴らそうとする議論は「同質化説」と呼ぶことができる（辻 2006, 2007，2011，土井 2008 など）．

流動性の高まりは，確かに潜在的にはバランスの良い「選択化」をもたらす可能性があるが，あくまでそれは理想的であって，現実にそうなるかは別である．自由な選択可能性の高まりは，かえって単純に負担を増すだけになる場合もあり得るし，わざわざ「アウェイ」を選ぶよりも「ホーム」ばかりを進んで選び取るようになることも十分に考えられよう．

2-3　どのような検証が必要か

このように，「希薄化説」を社会学的に相対化した「選択化説」や，さらにそれを相対化した「同質化説」であれ，実証的な調査を元に展開されているものの，一時点の結果から解釈された仮説的な段階にあり，さらなる検証を重ねていく必要がある．この点で，青少年研究会が行った今回の調査は，これまでの質問項目を踏襲しながら，この間の友人関係の変容を理解することができる貴重な成果といえよう．

どのような項目のどのような分析を行うべきか，以下にポイントを述べたうえで，詳細な検討に移っていくこととしたい．

まずもって，あらためて指摘しておくべきは，友人関係という対象の捉え難さである．いうなれば「主観的」な要素が多くを占めるものを，いかに「客観的」に明らかにするか，という困難が伴う．それゆえ，特に青年心理学を中心とするこれまでの質問紙調査においては，意識項目がかなりの割合を占めてきたが，本調査においてはそれ以外の行動項目であったり，あるいはメディアの利用実態や友人と出会った場所の変化など，社会構造的な背景にも重点を置いていることが特徴である．

また2012年調査では，2002年調査の項目を大幅に踏襲しているため，詳細に変容を捉えることが期待できる．

以降では，まず社会構造的な背景から理解を進めつつ，次いで友人関係の変容を捉え，さらに「同質化」の進む様子についても議論を進めていきたい．最後に，異質な友人関係をもたらしている要因を探索する多変量解析（重回帰分析）を行い，今後に向けての可能性や問題点についても触れていきたい．

なお，分析結果については統計的検定を行うが，図表中の有意水準の表記方法は以下のとおりである．ここでは，なるべく幅広く分析結果をとらえるために，他の章とは異なって10%水準の有意性にまで注目することとした．また，統計的検定にあたっては，無回答や極端に大きい値は除いたりするなどの工夫をした．

***：0.1%水準で有意（$\alpha < .001$）**：1%水準で有意（$\alpha < .010$）
*：5%水準で有意（$\alpha < .050$）※：10%水準で有意（$\alpha < .100$）

3　調査結果から見る友人関係の変容

3-1　友人関係を取り巻く社会状況の変容

では，調査結果をみていくにあたり，友人関係を取り巻く社会構造的な背景から理解を進めていくこととしよう．図表3･2は，「親友」「仲のよい友達」と知り合った場所の経年変化を示したものである（あてはまるものすべてを選択．以下も同様に，図表タイトルに“MA”と表記）．

図表3･2からうかがえるのは，「インターネットや携帯電話のサイトで」というメディアに関する項目がやや増加（4.6%＜6.8%）しているのを除けば，

---

1) ただし「学校で」については，2002年調査では「1. 学校で（クラスやゼミなど）」「2. 学校の部活やサークル活動で」という項目への，2012年調査では「1. 幼稚園・保育園・小中学校で」「2. 高校で」「3. 大学で（短大・専門学校などを含む）」という項目への，これらいずれかへの回答割合を合計している．

軒並み割合が減少している項目が目立つということだろう．そして，やはりなお「学校」[1] が圧倒的な割合を占めている（2002 年が 94.1%，2012 年が 95.6%）．

だがこの点は，一見奇妙でもある．なぜならば，昨今における流動化の進展という状況とは対照的に，友人との出会いの場は，むしろ 1 つの場所に収斂しつつあるようにみえるからである．また知り合った場所に関して，あてはまる項目の数を 9 個までカウントして比較してみると，2002 年の 2.02 個から 2012 年には 1.72 個へと減少しており（0.1%水準の有意性），その多様さは減少傾向にすらある [2]．

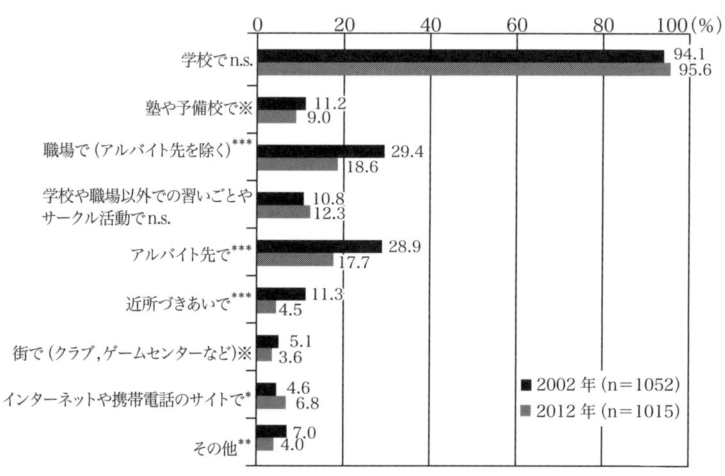

図表 3･2 「親友」「仲のよい友達」と知り合った場所の経年変化（MA）

だが，ここでさらに留保が必要なのは，だからといって友人を形成する出会いの場として，必ずしも「学校」が求心性を高めているわけではないということである．その典型は，部活加入率の低下である．2002 年調査と 2012 年調査を比較すると，高校時代の部活加入率は運動部系，文化部系を問わず低下して

[2]　この点は，2002 年調査，2012 年調査ともに大都市部を調査対象地としている点を考えると，これまた奇妙な結果でもある．なぜならば，都市の下位文化理論に従えば，大都市部において自発的紐帯が相対的に多くなるはずだからである（フィッシャー理論に基づいて日本の状況を明らかにしたものとして，赤枝 2011，2013 など）．残念ながら，ここではこれ以上の検討を深めることができないが，今後は，地方都市部との比較などを念頭に置きながら，今なお都市の下位文化理論が有効であるのか，あるいは歴史的にみて，「自発的紐帯」にあたるものが減少しているのかどうか，さらなる検討をする必要があるだろう．

いて，その分「特に所属しなかった」と回答したものが8.8%から23.8%へと大幅に増加している（0.1%水準の有意性）.

この点については，少し解釈が必要だろうが，おそらく「学校」は，かつてのような強固な求心力を伴った出会いの場所というよりも，単なるきっかけをもたらす場所へと変化したのだと考えられよう．部活動の停滞に加え，学級崩壊といった言葉も聞き慣れて久しいが，それでも相対的に選択肢が乏しい状況では，依然として学校が出会いの場所の中心を占めざるを得ないということである.

筆者は2002年調査の結果を分析した際に，メディアを介した出会いや関係形成の増加を典型例として，若者の友人関係はより流動化が進んだものへと，いわば「自由市場化」していくのではないかと提起した（辻 2005，2006）．しかし，先の図表3・2では，増加したとはいえ「インターネットや携帯電話のサイトで」は6.8%と1割にも達していなかった．この結果についても，やはり解釈を加えることが必要だろう.

というのも，おそらくこの6.8%という値は，純粋に他でもないメディアだけを介して知り合った者の割合と考えられ，つまり，他の複数の調査からも明らかなように，出会った場所は学校のような既存の空間であっても，そこでの関係の形成や維持については，かなり高い割合で，こうしたメディアが介在していると予想されるのである（辻 2007）.

先取りするならば，学校において，クラスや部活のような凝集性の高い集団のなかで友人関係を育むというよりも，むしろ単なる出会いの場所と化した学校空間において，メディアを介在させて関係を形成，維持していくようなありよう，すなわち「制限付きの自由市場化」とでもいうべき状況が見られるのだといえよう.

3-2　コミュニケーション・ツールとしてのメディア

この点は次のようなデータをみると，さらに明らかになる．図表3·3は，「新しく友達をつくるとき」に役立ったことがあるメディアについて，複数回答形式で尋ねた結果である.

最も割合が高かったのは，2002年調査では「携帯電話等での通話やメール」

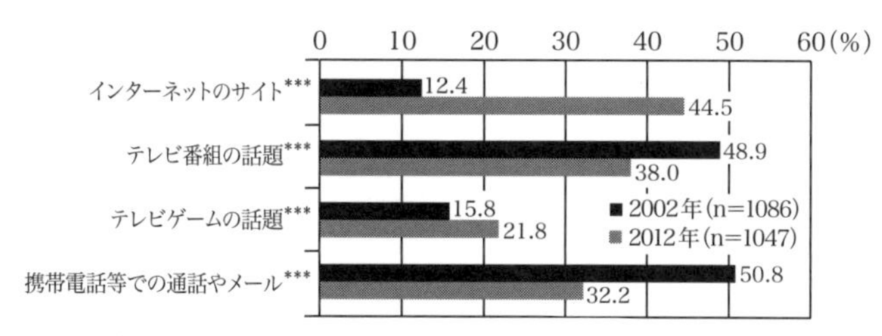

図表 3･3 友達をつくるときに役立ったメディアの経年変化（MA）

（50.8％＞32.2％），2012 年調査では「インターネットのサイト」[3)]となった（12.4％＜44.5％）．いずれにせよ，最も割合が高い項目はいずれの時点においてもほぼ半分に達しており，先の図表 3・2 において「インターネットや携帯電話のサイトで」が 1 割にも達していなかったことと齟齬をきたしているようにも見える．

だがこの点は，やはり先にも記したような解釈が妥当なのだろう．すなわち，ほぼ 100％近い回答者が出会った場所として「学校で」と答えていたことからして，単なる出会いの場と化した状況下で，その多くにメディアが介在しているということなのだろう．これらの役立ったメディアの個数（0 ～ 4）をカウントして比較すると，10％水準の有意性ではあるが，1.28 個から 1.36 個へと微増している．

そして，筆者がこれまでに述べてきた（辻 2007 など），あるいは現在行っているインタビュー調査の知見を加味するに，具体的に言うならば，主として 2002 年調査時では携帯電話の番号やメールアドレス，2012 年では各種 SNS サイトの ID などの交換を契機に友人形成が始まり，維持されていくような過程が一般化しているものと思われる．

このような，まさしく「制限付きの自由市場化」が進んだ状況は，さらにいえば，連絡先データの多くが集約されるケータイアドレス帳の登録件数の変化にも表れており，2002 年から 2012 年にかけて，93.80 件から 136.02 件へと平均値が大幅に増加している（0.1％水準の有意性）．

---

3) ただし，「インターネットのサイト」については，2002 年調査では「3. インターネットへのアクセス」という項目への回答割合を，2012 年調査では「1. ブログや SNS の利用」「2. 動画サイトにおける作品の話題」「3. それ以外のインターネットサイトの話題」という項目のいずれかへの回答割合を合計し比較しているため，厳密には項目が異なることに留意が必要である．

3-3　増加する友人数

では，こうした社会状況の変容に伴って，友人関係がどうなってきたのか，検討していこう．次の図表3·4は，友人数を経年比較したものであり，「親友」「仲のよい友達」「知り合い程度の友達」という3段階で尋ねたそれぞれの結果と，その合計の数値を示している．

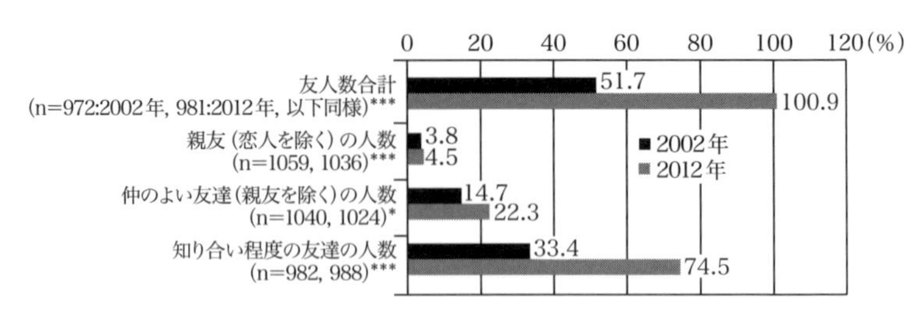

図表3·4　友人数の経年変化

まず合計人数からみると，平均値がほぼ倍増し，51.73人から100.91人へと，ついに友人100人が当たり前の時代となったことがわかる．また親しさの度合い別にみても，いずれにおいても増加が見られ，この点からも改めて「希薄化説」がもはや妥当性を欠くということがうかがえるだろう．

3-4　友人の属性および主観的意味・社会化機能の変化

だが，「量の面」において友人が増加してきたということと，それが「質の面」でもあてはまるかどうかは別である．すなわち，人数の増加とともに，異質で多様な友人関係がもたらされているのか否か，さらに検討する必要がある．

なお，こうした異質性についての研究においては，性別や階層，エスニシティといった社会属性に基づく検討が行われることが多かった．しかしながら，相対的に構成員の同質性が高い日本社会の若者について，これらの変数をそのまま当てはめることは（性別を除いて）あまり妥当ではないため，むしろ当人たちが感じる「主観的な意味づけ」といった社会心理学的な変数を用いることとしたい．

では，まず性別という属性から検討してみよう．2002年調査，2012年調査とも「親友」については，性別の内訳を尋ねているのだが，異性の親友については平均値で 0.64 人から 0.72 人へと，そもそも少ないうえに差が見られなかったのに対して，同性の親友は 3.22 人から 3.78 人へと増加傾向にあることがわかった（0.1％水準の有意性）．つまり「親友」の人数が増えたといっても，それは同質な相手，すなわち同性の「親友」の増加によるところが大きかったのである．

さらに性別以外の「質の面」として，友人に感じる主観的な意味とそれによって果たされる社会化機能について検討してみよう．社会心理学者の松井豊は，前者については「好感・親密感」「尊敬・肯定的評価」「劣等感・競争意識」，後者については「心理的安定化」「社会的スキル学習」「モデル機能」といったように，それぞれ 3 つの特徴に整理した．

これらは，先にもふれたようにパットナム流の社会関係資本の二分類にあてはめることができる．すなわち「結束型（の社会関係資本）」にあたるのは，「好感・親密感」を覚え，「心理的安定化」がもたらされるような，ノイズの少ない同質性の高い友人関係であろう．それに対して異質性が高いことで，「尊敬・肯定的評価」や「劣等感・競争意識」を覚え，それゆえに「社会的スキル学習」や「モデル機能」が期待できるような友人関係は，「橋渡し型」にあたるといえる．

図表 3･5 は「親友」について感じる主観的意味と，それが果たし得る社会化機能について経年比較したものである．

まず主観的意味からみていくと，「好感・親密感」に関する項目は 7 ～ 8 割かそれ以上の高い水準で安定して推移していることがわかる．逆に，「尊敬している」といった項目では若干の増加が見られるものの（42.8％＜ 48.5％），「自分の弱みをさらけ出せる」（60.7％＞ 57.8％）「ライバルだと思う」（23.1％＞ 16.2％）などに見られるように，「尊敬・肯定的評価」「劣等感・競争意識」に関する項目はやや減少傾向にある．

これと関連して社会化機能についても，「心理的安定化」の項目にあたる「一緒にいると安心する」は高い割合で，なおかつ増加傾向にある一方で（57.8％＜ 63.2％），「社会的スキル学習」にあたる項目では，「真剣に話ができる」（80.8％＞ 73.7％）や「ケンカをしても仲直りできる」（51.4％＞ 38.4％）などでの減少傾向が目立っている．

よってこれらの項目があてはまる個数（0 ～ 5）をカウントして平均値を経

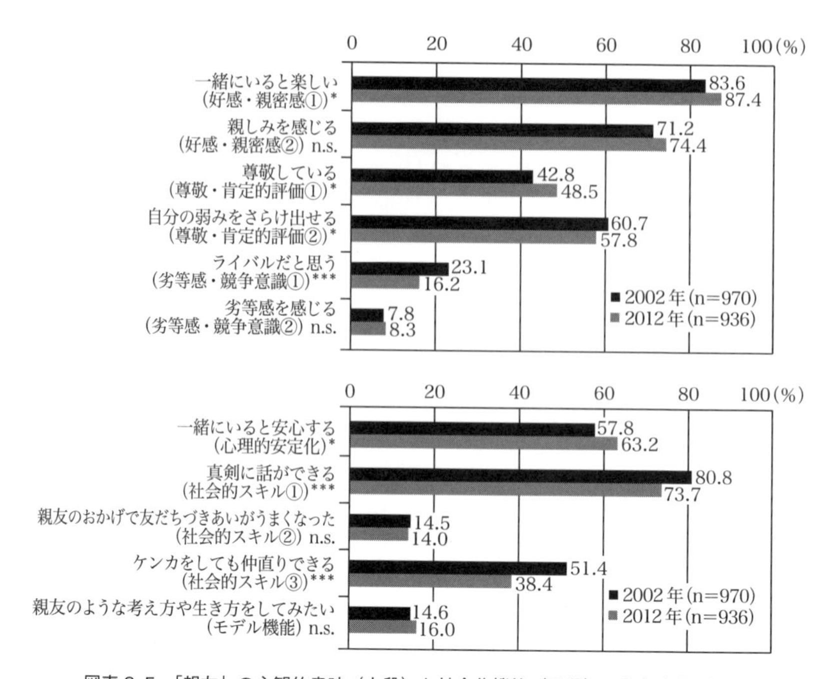

図表3･5　「親友」の主観的意味（上段）と社会化機能（下段）の経年変化（MA）

年比較してみると，社会化機能については，2.19個から2.05個へと減少傾向が見られた（5％水準の有意性）．

3-6　進む「同質化」～「結束型」か「橋渡し型」か

では，いったん，ここまでの分析結果について，先行研究を振り返りながらまとめてみたい．

まず「希薄化説」については，すでに繰り返し述べてきたことではあるが，友人数の大幅な増加であったり，他の調査においても高い満足度での推移が見られることなどからして，もはや妥当性を欠くことは明白であろう．

次に「選択化説」については，確かに友人数だけでなく，「遊ぶ内容によって一緒に遊ぶ友達を使い分けている」といった状況志向を示す意識項目についても増加傾向が見られ，一見すると当てはまっているかのように見られた．

しかしながら当人が「使い分けている」と意識していることとは裏腹に，属性や主観的意味，社会化機能について検討してみると，むしろ結果的には異質性よりは同質性の高まりがうかがえた．具体的には，確かに友人数は増加しているが，「親友」についていえば有意に増加していたのは同性だけであったし，その社会化機能の多様性も減少していた．

つまり，若者の友人関係は，社会関係資本論の観点からするならば，異質性の高い「橋渡し型」ではなく，同質性の高い「結束型」の傾向をますます強めているといえるのである．

だが，ここで重要なのは，冒頭でも述べたように一元的な議論，すなわちどれか1つを絶対的な正解として決め付けるような議論はあまり生産的ではないということである．「希薄化説」はやや別次元だが，「選択化説」と「同質化説」は真っ向から対立する議論というより，むしろ入れ子のようになっているところがあり，いうなれば流動化社会の「理想」と「現実」をそれぞれに述べているような，今日の若者の友人関係をめぐる，両義的な二側面でもあるのだ．

すなわち流動化に伴って，完全なる「自由市場化」が進み，若者たちも主体的に異質な友人たちとの交わりを選択したのならば，「選択化説」が描いたような理想的な状況が訪れたのだろう．しかしながら「自由市場化」は制限つきのものでもあり，また必ずしも異質な相手との交わりを主体的に選択するとも限らないため，いうなれば「選択化」の意図せざる結果として，現実には「同質化」が起こっているといえるのではないだろうか．

そして両義性がキーワードであると述べたように，「同質化」の進んだ友人関係は決して問題点ばかりではない．なぜならば，それは「結束型」の社会関係資本に恵まれているということでもあるからだ．

むしろ今後の課題として重要になってくるのは，これも冒頭に用いた比喩で述べるならば，十分に「ホーム」に恵まれた状況を基盤として生かしつつ，いかに「アウェイ」へと視野を広げていけるかという点であろう．「結束型」の恩恵を保ちつつ，「橋渡し型」の形成に何が必要なのかを探る必要がある．というのも，こうした友人関係のありようは，高い満足感や心理的な安定感をもたらすだろうが，その一方では，そこから抜け出せない息苦しさがもたらされることも予想されるからである（2007年における「KY（空気読めない）」という流行語はまさしくそのことを表していよう）．

次節では，この目的のために，友人関係の規定要因を探る重回帰分析を行う．具体的には，異質性の高い友人関係，例えば異性の人数の多さであったり，あるいは主観的意味や社会化機能の多様さをもった友人関係とは，何によって規定されているのかを探索することで，今後の課題が明確になるだろう．

4　友人関係の規定要因を探る

4-1　「状況志向」を規定するもの

まずここで，異質性の高い友人関係の前に，「状況志向」という意識の規定要因を探っておきたい．「選択化説」が想定したような状況がなぜもたらされないのか，あるいはそもそも自らの友人関係が選択的であるという意識は何によってもたらされているのだろうか．

図表3･6は，「状況志向（＝遊ぶ内容によって一緒に遊ぶ友達を使い分けている）」に対する意識を従属変数にして，基本属性を統制しながら，友人形成に関わる社会構造的な背景に関わる項目（知り合った場所や友達形成に役立ったメディアの個数）や，友人数，アドレス帳の登録件数，そして異質性に関する項目（異性の親友の有無，主観的意味，社会化機能の個数）を独立変数に投入した重回帰分析の結果であり，上段が2002年，下段が2012年調査のものとなっている．いずれもややモデルの説明力が低い点には留保が必要だろうが，いくつかの特徴的な結果が得られているといえるだろう．

1つには，自分の友人関係が「選択的である」という意識をもつことと，実際に異質性の高い友人関係を有していることの間には，有意な関連が見られないということだろう．この点は2002年調査，2012年調査ともに一貫した傾向がみられている．

もう1つには，部活加入状況やアドレス帳の件数は，2012年調査では有意な関連がみられないため，2002年調査，2012年調査と一貫して有意な関連がみられるのが，唯一，友人数の多さということである．

つまり，友人関係が選択的であるかどうかという意識については，異質な友人が実際にいるかどうかは有意に関連がなく，むしろ単純に人数の多いものほど，そう感じているということが，示唆されたといえよう．

2002年	従属変数　友達を使い分けている		
	モデル1	モデル2	モデル3
性別ダミー（男性＝1，女性＝0）	−0.035	−0.024	−0.034
年齢	0.039	0.028	0.061
未既婚ダミー（既婚＝1，未婚＝0）	−0.042	−0.014	0.000
父親学歴ダミー（大卒以上＝1，それ以外＝0）	0.042	0.027	0.039
母親学歴ダミー（大卒以上＝1，それ以外＝0）	0.019	0.027	−0.003
高校部活ダミー（所属あり＝1，なし＝0）	−0.066*	−0.066 ※	−0.071 ※
知り合った場所の個数		0.081*	0.056
友達形成に役だったメディアの個数		0.125***	0.060
友人数合計			0.130*
ケータイアドレス帳の登録件数			0.102*
親友の主観的意味項目の個数			−0.022
親友の社会化機能項目の個数			0.017
異性の親友の有無			0.024
調整済み R^2 値	0.005	0.026***	0.046***
N	916	884	643

2012年	従属変数　友達を使い分けている		
	モデル1	モデル2	モデル3
性別ダミー（男性＝1，女性＝0）	−0.019	−0.005	0.034
年齢	0.059	0.035	0.065
未既婚ダミー（既婚＝1，未婚＝0）	−0.010	−0.008	0.009
父親学歴ダミー（大卒以上＝1，それ以外＝0）	−0.016	−0.003	0.008
母親学歴ダミー（大卒以上＝1，それ以外＝0）	−0.015	−0.019	−0.050
高校部活ダミー（所属あり＝1，なし＝0）	0.039	0.045	−0.040
知り合った場所の個数		0.100**	0.057
友達形成に役だったメディアの個数		0.015	−0.041
友人数合計			0.269***
ケータイアドレス帳の登録件数			0.010
親友の主観的意味項目の個数			−0.021
親友の社会化機能項目の個数			0.020
異性の親友の有無			0.052
調整済み R^2 値	−0.001	0.006	0.072***
N	921	897	748

図表3･6　「状況志向（選択的な友人関係という意識）」に関する重回帰分析（数値は標準化係数 β）

4-2 「異性の親友」の人数を規定するもの

では，異質な友人関係とはいったい何に規定されているのだろうか，当人の意識とはあまり関連がないのだとすれば，他にどのような要因があり得るのだろうか．

この点について図表3・7は，異性の親友の人数を従属変数にして，基本属性を統制しながら，当人の意識（状況志向）や友人形成に関わる社会構造的な背景に関わる項目，友人数，アドレス帳の登録件数を独立変数に投入した重回帰分析の結果である．先ほどと同様に，上段が2002年，下段が2012年調査のものとなっており，ややモデルの説明力が低い点には留保が必要だろうが，ここでもいくつかの特徴的な結果が得られている．

基本属性については，2002年では男性で，未婚者である方が，そして2012年では父親は非高学歴，母親は高学歴である方が，異性の親友の人数が多くなっている．それ以外の変数では，共通して最も高い影響をもたらしているのが友人数であるということは妥当といえそうだが，2012年調査では，さらに「知り合った場所の個数」が有意な関連をもっていることがわかる．

そして，前項の分析とも重なることだが，友人関係が選択的であるかどうかという意識とはやはり一貫して有意な関連がみられない．

4-3 「主観的意味の多様性」を規定するもの

次に図表3·8は，「主観的意味」項目の個数（0～6）を従属変数にして，基本属性を統制しながら，同じような独立変数を投入した重回帰分析の結果である．

基本属性については，一貫して女性であることと有意な正の関連が見られるが，それ以外の変数では，2002年調査では「知り合った場所の個数」が最も強い正の関連が見られ，今回調査でも有意に正の関連が見られている．この他に，「形成に役立ったメディアの個数」や「友人数」などが一貫して正の関連があり，2012年ではアドレス帳の登録件数とも正の関連が見られている．

やはり状況志向という意識とは一貫して有意な関連が見られず，むしろ「知り合った場所の個数」のような外在的な要因の方が影響が大きいのが特徴的といえよう．

2002年	従属変数　異性の親友の人数		
	モデル1	モデル2	モデル3
性別ダミー（男性＝1，女性＝0）	0.106**	0.109**	0.078*
年齢	0.027	0.004	0.069
未既婚ダミー（既婚＝1，未婚＝0）	−0.083*	−0.074*	−0.091*
父親学歴ダミー（大卒以上＝1，それ以外＝0）	−0.011	−0.022	−0.018
母親学歴ダミー（大卒以上＝1，それ以外＝0）	−0.007	0.000	−0.027
高校部活ダミー（所属あり＝1，なし＝0）	−0.039	−0.034	−0.047
友達を使い分けている（状況志向）	0.055	0.036	−0.008
知り合った場所の個数		0.114**	0.052
友達形成に役立ったメディアの個数		0.059 ※	0.041
友人数合計			0.238***
ケータイアドレス帳の登録件数			−0.028
調整済み R^2 値	0.013*	0.027***	0.061***
N	863	854	688

2012年	従属変数　異性の親友の人数		
	モデル1	モデル2	モデル3
性別ダミー（男性＝1，女性＝0）	0.034	0.045	0.019
年齢	0.000	−0.031	−0.019
未既婚ダミー（既婚＝1，未婚＝0）	−0.029	−0.039	−0.018
父親学歴ダミー（大卒以上＝1，それ以外＝0）	−0.114**	−0.105**	−0.093*
母親学歴ダミー（大卒以上＝1，それ以外＝0）	0.081*	0.072 ※	0.102**
高校部活ダミー（所属あり＝1，なし＝0）	0.065 ※	0.070*	0.038
友達を使い分けている（状況志向）	0.003	−0.010	0.005
知り合った場所の個数		0.118**	0.104**
友達形成に役立ったメディアの個数		−0.043	−0.029
友人数合計			0.139**
ケータイアドレス帳の登録件数			0.002
調整済み R^2 値	0.01***	0.022**	0.039***
N	879	860	814

図表3･7　「異性の親友」の人数に関する重回帰分析（数値は標準化係数β）

2002年	従属変数　親友の主観的意味項目の個数		
	モデル1	モデル2	モデル3
性別ダミー（男性＝1，女性＝0）	−0.082*	−0.075*	−0.083*
年齢	0.001	−0.045	−0.005
未既婚ダミー（既婚＝1，未婚＝0）	0.022	0.040	0.031
父親学歴ダミー（大卒以上＝1，それ以外＝0）	0.027	0.012	0.025
母親学歴ダミー（大卒以上＝1，それ以外＝0）	0.050	0.054	0.029
高校部活ダミー（所属あり＝1，なし＝0）	−0.005	0.004	0.039
友達を使い分けている（状況志向）	0.044	0.013	−0.017
知り合った場所の個数		0.226***	0.0192***
友達形成に役立ったメディアの個数		0.099*	0.066 ※
友人数合計			0.150**
ケータイアドレス帳の登録件数			0.038
調整済み R^2 値	0.005	0.066***	0.077***
N	830	825	659

2012年	従属変数　親友の主観的意味項目の個数		
	モデル1	モデル2	モデル3
性別ダミー（男性＝1，女性＝0）	−0.172***	−0.171***	−0.138***
年齢	−0.003	−0.012	−0.034
未既婚ダミー（既婚＝1，未婚＝0）	−0.030	−0.026	−0.004
父親学歴ダミー（大卒以上＝1，それ以外＝0）	−0.002	0.026	0.024
母親学歴ダミー（大卒以上＝1，それ以外＝0）	−0.020	−0.029	−0.037
高校部活ダミー（所属あり＝1，なし＝0）	0.080*	0.086*	0.025
友達を使い分けている（状況志向）	0.048	0.029	−0.015
知り合った場所の個数		0.172***	0.143***
友達形成に役立ったメディアの個数		0.153***	0.143***
友人数合計			0.084 ※
ケータイアドレス帳の登録件数			0.149***
調整済み R^2 値	0.031***	0.089***	0.117***
N	828	825	774

図表3･8 「親友」の主観的意味の多様性に関する重回帰分析（数値は標準化係数 β）

4-4 「社会化機能の多様性」を規定するもの

次に図表3･9は,「社会化機能」項目の個数（0〜5）を従属変数にして，同じように基本属性を統制し，独立変数を投入した重回帰分析の結果である.

「主観的意味」の多様性を従属変数とした場合とほぼ同じような結果がみられており，基本属性については，一貫して女性であることと有意な正の関連があり，2012年調査では年齢が下であることとも有意な正の関連がみられた.

それ以外の変数では，2002年調査では部活加入と有意な正の関連がみられたが，2012年調査ではみられず，逆にアドレス帳の登録件数との有意な正の関連は2012年調査にだけみられた．また一貫しているのは，状況志向という意識とはやはり有意な関連がみられず，友人数に加え,「形成に役立ったメディアの個数」などの外在的な項目との正の関連であり，そのなかでも「知り合った場所の個数」の影響の強さが特に目立っているということだろう.

以上,異質性の高い友人関係の規定要因を探ってきたが,総じて明らかになったのは，次のようなことだろう.

それは、「状況志向」といった当人の意識のような内在的な要因とは関連がなく，むしろどれだけ多様な場で出会っているかという，外在的な要因によってもたらされる可能性が高いということであった.

そして，先述したように，知り合った場所は学校へとほぼ収斂し，その多様性が減少傾向にあるのならば，友人関係の異質性は低下し，やはり同質化が進んでいく可能性が高いと言わざるを得ないのではないだろうか.

この点に関して，最後に次節で，いくつかの注意点に触れつつ，今後を展望し，まとめていくこととしたい.

2002 年	従属変数　親友の社会化機能項目の個数		
	モデル 1	モデル 2	モデル 3
性別ダミー（男性＝ 1，女性＝ 0）	−0.150***	−0.145***	−0.149***
年齢	−0.062	−0.104*	−0.042
未既婚ダミー（既婚＝ 1，未婚＝ 0）	0.037	0.067*	0.060
父親学歴ダミー（大卒以上＝ 1，それ以外＝ 0）	−0.017	−0.043	−0.048
母親学歴ダミー（大卒以上＝ 1，それ以外＝ 0）	0.027	0.040	0.031
高校部活ダミー（所属あり＝ 1，なし＝ 0）	0.028	0.039	0.068*
友達を使い分けている（状況志向）	0.057 ※	0.014	−0.013
知り合った場所の個数		0.248***	0.195***
友達形成に役立ったメディアの個数		0.166***	0.175***
友人数合計			0.145**
ケータイアドレス帳の登録件数			0.025
調整済み R^2 値	0.021**	0.115***	0.121***
N	830	825	659

2012 年	従属変数　親友の社会化機能項目の個数		
	モデル 1	モデル 2	モデル 3
性別ダミー（男性＝ 1，女性＝ 0）	−0.192***	−0.192***	−0.176***
年齢	−0.067 ※	−0.07 ※	−0.089*
未既婚ダミー（既婚＝ 1，未婚＝ 0）	−0.013	−0.009	0.011
父親学歴ダミー（大卒以上＝ 1，それ以外＝ 0）	−0.043	−0.02	−0.007
母親学歴ダミー（大卒以上＝ 1，それ以外＝ 0）	−0.037	−0.045	−0.048
高校部活ダミー（所属あり＝ 1，なし＝ 0）	0.019	0.026	−0.010
友達を使い分けている（状況志向）	0.057 ※	0.039	0.010
知り合った場所の個数		0.137***	0.118**
友達形成に役立ったメディアの個数		0.141***	0.109**
友人数合計			0.078 ※
ケータイアドレス帳の登録件数			0.092*
調整済み R^2 値	0.041***	0.082***	0.092***
N	828	825	774

図表 3･9 「親友」の社会化機能の多様性に関する重回帰分析（数値は標準化係数 β）

5　まとめ

5-1　再生産される「同質性」

若者の友人関係の「同質化」について，まず2つほど注意点を述べておきたい．1つには，若者の友人関係とはそもそも同質なものではなかったのかという点である．基本的には異性が相手となる恋人関係と違って，若者の友人関係は，子どもの頃から続く同性の，それもほぼ同年齢を中心とする同質的な相手とのつき合いを中心にするものだと，発達心理学においてもいわれてきた（上瀬 2000，相良 2008 など）．だとすれば，若者の友人関係が同質的であるという指摘は，当たり前のことを指摘したに過ぎないのではないかという疑問が出てくるかもしれない．

だがこれはやや異なるだろう．本書で述べた表現を用いるならば，もともと同質性の高かった若者の友人関係が，「制限付きの自由市場化」を経たことで，さらにその性質を増しつつあり，今後も同質性が再生産されていく可能性が高い，というのが正解ではないだろうか．

さらに，関連する先行研究を振り返るならば，「希薄化説」がもはや妥当性を欠くことは明白だが，一方で「選択化説」については，それを誤りだとするのは早計といわざるを得ないだろう．というのも若者たちにおいては，自らの友人関係を選択的だと意識しているものが多かったし，筆者が過去の論文においても指摘してきたように（辻泉 2006，2007，2011 など），むしろ当人たちの「選択」の「意図せざる結果」として，同質性が高まることもあり得るからである．

この点で，「選択化説」と「同質化説」は真っ向から対立する議論というよりは，流動化が進むなかでの若者の友人関係のありようの両義性を表したものと理解した方がよい．いわば，潜在的には「選択化説」が唱えていた理想的な状況も起こり得るものの，現実的には「同質化説」の唱えていた状況が訪れつつあるということである．

5-2　再帰化する友人関係とどう向き合うか

そしてもう 1 つ述べておきたいのは，同質性の高い友人関係は，一義的に問題だと批判すべきものでもないということである．社会関係資本論の観点からすれば，今日の若者の友人関係は，「結束型」のそれに恵まれていると評価できるからである．

いうなれば，流動性が高まって先行きが不透明な社会状況のなかで，「ホーム」の友人関係を手堅く守ろうとする，適応行動の 1 つとして評価することも可能だろう．

しかしながら，「橋渡し型」を欠く中で「結束型」だけに富むことは，排他性を高めたり視野を広げにくくしたりするのではないかといった負の効果を指摘する論者もいる（宮田 2005 など）．

わかりやすい例を挙げれば，2011 年に流行語となった「絆」という言葉が表していたものも，まさに社会関係資本であり，当初この言葉が喧伝された際は，「結束型」のイメージを強く帯びて語られていた．もちろん震災直後にはそれが「重要な精神的，社会的支え」として「なんとかやり過ごす」ために役立っていたのは事実であろう．だが，それはそれとして，今後，震災から復興し「積極的に前へと進む」ためには「橋渡し型」がより重要となってくることだろう（Putnum 2000：20）．つまり「結束型」だけに安住していては，なかなか前へと進みにくくなることもあり得るということである．

よって今後は，若者の友人関係についても，「ホーム」に恵まれていることを守りながら，それをベースにしつつ，「アウェイ」の関係へと広げていくような対策が求められよう．インターネットやケータイといった新しいメディアの普及が，思ったほどには，「アウェイ」の関係を広げるに至らなかったことなどを振り返りつつ，本章の知見に基づいて，むしろ「外在的な要因」である，友人と知り合う場所の多様性をいかに確保するかが，今後の課題となってこよう．

さて，こうした物言いは，ある世代から上の人々にとっては，奇異なものに映るかもしれない．友人関係にせよ，何にせよ，普通に人生を送っていれば，それは自らできるはずのものではなかったかと．ことさらに，わざわざ対策を考えるような必要のあることなのかと思うかもしれない．

だが「普通の人生」や，それを成り立たせていた「普通の社会」は，もはや大きく変わりつつあり，友人関係についても，いままで自明視していた事柄を社会学的に相対化しつつ，現状の可能性と問題点を見据えて，フィードバックさせるような論じ方へと変わっていかなくてはならない．

さらにいえば，本章が論じてきたのは若者の友人関係だが，それは早晩，若者特有の問題ではなくなっていく．若者たちが先駆的に直面している問題は，やがて我々がすべて直面をせざるを得ない問題になっていくのである．

参考文献

赤枝尚樹，2011，「都市は人間関係をどのように変えるのか――コミュニティ喪失論・存続論・変容論の対比から」『社会学評論』62 (2)：189-206.

――，2013，「Fischer 下位文化理論の意義と可能性」『理論と方法』28 (1)： 1-16.

浅野智彦，1999，「親密性の新しい形へ」富田英典・藤村正之編『みんなぼっちの世界――若者たちの東京・神戸 90's・展開編』恒星社厚生閣：41-57.

――編，2006，『検証・若者の変貌――失われた 10 年の後に』勁草書房.

――，2008，「若者のアイデンティティと友人関係」広田照幸編著『若者文化をどうみるか？――日本社会の具体的変動に若者文化を定位する』アドバンテージサーバー：34-61.

土井隆義，2008，『友達地獄――「空気を読む」世代のサバイバル』筑摩書房.

藤田英典，1991，『子ども・学校・社会―「豊かさ」のアイロニーのなかで』東京大学出版会.

福重清，2006，「若者の友人関係はどうなっているのか」浅野智彦編『検証・若者の変貌――失われた 10 年の後に』勁草書房：115-147.

上瀬由美子，2000，「友人関係」伊藤裕子編著『ジェンダーの発達心理学』ミネルヴァ書房：140-161.

岩田考，2014，「ケータイは友人関係を変えたのか――震災による関係の〈縮小〉と〈柔軟な関係〉の広がり」松田美佐・土橋臣吾・辻泉編『成熟するモバイル社会』東京大学出版会：171-200.

松田美佐，2000，「若者の友人関係と携帯電話利用――関係希薄化論から選択的関係論へ」『社会情報学研究』社会情報学会，4：111-122.

松井豊，1990，「友人関係の機能」斎藤耕二・菊池章夫編『ハンドブック社会化の心理学』川島書店：283-96.

――，1996，「親離れから異性との親密な関係の成立まで」斎藤誠一編『人間関係の発達心理学 4 青年期の人間関係』培風館：19-54.

宮田加久子，2005，『きずなをつなぐメディア―ネット時代の社会関係資本』NTT 出版.

内閣府政策統括官（総合企画調整担当）編，2001，『日本の青少年の生活と意識――青少年の生活と意識に関する調査報告書第 2 回調査』.

内閣府政策統括官，2009，「第 8 回世界青年意識調査」，(http://www8.cao.go.jp/youth/kenkyu/worldyouth8/html/mokuji.html).

中西新太郎，2004，『若者たちに何が起こっているのか』花伝社.

岡田努，1992，「友人とかかわる」松井豊編『対人心理学の最前線』サイエンス社：22-9.

――，2010,「友人関係の変質」菊地章夫・二宮克美・堀毛一也・斎藤耕二編著『社会化の心理学／ハンドブック―人間形成への多様な接近』川島書店：167-182.
小此木啓吾，2000,『「ケータイ・ネット人間」の精神分析――少年も大人も引きこもりの時代』飛鳥新社.
大谷信介，1995,「〈都市的状況〉と友人ネットワーク」松本康編『増殖するネットワーク』勁草書房：131-73.
相良順子，2008,「幼児・児童期のジェンダー化」青野篤子・赤澤淳子・松並知子編『ジェンダーの心理学ハンドブック』ナカニシヤ出版：3-19.
総務庁青少年対策本部編，1995,『青少年の意識の変化に関する基礎的研究―「青少年の連帯感などに関する調査」第 1 回～第 5 回の総括』.
――，1997,『日本の青少年の生活と意識―青少年の生活と意識に関する調査報告書』.
高橋勇悦監修，川崎賢一・芳賀学・小川博司編，1995,『都市青年の意識と行動――若者たちの東京・神戸 90's 分析編』恒星社厚生閣.
辻大介，1999,「若者のコミュニケーションの変容と新しいメディア」橋元良明・船津衛編『子ども・青少年とコミュニケーション』北樹出版：11-27.
辻泉，2005,「若者の友人関係形成と携帯電話の社会的機能」『松山大学論集』16 (6)，143-164.
――，2006,「「自由市場化」する友人関係―友人関係の総合的アプローチへ向けて」岩田考・羽渕一代・菊池裕生・苫米地伸編『若者たちのコミュニケーション・サバイバル――親密さのゆくえ』恒星社厚生閣：17-29.
――，2007,「ケータイの現在――アドレス帳としてのケータイ」富田英典・南田勝也・辻泉編『デジタルメディア・トレーニング――情報化時代の社会学的思考法』有斐閣：23-45.
――，2008,「現代日本における若者の市民性（2）――パーソナル・ネットワークと「趣味縁」の実態」（第 81 回日本社会学会大会一般研究報告 I（自由報告）報告資料）.
――，2011,「ケータイは友人関係を広げたか」土橋臣吾・南田勝也・辻泉編『デジタルメディアの社会学』北樹出版.

4章

自己啓発書の位置価
誰が，何のために読むのか

牧野智和

0　自己啓発書と幸福？

今日，書店に居並ぶ自己啓発書．これらを読む人々とは，いったいどのような人々なのだろうか．本章の目的は，自己啓発書読者の意識・行動の分析を通して，現代の若者の「幸福のありか」について考えることにある．少し説明が必要だろう．筆者は次のように考えている．つまり，自己啓発書という書籍ジャンルが扱うトピックは必ずしも一様ではないものの，それらは概していえば「仕事上の成功」や「なりたい自分」になること，あるいはまさに「幸福」といった，何らかの望ましい方向へと読者を誘おうとする書籍群であるといえる．すると，自己啓発書の購読という行為は，書籍をわざわざ購入してまで自らを何らかの望ましい方向へ導こうとする，一種の「幸福奪取戦略」だと考えられないだろうか．後述するように，このような戦略に関わりのある若者，つまり自己啓発書の購読経験者が4割強にのぼっていることを考えると，自己啓発書の購読とは決して特異な戦略ではなく，むしろ今日における一般的な戦略だとさえいえるように思われる．このような立場から本章で考えようとするのは，そのような「幸福奪取戦略」をとる人々がいったいどのような社会的属性を有するのか（2節），また，どのような価値意識を有し，どのような日常的行動をとる人々なのか（3節），ということである．価値意識のなかでも，特にどのような自己意識の様態と自己啓発書購読行為が親和しているのかを考えることは，自己意識における「幸福のありか」を，また今日の若者がそこに向けて水路づけられる，望ましい自己意識のあり方を照らし出すことにもなるだろう．

1　自己啓発書の読者とは誰か？

仕事上の能力を高める，対人関係のハウ・トゥを身につける，悩みやコンプレックスを解消する，自分の内面を掘り下げて探求する——．こうした主題を扱う書籍群は一般的に「自己啓発書」と呼ばれる．仕事に関する書籍群は特に「ビジネス書」と呼ばれることもある．それなりの大きさの書店に入れば，こうした書籍が店内の目立つところに陳列されていることは珍しくない．文庫や新書の棚をみても，雑誌コーナーを歩いても，コンビニエンスストアの書棚をみても，前述の主題を扱うものは散見され，またベストセラー・ランキングにもこうした書籍は常に名を連ねている．さらに電車にのれば，「たちまち○○万部突破！」という勇ましい文句とともに，こうした書籍の車内広告が気づくと目に入ってくる．このように私たちは，緩やかにではあるものの，気づくと自己啓発書に出合ってしまうような環境のなかで暮らしている．ベストセラー・ランキングの傾向をみるかぎりでは（牧野 2012：36-7），また経済書や経営書が売れなくなりスキルアップに関する著作が売れるようになってきたという自己啓発書編集者の話を聞くかぎりでは [1]，このような環境は2000年代になって形成されてきたように思われる．

ところで，こうした書籍はいったい誰が読むのだろうか．率直にいってこの点はよくわかっていない．例えば，雑誌上で自己啓発書が言及される場合，「ビジネス・人生に役立つ本ベスト100」[2]，「夢はゼッタイ叶う！ マンガで早読み！ 夢が叶う名著」[3] といった，自己啓発書の「おすすめ」が紹介されるという記事がほとんどである．わずかにみられる読者論も，「ロストジェネレーション」世代の若いビジネスマンが読んでいるという程度の雑駁な世代論や [4]，経済評論家の勝間和代氏のセミナーに集まるのは20代から30代の地味であまり目立

1)　筆者による，30代男性編集者へのインタビューから（2012年5月1日）．
2)　『週刊ダイヤモンド』2009.9.26「ビジネス・人生に役立つ本ベスト100　秋の夜長はじっくり読書」．
3)　『an・an』2013.11.27「夢はゼッタイ叶う！　マンガで早読み！　夢が叶う名著」．
4)　『日経エンタテイメント！』2008.5「あなたはなぜビジネス本を買ってしまうのか？」．

たないOL風の女性が多いとするような限定的な読者論にとどまっており，若者にも関わりがある書籍群であるという以上の情報を得ることはできない[5)].

自己啓発書の編集者に聞いてみてもこの点はよくわからない[6)]．現状に不満をもっている人々が読んでいると答える編集者もいれば，意欲のある人々が読んでいると答える編集者もいる．そもそも自己啓発書と一口にいっても，男性向け，女性向け，管理職向け，新入社員向け，若者向け，中年向け，そして読者を絞らない一般向けと，想定される読者のタイプは無数にあり，その主題も冒頭に述べたとおり様々であるため，判然としなくて当然なのかもしれない．

では，よくわからないねと話を終わらせるべきだろうか．筆者はそれよりは一歩先に進みたいと思う．というのは，自己啓発書についての言論は，前述したような自己啓発書の価値を疑うことなく「おすすめ」を紹介する言論か，あるいは，「自己啓発本も，一種のファンタジーなのだと私は思います．低年収の人の多くは自分の待遇に満足していないので，自分を肯定してくれるものに飢えています」[7)] というものや，啓発書の読者とは「ゴミのような凡人の自分を，大企業を動かせる凄い人と思い込んで，日々の仕事をおろそかに」[8)] してしまうような人々なのだというような，実態がよくわからないにもかかわらず自己啓発書を読む人々の心性ばかりが推し量られ，また論難されるという言論のいずれかのみがただ積み重なってきたようにみえるためだ．

そこで本章ではそうした両極端な言論の「間」に歩みを進め，気づくと自己啓発書に出合ってしまうような今日の環境について理解する資源を増やしてみたいと思う．本章の目的は，自己啓発書を読むということが，今日の社会でいったいいかなる位置価を有する行為なのか，青少年研究会の調査データを用いて考えることにある．

さて，このような考察をしたところで，今日の社会におけるいったい何を，また本書の主題である「若者の幸福」に関するいったい何を明らかにすることになるのかと訝しむ方もいるかもしれない．この点について，筆者は次のよう

---

5)　『サンデー毎日』2009.9.27「『勝間』『香山』どっちをとる？」．

6)　筆者は2012年5月から2014年2月にかけて，自己啓発書の編集者9名にインタビューを行った．

7)　『プレジデント』2012.4.30 特集「仕事リッチが読む本　バカを作る本」．

8)　『一冊の本』2013.6「ヘロインよりも危険なドラッグキャリアポルノは人生の無駄だ」．

に考えている．まず，自分自身の生き方，考え方，行動の仕方をめぐるハウ・トゥが多くの人の関心にのぼっているという点で，自己啓発書の活況（少なくともそれは書籍市場における相対的なものというべきだが）は，今日の自己意識をめぐる重要な一現象だといえる．また，そのような自己啓発書というメディアは，編集者あるいは著者によって，世の人々が抱く「こうありたい」「人と差をつけたい」「悩みを解決したい」という切望，欲望，あるいは不安を先取りする形で企画されている．その意味で，実際にそうした自己啓発書を読んでいる若者の意識と行動を分析することは，そうした若者——後述するように自己啓発書購読経験者は4割強にのぼるため，決して少数派とはいえない——の切望，欲望，不安のありかとその行く末，いってみれば自己意識における「幸福のありか」を浮き彫りにすることになると筆者は考える．またそのような「幸福」を「図」とするならば，その「地」としての今日の若者の自己意識の様態は必然的に考察されることになる．自己啓発書を読むという行為を突破点にして，若者の自己意識の今日的様態を（も）浮き彫りにすること．本章の目的はそのように表現することもできる．

2　自己啓発書購読経験者の社会的属性

前述したように，想定される読者タイプや主題の多様性から，そして根本的には無数の出版点数から，自己啓発書という言葉によってどのような書籍が想定されるかを統制することは非常に難しい．これは仮に何らかのサブジャンルを設け，細分化した質問を行ったとしても解決できる問題ではない．

そこで青少年研究会調査では，具体的な内実はどうあれ，「自らを変え，高めるという目的をもって書籍を購入するという行為を経験した者」を総体的にピックアップすることとした．そこから，そもそも自己啓発書を読んだことのある人々は，この社会におけるどのような人々なのかを総体的に把握してみようとしたのである．

具体的には，「あなたは，次にあげることを経験したことがありますか．また今後したいと思いますか」という，これまでの経験と今後の希望を尋ねる設問の1つとして，「自己啓発の本（自分を変えたり，高めたりするための本）

を買う」という項目を青少年研究会調査では設けた．このような設問に対して，購読経験があると答えた者は41.1%となっている．決して少ない数値ではないだろう．2002年調査では設問内容がやや異なり「自己分析や自己啓発の本を買う」となっていたため，単純比較はできないが，この設問に対する肯定回答率（経験率）は24.7%だった．以前インタビューを行った自己啓発書の著者は，自己啓発書はいまや「メイン・カルチャー」になっていると述べていたが，その言及はあながち誇張ではないといえる[9]．

次に，年齢と性別による購読経験率の違いをみていこう．図表4･1からは，性別による差はさほど大きくない一方で，年齢による差が顕著にみられることがわかる[10]．特に20代後半では，購読経験率は5割を超している．

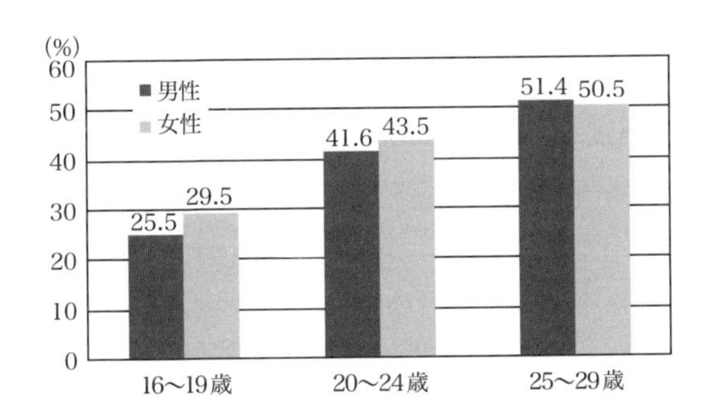

図表4･1　年齢・性別による購読経験率の違い

だがこれは，単に加齢に伴って購読経験率が上がっているとのみ解釈するべきではなく，10代後半から20代にかけて人々が職業世界に参入することの影響だとも考えられる．というのは，就業状況別に購読経験率を整理した図表4･2から，有職者，わけても「正社員・自営業・自由業」[11]という就業形態にある者の購読経験率が明らかに高いという結果が出ているためである．

---

9)　実施日は2013年6月30日．

10)　本調査と並行して行われた中年（30～49歳調査）調査では，30歳以降の購読経験率は，30代前半，30代後半，40代前半，40代後半の男女いずれもが5割から6割程度となっている．その意味で，加齢効果による購読経験率の上昇は20代後半で打ち止まるのではないかと考えられる．

11)　内訳は「正社員」が291名，「自営業主・自由業者」が13名である．

		有職者		生徒・学生	専業主婦・主夫	無職
		正社員・自営業・自由業	その他			
男性	%	55.0	29.9	35.9	–	23.5
	N	149	67	248	–	17
女性	%	58.7	41.3	33.2	43.5	23.1
	N	155	133	235	23	13

図表 4･2　就業状況による購読経験率の違い [12)]

大学進学者と非進学者とで購読経験率の違いをみてみると，大学進学者が48.0%，非進学者が34.1%となっている．図表4･2の傾向と合わせて考えると，この社会において自己啓発書を読んだことのある人々は，大卒者・正規雇用という，概していえばホワイトカラー層に寄っているということができるだろう．そのため，先の言及をやや修正すれば，自己啓発書は「ミドルクラス・カルチャー」だというべきかもしれない．これは自己啓発書の制作プロセスからも解釈できることである．つまり，書籍の企画の立ち上げ方のよくあるパターンとして，編集者――つまり概して大卒者・正規雇用の立場にある人々――自身の問題や，自分自身がそのリアリティを想像できる身近な人々が抱えている問題から立ち上げられるというパターンがあるためである．その意味でも，基本的には自己啓発書とはミドルクラスの人々から発想され，ミドルクラスの人々へと送り届けられるメディアという性格が強いと考えられるのである．

ただ，これだけでは，自己啓発書の購読経験が，年齢，就業状況，学歴のいずれかによるものなのか，あるいはいずれもだとしても，それぞれがどの程度影響を及ぼしているのかは判然としない．そこで就業状況を含め，回答者の諸属性を統制したうえで，自己啓発書の購読経験を規定する要因について考えてみることにしたい．

図表4･3は，自己啓発書購読経験を従属変数として二項ロジスティック回帰分析を行ったものである．まず，性別と年齢を除き，家庭環境に関する変数のみを投入したものがモデル1，本人学歴のみを投入したものがモデル2，現状に関する変数（就業状況と暮らし向き）のみを投入したものがモデル3，家庭

12)　男性においては「専業主婦・主夫」と回答した者がいなかった．

	モデル1（家庭環境）		モデル2（学歴）		モデル3（就業状況）		モデル4(家庭・学歴)		モデル5（全変数）	
	b	exp(β)	b	exp(β)	b	exp(β)	b	exp(β)	b	exp(β)
性別(男：1, 女：2)	.016	1.017	.203	1.225	.289	1.335	.066	1.069	.149	1.160
年齢	.106**	1.111	.097**	1.102	.081*	1.084	.096**	1.101	.073*	1.075
父親大卒ダミー	−.054	.947					−.114	.892	−.189	.828
母親大卒ダミー	.270	1.310					.235	1.264	.200	1.221
読み聞かせ体験	.430***	1.536					.428***	1.534	.447***	1.564
クラシック接触	.202	1.224					.187	1.205	.191	1.211
美術展・博物館体験	−.183	.833					−.190	.827	−.186	.830
本人大卒ダミー			.419*	1.521			.304	1.355	.188	1.206
正規雇用ダミー					.866***	2.377			.793***	2.211
暮らし向き					−.025	.975			−.037	.963
定数	−5.607***	.004	−3.139***	.043	−2.921**	.054	−5.453***	.004	−5.199***	.006
χ^2		0.000		0.000		0.000		0.000		0.000
−2対数尤度		716.756		751.269		659.797		714.396		623.756
Cox-Snell R^2		.065		.035		.063		.069		.100
Nagelkerke R^2		.086		.046		.085		.092		.133
N		544		557		501		544		488

*：$p < 0.05$，**：$p < 0.01$，***：$p < 0.001$

図表4・3　自己啓発書購読行為を従属変数としたロジスティック回帰分析[13)]

環境と本人学歴を投入したものがモデル4，そこに現状に関する変数を投入したものがモデル5である．なお，こうした変数の効果をみるにあたって，現在学生である者については就業状況・暮らし向きに関する変数の効果が測定できないため，分析対象から除外している．

まず，どのモデルにおいても，年齢による正の効果がみられた．学生を除い

13)「読み聞かせ体験」は「子どもの頃，家族の誰かがあなたに本を読んでくれた」という設問について,「よくあった」「ときどきあった」「あまりなかった」「なかった」の4件法で回答してもらったものである．「クラシック接触」は「子どもの頃，家でクラシック音楽のレコードを聴いたり，家族とクラシック音楽のコンサートに行った」について，「美術展・博物館体験」は「子どもの頃，家族につれられて美術展や博物館に行った」について，それぞれ同様の4件法で答えてもらったものである．「暮らし向き」は「現在，あなたの家の暮らし向きは，いかがですか」という設問について，「余裕がある」「やや余裕がある」「ふつう」「やや苦しい」「苦しい」の5件法で答えてもらったものである．

た場合でも，10代から20代後半という時期は，気づくと自己啓発書に出合ってしまうどころか，年をとるごとに徐々に，自己啓発書を手に取ってしまうような状況にあるということがまずいえるだろう．

次に家庭環境については，親学歴の効果はみられないものの，「子どもの頃，家族の誰かがあなたに本を読んでくれた」という質問項目に一貫した正の効果がみられた．一方で，「子どもの頃，家でクラシック音楽のレコードをきいたり，家族とクラシック音楽のコンサートに行った」，および「子どもの頃，家族につれられて美術展や博物館に行った」という質問項目については有意な効果がみられなかった．宮島喬らはかつて，芸術・歴史書や総合雑誌を読むという行為が，父階層，親所得，文化的資産といった階層的属性とそれぞれ正の関連をもっていることを明らかにしていたが（宮島・藤田・志水 1991：172），自己啓発書の購読経験についてみると，家庭環境からの直接の影響はかなり限定的であるようにみえる．つまり，おそらく自己啓発書を将来的に読むことが企図されて行われたわけではないであろうが，幼少期における読み聞かせ体験の蓄積が，結果として自己啓発書という書籍メディアへの親和性を醸成したという

用語解説　**ロジスティック回帰分析**

ロジスティック回帰分析とは，従属変数が，ある事象の有無という２値変数（つまり本章でいえば，自己啓発の本を買って読んだことがあるかないか）であるとき，その従属変数に対する独立変数の影響を分析するために用いられるモデルである．そのため，このモデルが説明しようとするのは事象の有無，つまり事象の発生確率（p）となる．図表４・３中のｂは重回帰分析の偏回帰係数に相当するものだが，ロジスティック回帰分析に特徴的なのはオッズ比と呼ばれるexp(β)の箇所である．これは，偏回帰係数を指数変換してオッズ（確率）の比にした値で，他の変数が一定という条件で各独立変数が１単位増加したとき，事象の発生するオッズが相対的に何倍になるかを示している．また，図表４・３下部の「χ^2」はモデルの有効性を（有意確率が0.05未満であれば5%有意，0.01未満であれば1%有意とみる），「－２対数尤度」「Cox-Snell R^2」「Nagelkerke R^2」はそれぞれモデルのあてはまりを示している（「－２対数尤度」は小さい方がよく，モデルの比較のために用いる．「Cox-Snell R^2」「Nagelkerke R^2」はモデルの説明力の大きさを示す）．

程度にしか影響していないのである．

学歴の効果は，「本人大卒ダミー」をそれのみで投入した場合（モデル2）には有意な効果がみられるものの，家庭環境変数を合わせ投入すると有意ではなくなってしまい（つまりその意味では家庭環境の媒介効果がここにみられるわけだが），それ単体としての効果は強いものではない．それに対して，正規雇用に従事していることには一貫して強い正の効果がみられた．だが，収入を推し量る変数である「現在，あなたの家の暮らし向きはいかがですか」という質問項目の効果は有意ではなかった．分析モデルからは除外しているが，「現在の生活に満足している」という質問項目についても，満足していると答えた者の購読経験率が42.4%，不満だと答えた者の購読経験率が39.9%と，クロス集計でも差がほとんどみられなかった．1でも触れたように「低年収の人の多くは自分の待遇に満足していない」ために自己啓発書を読むと論難されることがあるが，収入の多寡は購読経験の有無には影響しないと考えられる[14)]．

正規雇用従事の強い効果と，家庭環境変数の効果の限定性とを合わせ考えるならば，自己啓発書の購読においては，「遺贈され，客観的な所与条件をなす文化条件」としての「相続的文化資本」（宮島 1994：159-60）としての性質は強いものではなく，それよりは正規雇用に従事しているという状況がその習得を要請する――しかしそれは，現在の生活に対する不満が誘発するものではないと考えられる――「あらゆる資源，機会を有効に利用しながら文化的有利さを自ら獲得しようとする行動性向」としての「獲得的文化資本」（同上）という性質が強いのではないかと思われる．

だがここまでの分析だけでは，「ロストジェネレーション」世代の若いビジネスマンが自己啓発書を読んでいるとする雑誌記事をほぼ追認するのみに過ぎないだろう．そこで次節ではより具体的に，自己啓発書購読経験がどのような意識や行動と関連しているものなのか，つまり自己啓発書を読むという行為が，今日の社会においていかなる位置価を有する行為なのかを考えてみたい．

---

14)　もちろん，一部にそのような人々はいると考えられるが，総体的な傾向としては，現在の生活への不満という動機が牽引している行為ではないだろうということである．また，本調査からは明らかにすることができないが，購読する著作の「質」は異なるかもしれない．

3　自己啓発書を読むことの位置価

3-1　多元的自己論との関係

まず考えたいのは，自己意識と自己啓発書購読の関係性である．ここでは，2002年の青少年研究会調査の自己意識項目を分析した岩田考（2006）の枠組を用いることから分析を始めたい．岩田は，「場面によって出てくる自分というものは違う」「意識して自分を使い分けている」「自分の中には，うわべだけの演技をしているような部分がある」という3つの質問項目を用いて，自己意識の類型化を行っていた．その類型に基づき，2002年と2012年の傾向を比較したものが図表4･4である．注目すべきと考えるのは，場面によって出てくる自分は違わないという「自己一元型」が増え，一方で場面によって出てくる自分は違い，また意識して自分を使い分けており，またうわべだけの演技もあるという「仮面使い分け型」も増えている点，つまり両極にある2類型の比率がそれぞれ増えている点である．いってみれば，自己意識の多元性，自己の操作性に関する二極化傾向が進展しているのである．

では，こうした類型と自己啓発書購読経験には関連があるのだろうか．類型別の購読経験率を整理したものが図表4･5だが，ここからは，自己の使い分け

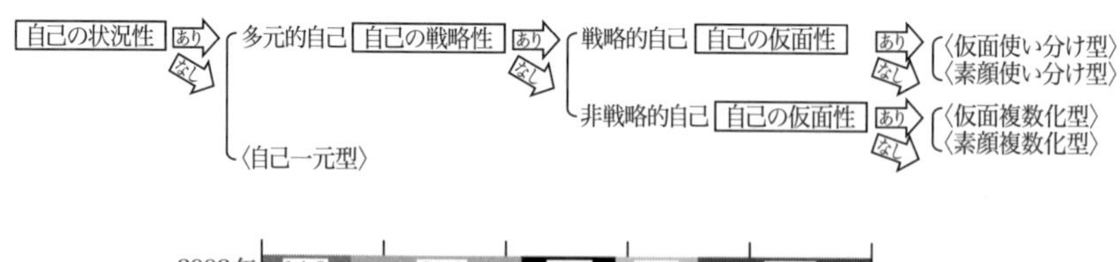

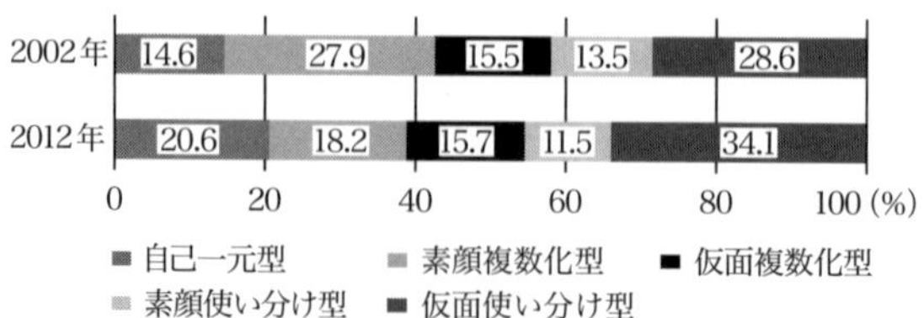

図表4･4　自己意識の類型化とその経年変化（岩田 2006：169を参照）[15]

[15] この図表では，3つの質問項目のいずれかが無回答であったデータは集計から除外しているため，岩田（2006：169）において示されている値とややずれが生じている．

が進展するほど，購読経験が高まる傾向にあることがわかる．自己啓発書ではしばしば一貫した自己意識の保持や，人生に対する一貫したビジョンの策定が求められる傾向があるため，そうした主張に最も親和的な自己一元型が最も高い購読率を示すのではないかと筆者は想定していたのだが，分析の結果はその逆であった．

なぜこのような購読経験率の差が生まれるのだろうか．自己意識の5類型と，後述する自己意識関連項目とのクロス集計を行っても，図表4･5の結果に沿うような分析結果は得られない[16]．そこで，他の自己意識項目との関連をみながら，自己啓発書を読むという行為の位置価をあぶりだしていくことにしよう．

	自己一元型	素顔複数化型	仮面複数化型	素顔使い分け型	仮面使い分け型
2012年割合	20.6	18.2	15.7	11.5	34.1
啓発書購読経験率	33.2	40.4	37.7	46.2	46.6

図表4･5　自己意識類型と自己啓発書購読経験（%）

3-2　自己意識の経年比較からの考察

自己意識に関する項目の経年変化（「そう思う」と「まあそう思う」の回答率を合算した値を「肯定回答率」とする．以下同様），および2012年調査における自己啓発書購読経験者と非経験者の肯定回答率の差についてまとめたものが図表4･6である．2002年から2012年にかけての自己意識の変化として，次の3点が指摘できると考える．

第一は，「自己の多元化の進展」である．具体的には，「意識して自分を使い分けている」「場面によって出てくる自分というものは違う」[17]への肯定回答率が増加する一方で，「どんな場面でも自分らしさを貫くことが大切」への肯定回答率が減少している．つまり，場面や状況に応じて，自分の立ち振る舞いを調整する度合が高まっていることがうかがわれる．また，「自分の中には，

[16] 5類型による自己意識比較からは，岩田（2006：171）とほぼ同様の，仮面的な自己操作をする2類型（仮面複数化型，仮面使い分け型）において自己肯定感が低く，また自分らしさについて感得する程度も弱いという結果が再認されたのみである．

[17]「場面によってでてくる自分というものは違う」については，肯定回答自体は1.1%しか増えていないが，2002年調査では「そう思う」が31.4%，「まあそう思う」が47.0%だったのに対して，2012年調査では「そう思う」が36.9%，「まあそう思う」が42.6%と，より強く肯定する回答者が増えたために，ソマーズのDにおける有意差が現れていると考えられる．

項　目	1992年	2002年	2012年	増減	ソマーズのD		啓発書購読者	非購読者	χ^2
自分の中には，うわべだけの演技をしているような部分がある		46.3%	55.7%	9.4%	0.072	***	57.6%	54.5%	n.s.
なりたい自分になるために努力することが大切		82.7%	89.7%	7.0%	0.072	***	93.1%	87.1%	***
意識して自分を使い分けている		43.2%	49.5%	6.3%	0.063	**	55.1%	45.5%	**
自分の欲しいものをがまんするのが苦手だ		45.2%	51.5%	6.3%	0.048	*	54.9%	48.8%	n.s.
自分がどんな人間かわからなくなることがある	43.0%	45.9%	48.9%	3.0%	0.023	n.s.	53.0%	46.1%	*
他人からみると，私は好みや考え方にまとまりがない人間のようだ		36.3%	38.1%	1.8%	0.003	n.s.	41.0%	36.5%	n.s.
場面によってでてくる自分というものは違う	75.2%	78.4%	79.5%	1.1%	0.041	*	83.8%	76.8%	*
どこかに今の自分とは違う本当の自分がある		34.0%	35.0%	1.0%	−0.007	n.s.	39.3%	32.2%	*
今のままの自分でいいと思う		50.6%	51.4%	0.8%	0.014	n.s.	52.0%	51.2%	n.s.
仲のよい友達でも私のことをわかっていない		29.7%	27.9%	−1.8%	−0.031	n.s.	28.1%	27.8%	n.s.
どんな場面でも自分らしさを貫くことが大切	69.2%	55.8%	51.6%	−4.2%	−0.046	*	53.0%	50.4%	n.s.
今の自分が好きか	66.5%	70.5%	65.3%	−5.2%	−0.064	**	71.1%	61.2%	**
自分には自分らしさというものがあると思う	89.3%	85.9%	77.2%	−8.7%	−0.082	***	84.7%	71.8%	***

*：$p < 0.05$，**：$p < 0.01$，***：$p < 0.001$

図表4･6　自己意識の経年変化および啓発書購読経験による肯定回答率の比較[18]

[18] 1992年から2002年の経年変化の詳細は岩田（2006：164）を参照.

うわべだけの演技をしているような部分がある」への肯定回答率も増加しており，自らの立ち振る舞いの使い分けが進展するなかで，仮面的な振る舞いもまたより生じるようになっていることもわかる[19)]．

第二は，第一の点とも関連するが，「自己肯定感・自分らしさの低減傾向」である．具体的には，「今の自分が好き」「自分には自分らしさというものがあると思う」への肯定回答率がそれぞれ減少している．肯定回答者の割合は半数を大きく超えているものの，経年的な変化としては，自己意識の揺らぎが強まっているとみることができる．

第三は，「なりたい自分になるために努力することが大切」への肯定回答が上昇している点である．89.7％という肯定回答率は自己意識に関連する質問項目中で最も高く，「なりたい自分」を希求することは，もはや自明視された「自己についての文化」（Rose 1996：3）というべきなのかもしれない．だが，自己肯定感や自分らしさを感じられない若者が相対的に増える一方で，なりたい自分になるための努力はますます重要なものとなっているという結果は，自己をめぐる現実と理想のギャップが広がっていると考えることもできる．

自己啓発書の購読行為は，こうした経年変化の傾向と，完全に斉一ではないものの，概して変化に寄り添うような形でより発生しているとみることができる．まず，第一の「自己の多元化の進展」に関しては，啓発書購読経験者の方が，非経験者よりも「意識して自分を使い分けている」「場面によってでてくる自分というものは違う」の肯定回答率がより高くなっている．また，第二の「自己肯定感・自分らしさの低減傾向」に関しては，経験者の方がより「今の自分が好き」「自分には自分らしさというものがあると思う」と答える傾向がみられる．そして第三の「なりたい自分になるために努力することが大切」についても，経験者の方がより肯定的である．

「そのような自己意識だから自己啓発書を読む」のか，「自己啓発書を読んだから自己意識がそのようになる」のか，そのことまでは本調査から明らかにすることはできない．だが，次のように考えることはできるのではないか．つまり，自己啓発書購読経験者と非経験者の自己意識の違いは，自己啓発書が投げ

19)　こうした傾向は，岩田（2006：164）が指摘した，青少年研究会の1992年・2002年調査間での経年変化傾向が引き続き観察できたものと解釈することができる．

込まれ，また消費されている文脈を示唆するものなのではないか，と．具体的には，自己の戦略的使い分けが進展するなかでの，自己意識のメンテナンスツールとして．また，自己肯定感や自分らしさが感じ難くなるような状況における，その低減傾向の防波堤として．そして，理想と現実との差は拡大しつつも，なりたい自分になることが望ましいという，ますます強固となる「自己についての文化」を我が物とするためのツールとして，というようにである．

もちろんこうした解釈は，自己啓発書が消費されているであろう文脈を，また冒頭で述べたような，自己啓発書によって遂行されようとしている「幸福奪取戦略」を緩やかに指し示す物語群に過ぎない．だが実際，自己の多元化が進展する状況への「パッチ」として時間管理術や手帳術といったジャンルはあるのだろうし，また特定のジャンルに限らず，自己啓発書において実に多投されている物言いこそ，まさに「自分らしく生きよう」「自分を好きになろう」「なりたい自分になろう」といったものである．そもそも，前述したような読者のニーズ，つまり人々の切望，欲望，あるいは不安を先取りする形で企画され，また世に送り出される自己啓発書の性質を合わせ考えれば，近年の自己意識の変化に即応するような自己啓発書があることは，さほど不思議なことではないはずだ．

3-3　自己啓発書購読と近接する意識・行動

次に，自己啓発書を読むという行為が，どのような意識や行動と近接する営みなのかをみていくことにしよう．以下では3つの観点から傾向を整理したい．

第一の観点は，雑駁な表現になるが「まじめ志向」である．図表4·7にあるように，自己啓発書の購読経験率は，資格取得やボランティア経験，仕事・勉強・ボランティアに対する充実感，各種の規範意識の高さ，そして「みんなで力を合わせても社会を変えることはできない」ことへの否定回答の多さとそれぞれ関連しており，自己啓発書を読む人々とは実に「まじめ」な人たちだといえる．また，「社会や他人のことより，まず自分の生活を大事にしたい」「仕事を選ぶときには，夢の実現よりも生活の安定を優先したい」といった項目と購読経験率には関連がみられない．そのため，「自己啓発にはまる人々」としてしばしば戯画化されて描かれる，自分のことばかりを考えているような読者は一部にいるのかもしれないが（漆原 2012；常見 2012 など），それらは総体的な読者像を表しているとはいえないように思われる．自己啓発書の活況を総体的に支えているのはおそらく，図表 4･7 に示されているような，「まじめ」な人々の切望，欲望，不安だというべきなのである．

項　目	購読経験者	非経験者	χ^2
資格をとった経験がある	79.6	64.0	***
ボランティアをした経験がある	60.4	46.5	***
仕事やアルバイトをしているときに充実していると感じる	43.2	33.3	**
勉強しているときに充実していると感じる	28.1	19.9	**
奉仕活動（ボランティア活動）をしているときに充実していると感じる	13.2	7.6	**
「選挙には行くべきである」という意見に賛成	91.4	86.8	*
「目上の人と話をする時は敬語を使うべきである」という意見に賛成	97.7	95.2	*
「ボランティア活動には参加すべきである」という意見に賛成	80.3	72.0	**
「ごみのポイ捨てはすべきではない」という意見に賛成	99.1	96.5	**
「みんなで力を合わせても社会を変えることはできない」	21.6	27.9	*
社会や他人のことより，まず自分の生活を大事にしたい	80.8	81.1	n.s.
仕事を選ぶときには，夢の実現よりも生活の安定を優先したい	58.5	59.5	n.s.

*：$p < 0.05$，**：$p < 0.01$，***：$p < 0.001$

図表 4･7　自己啓発書購読とまじめ志向（各項目の肯定回答率，％）

第二の観点は，「スピリチュアル志向」である．図表 4･8 にあるように，彼岸の世界を信じることから，ヒーリンググッズの使用，日常的に占いを読む，さらには大切なことを決める際に占いの結果を重視するという傾向がそれぞれ強く出ている．だが一方で，表には掲載していないが，「特定の宗教教団に所属」したことがある者の自己啓発書購読経験率は 5.6％，ない者の購読経験率は 5.3％と，まったく違いがみられなかった．その意味で図表 4･8 の傾向は，自己啓発書というメディアが，島薗進が指摘した「新しいスピリチュアリティ」，つまり「特定宗教の枠を超え，個々人が自由に探求し，身につけることができる」ようになった「個々人が聖なるものを経験したり，聖なるものとの関わりを生きたりすること」との近接性を有していることを示唆するものと考えられる（島薗 2007：v）.

項　目	購読経験者	非経験者	χ^2
ヒーリング（癒し）グッズを身につけたり使った経験がある	46.8	25.7	***
「前世・来世」や「あの世」の存在を信じている	55.2	45.5	**
雑誌やインターネット上の占いを読む	31.7	25.0	*
大切なことを決める際，占いの結果を重視する	5.1	2.1	**

*：$p < 0.05$，**：$p < 0.01$，***：$p < 0.001$

図表 4･8　自己啓発書購読とスピリチュアル志向（各項目の肯定回答率，%）

もちろん，自己啓発書がすべてスピリチュアリティへの志向を内包しているわけではない．大多数の自己啓発書は，ビジネス，生き方，対人関係等のハウ・トゥを，著者の専門知や経験をもとに主張するものである．だが，100 万部を超す大ベストセラー人生論のなかで著名な経営者が「心に描いたものが実現するという宇宙の法則」（稲盛 2004：27）を語り，また女性向けの緩やかなエッセイ風人生論のなかで「神様という概念は人が作り出したもので，実はその正体は，宇宙エネルギーなんですよ」（横森 2006：29）という言及が特段の説明もなくなされ，さらにいわゆる「断捨離」に関する著作でも，片づけるという行為は「見える世界」だけでも，思考・感情・観念といった「見えない世界」だけでもなく，「さらにさらに，その奥，深く，『霊線』までも調える．『霊線』の繋がった先，天なのか宇宙なのか，神なのかサムシング・グレートなのか，仏なのか先祖なのか……」（やました 2010：212）という言及がやはり突如登場するといったように，自己啓発書を読むなかでスピリチュアリティに関する言及に出合うことはさほど珍しいことではない．その意味でも，自己啓発書を読むということは，今日的なスピリチュアリティの拡がりの一端に触れることでもあると考えられる．

第三は，「自己の操作性」である．図表 4･9 にあるように，自己啓発書購読者は，ファッションと自分らしさとを結びつけて考え，また音楽を気分転換のツールとして使う傾向がある．また，前述したヒーリンググッズの使用率，エステ･クリニックの利用率がそれぞれ高く，体形管理の志向も強くなっている．いってみれば，様々な事項を，自らが自らを変えていくための「自己のテクノロジー」（Foucault 1988 ＝ 1990）として活用する度合が高いのである．

自己啓発書の購読経験率の高さ，および図表4･9の各項目の肯定回答率の高さを考えると，このように何らかのツールを用いて自分自身に働きかけようとする営みはごく一部の人々のみ行っていることだとはいえないだろう．いってみれば私たちは，多かれ少なかれ「ツールに支えられた自己」を生きているのであり，自己啓発書とはそのような自己を支える日常的ツールの一角を構成するものだと考えられるのである．

項　目	購読経験者	非経験者	χ^2
ファッションは，自分らしさを表現するアイテムだ	66.4	58.8	*
自分の気持ちを変えるために，曲を選んで聴く	84.4	77.1	**
ヒーリング（癒し）グッズを身につけたり使った経験がある	46.8	25.7	***
美容のためにエステやクリニック等に通った経験がある	32.9	18.4	***
体型管理のために運動や食事制限をした経験がある	70.5	53.5	***

*：$p < 0.05$，**：$p < 0.01$，***：$p < 0.001$

図表4･9　自己啓発書購読とツール活用（各項目の肯定回答率，％）[20]

4　自己を操作するという感覚の強まり

本章では，自己啓発書を読むという行為が，今日の社会においていかなる意味をもつ行為なのか，いかなる位置価を有する行為なのかについて検討してきた．社会的属性という観点からすれば，それは，主には正規雇用従事であることに牽引され，また書籍メディアへの親和性に下支えされた「獲得的文化資本」への接近行為だと，まずいうことができる．次に，自己意識との近似性という観点からいえば，自己啓発書購読とは，自己をより戦略的に使い分けようとすること，得難くなりつつある自己肯定感や自分らしさを保持しようとすること，なりたい自分になろうとすることにそれぞれ親和性の高い行為であるということができる．これらから，購読の動機や用途は種々あるにしても，近年の自己意識の変容に対する，ある種の対処資源として自己啓発書というジャンルを定位することができるように思われる．また，まじめ志向，スピリチュアル志向，包括的な自己の操作志向とも自己啓発書購読行為は関係しており，より広い文脈におけるその位置価を推し量ることができる．一義的な「ピン止め」はでき

20) これらの項目間ではほぼすべてに有意な正の相関関係がみられる．

ないものの，少なくとも，自己啓発書を誰がどのように読んでいるのかはわからない，という地点から幾分は進むことができたはずである．

最後に，ここまでの分析から派生的にみえてきた，現代の若者の自己意識に関する1つの総体的傾向について考えてみよう．図表4·9で示した5項目のうち，2002年調査からの継続項目は「自分の気持ちを変えるために，曲を選んで聴く」と「ヒーリング（癒し）グッズを身につけたり使った経験がある」の2項目のみである[21]．だがこの10年の間で，2項目への肯定回答率は大きく上昇している（図表4·10）．また前述したとおり，2002年調査では「自己分析や自己啓発の本を買う」，2012年調査では「自己啓発の本（自分を変えたり，高めたりするための本）を買う」と質問内容が異なるために単純な比較はできないものの，本章の主題となっているこの項目の肯定回答率が2002年調査では24.3%，2012年調査では41.1%と大きく上昇していた．

項　目	2002年	2012年	増減	ソマーズのD	
自分の気持ちを変えるために，曲を選んで聴く	63.0%	79.8%	16.8%	0.204	***
ヒーリング(癒し)グッズを身につけたり使った経験がある	23.3%	34.2%	10.9%	0.123	***

*：$p < 0.05$，**：$p < 0.01$，***：$p < 0.001$

図表4·10　ツール活用項目の経年変化（各項目の肯定回答率）[22]

もちろん，こうした諸変化は，第2章において音楽の「感情サプリ志向」の高まりが指摘されているように音楽の消費様態が，あるいはヒーリンググッズ（あるいはスピリチュアリティ）や自己啓発書の消費様態がここ10年間で変わったことにも関係しているだろう．だが，図表4·6で示したような自己の多元化の進展，特に項目「意識して自分を使い分けている」への肯定回答率の上昇と合わせ考えると，そもそも「自己」という対象を何らかの形で操作しようとする感覚，前述の表現でいえば「自己の操作性」が根底的に強まっているのだと考えられないだろうか．

近年の自己啓発書の活況については，様々な「原因」が論じられている．終身雇用が自明ではなくなり個々人が労働市場内で自らサバイバルしていかねば

21）ただし，2002年調査では「ヒーリンググッズを身につけたり使った経験がある」とのみ聞いている．

22）2章の図表2·2と数値が異なるのは，図表4·6で岩田（2006）との比較を行うことに合わせて，本章では無回答を除外しない数値を記載していることによる．

ならない状況の産物だ[23]，現代社会の生きづらさが反映されたものだ[24]，売り方を知っている戦略的な書き手の出現によるものだ[25]，マーケティングや販売戦略に長けた版元の台頭によるものだ，等々．こうした原因論が間違いであるとはいわないが，自己啓発書が活況となる要因はこのように個々人の外部にのみあるのではなく，書籍等を通して自らを変え，高めようとすることが，また状況によって自らを使い分けることが抵抗なく行われるような，現代に生きる人々の――少なくとも本章での知見に基づけば若者の――心性にも一因があるとは考えられないだろうか．そして，まさに状況によって自己を使い分け，また各種のツールを用いて自らを操作しようとする日常的振る舞いを積み重ねていくことこそが，まさに，そのような心性をますます私たちにとって自明な「自己についての文化」としていくのではないだろうか．その意味で，自己啓発書を読む人々とは，今日における一種の「倫理的前衛」（Bourdieu 1979 = 1990：176-7）といえるのかもしれない．

参考文献

Bourdieu, Pierre, 1979, *La distinction: Critique sociale du jugement*, Paris: Editions de Minuit.（= 1990，石井洋二郎訳『ディスタンクシオンⅡ――社会的判断力批判』藤原書店．）

Foucault, Michel, 1988, *Technologies of the Self: A Seminar with Michel Foucault*, University of Massachusetts Press.（= 1990，田村俶・雲和子訳『自己のテクノロジー』岩波書店．）

稲盛和夫，2004，『生き方――人間として一番大切なこと』サンマーク出版．

岩田考，2006，「若者のアイデンティティはどう変わったか」浅野智彦編『検証・若者の変貌――失われた10年の後に』勁草書房．

牧野智和，2012，『自己啓発の時代――「自己」の文化社会学的探究』勁草書房．

宮島喬，1994，『文化的再生産の社会学――ブルデュー理論からの展開』藤原書店．

宮島喬・藤田英典・志水宏吉，1991，「現代日本における文化的再生産過程――ひとつのアプローチ」宮島喬・藤田英典編『文化と社会――差異化・構造化・再生産』有信堂．

Rose, Nikolas, 1996, *Inventing our Selves: Psychology, Power, and Personhood*, Cambridge University Press.

島薗進，2007，『スピリチュアリティの興隆――新霊性文化とその周辺』岩波書店．

常見陽平，2012，『「意識高い系」という病――ソーシャル時代にはびこるバカヤロー』KKベストセラーズ．

漆原直行，2012，『ビジネス書を読んでもデキる人にはなれない』マイナビ．

やましたひでこ，2010，『ようこそ断捨離へ――モノ・コト・ヒト，そして心の片づけ術』宝島社．

横森理香，2006，『30歳からハッピーに生きるコツ』KKベストセラーズ．

[23]『日経トレンディ』2009.7「自己投資が心を支える時代」

[24]『サンデー毎日』2009.9.27「『勝間』『香山』どっちをとる？」

[25]『日経エンタテイメント！』2008.5「あなたはなぜビジネス本を買ってしまうのか？」

5章

経済的成功に対する若者の意識の変容

個人的な要因の衰退と非個人的な要因の台頭

寺地幹人

0　若者の幸福と経済的成功

今日の若者の幸福を考えるにあたって，経済的成功・経済的安定が重要な問題であることは，疑いようがないだろう．若者の経済状態の基盤となるのが労働で賃金を得ることだが，バブル経済の崩壊以降，中長期的にみれば雇用の不安定化は進む一方であり，就労困難な状態にある若者の存在は，論点が変われど，ここ20年の大きな社会的課題である．この社会的課題の扱われ方において，2000年代を通じた大きな変化は，若者個人およびその内面を問題視する見方や自己責任論から，若者が置かれている環境や社会構造の問題に着目する見方へと，力点が移ってきたことである．

そうした変化を示す出来事の1つとして，2008年年末から2009年年始にかけての年越し派遣村の結成があげられよう[1)]．当時派遣村の村長だった湯浅誠氏らの政府関係者への働きかけや，報道でも大きく取り上げられた結果，住まいを失った人々が年明けには，寒い外ではなく厚生労働省の講堂で身を休めることになった．私たちはこれを，単に政府が場所を提供したという事実としてのみでなく，雇用や生活の不安定さを個人の責任（自己責任）の問題として片づけずに，政治的に対応すべき問題として取り組まなければならないという，

---

1)　派遣労働問題と若年就労問題はイコールではないが，2006年に調査を実施した東京都産業労働局（2007：69）によれば，登録型派遣労働者の6割以上は20・30歳代の若者とされ，若年就労の不安定さと重なる部分も大きい．

社会的認識の興隆を象徴する出来事として，理解することができるのではないか.

本章では，このような変化を念頭に置き，経済的成功に対する若者たちの意識について，またそうした意識と，若者が置かれている困難な状況に対する若者たち自身の理解との関係について，考えてみたい.

1　先行研究と問題設定

本章では，都市若年層の経済的成功に対する考えの現代的特徴と変化を，調査データの時点比較分析から明らかにする.

このテーマに関わる先行研究としてまず挙げられるのは，日本社会のメリトクラシーのあり方について論じた，教育社会学のいくつかの研究だろう．メリトクラシー（Young 1958 = 1982）とは，個人のメリット（能力）をもとに資源分配が行なわれる（能力のある人が優位な立場につくことをよしとする）価値観であり，近代社会の主要原理とされる．竹内洋（1995）が論じているように，日本社会のメリトクラシーは，人々を成功に向けて頑張らせる（加熱）仕組みだけでなく，たとえ目指していた結果が出せなかった場合でも，適度に目標を切り下げさせて納得させたうえで(冷却)，別の目標に向けて頑張らせる(再加熱）仕組みに優れたものとなっている．その点で，なるべく多くの人を競争から降ろさない仕組みをもっているのが，日本社会だといえよう.

青少年研究会のこれまでの分析においても，こうした日本のメリトクラシーの特徴を想起させる研究がなされてきた.

藤村正之（1995：197）は，1990年代の日本の青少年の「努力主義の心性」の特徴は，「『努力』要因の位置づけの高さそれ自身にあるのではなく，他国に増して『運やチャンス』に比重をおいていること」や，希望通りの結果が出せないと予想されるにもかかわらず，努力に価値を見出すことであると，説明している．そして，1992年調査のデータを分析し[2]，偶然要因（＝運や偶然）

[2]　「自分の人生に次の３つの要素（生まれつきのもの）（自分の努力）（運や偶然）は現在までどのくらい影響していると思いますか．また，将来どのくらい影響してくると思いますか．合計を10点満点として，点数を３つの要素に配分してください（小数点のある数値にはしないで下さい)」という項目を分析している.

への評価が安定していることに下支えされた,「〈結果の問われない〉努力主義」の存在を示した（藤村 1995：211）.

その後の 2002 年調査の分析で，浜島幸司（2004）は，藤村（1995）が示したような努力主義が変化しつつあるのではないかということを，経済的成功の要因 4 つ（図表 5・1 の太字）に対する考え方の分析から示した．具体的には，努力を重視する傾向が弱まり，才能を重視する考え方が台頭してきているのではないかという見立てである．また，そうした努力と才能，いずれかを重視するものとして対象者を 2 タイプに分け，その特徴を整理した [3]（ハマジ 2006）．その際に，経済的成功の要因 4 つは,「成功は個人が見つけていくものなのか，社会にあるものを見つけていくものなのか」という＜個人⇔非個人＞の軸と,「成功が誰彼とは関係なく万人の前にあらわれるものと考えるのか（「努力」も「運」も確率は異なるものの，チャンスは公平にある)，それとも，限られたもののみが所有する資源（資本）の有無によってあらわれるものと考えるか」という＜不公平（閉鎖）⇔公平（開放）＞の軸, 2 つの軸を用いて整理された（浜島 2004：377）（ハマジ 2006：149-150）.

こうした研究はいずれも, 成功にとってまず重要なことは, 努力や才能といった個人的な要因であり，そのうえで，仮に思った通りの結果が出ないとしても，誰にとっても公平とされる運や偶然にその原因が帰されることで，個人的な要因への支持が揺るぎないものとして存在しうることを示している.

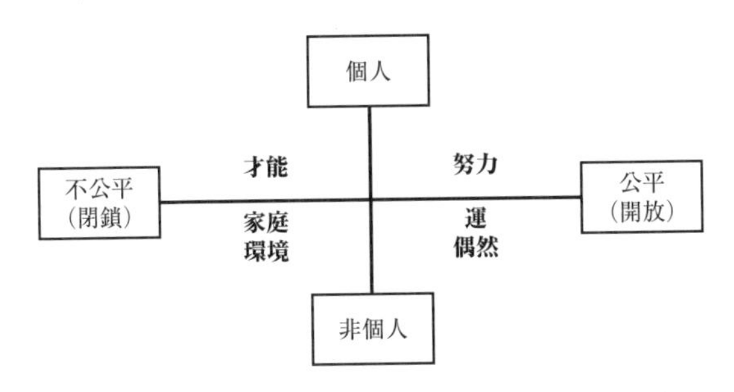

図表 5・1　経済的成功の要因（ハマジ 2006：150 より）

3)　努力優先派（53.3%）と才能優先派（46.7%）の 2 つに分け，その社会観，自己意識，友人関係の状況や意識について，違いを説明している.

しかし近年では，20世紀終盤におけるメリトクラシーの変容に注目している議論も現れてきている．苅谷剛彦（2001）は，日本の努力主義（生まれつきの能力の違いではなく，努力するかどうかが成功をおさめるうえで重要とする価値観）は，「努力は個人の自由意思によるもので，だれにでも開かれているはずだ」という努力の普遍性を前提にしており，その背後にある社会階層の影響が見過ごされてきたことを指摘している．そして，起きていることは意欲格差（インセンティブ・ディバイド），すなわち「意欲をもつ者ともたざる者，努力を続ける者と避ける者，自ら学ぼうとする者と学びから降りる者との二極分化の進行であり」，「降りた者たちを自己満足・自己肯定へと誘うメカニズムの作動」であるとしている（苅谷 1995：211）．また，本田由紀（2005：78-86）は，「努力」を学校での「勉強」と同一視して捉えたり，誰でも可能な「行動」およびその「量」として捉える見方が時代遅れになりつつある段階に社会がなってきている（＝ハイパー・メリトクラシー化）とし，「『能力』としての『努力』」という見方を提起している．これは，「努力」の対象そのものが変化・多様化しているということ，「努力」を「することができる人々とできない人々がいる，すなわち『能力』の一部として考えるべきではないか」ということを意味し，苅谷同様，努力が個々人の自由意思以外の要因に左右されるものとして捉えうることを示唆している．また，山田昌弘（2004）も，リスク化と将来に対して「希望」をもてる人ともてない人の二極化（心理的格差）が進むとしている．

こうした研究が示唆しているのは，成功をおさめることに個人的な要因が重要であるという価値観の揺らぎである．本章が注目する経済的成功に関していえば，「それは個人の努力や才能の問題であり，成功できないのは個人の責任である」という見方が変容しつつあるのではないかという点が，問われうる．

以上の先行研究を踏まえたうえで，本章における問いを立てると，以下のようになる．

第一に，2000年代を経て，都市若年層の経済的成功に対する考えは，変化したのかしていないのか．より正確にいえば，どういう部分が変化せず，どういう部分が変化したのか．これが第一の記述的な問いとなる．

第二に，以上は，ある社会的属性によって偏りがあるものなのか，確認する．

苅谷（2001）によれば，社会階層が意欲の格差に大きく影響している．また本田（2005:86-106）は，勉強だけでなく友人関係やリーダーシップの発揮といった周囲の環境への適応も含めた，子どもの日常生活全般の「努力」は，家庭背景や生育環境の質的なあり方からの影響を受けやすいとしている．先行研究が述べるように，近年の変化に階層をはじめとした社会的属性の影響があるのだとすれば，社会的属性との関連を確認する必要がある[4]．

第三に，こうした記述的な問いへの答えに対して，説明的な問いが立てられる．すなわち，都市若年層の経済的成功に対する考えの変化や不変が，どのように／なぜ生じているのか．これについて，分析結果をもとに考察する．

2 データおよび分析方法

分析には，青少年研究会による2002年調査および2012年調査（若年・中年）のデータを用いる．今回検討する質問項目は，「あなたは，現在の日本の社会で経済的に成功するのに重要なものは何だと思いますか」で，これに対し，「生まれ育った家庭の環境」「個人の才能」「個人の努力」「運や偶然」の選択肢に順位付け（1～4位）する方法で，回答が求められている[5]．

まず3節では，1～4位それぞれの回答結果（全体に占める割合）を，2002年の16～29歳と2012年の16～29歳で比較し，大まかな傾向を把握する．本研究会がこれまで明らかにしてきた前述の知見を踏まえ，以下の2点を確認する．

(1) 経済的成功に対して，個人の努力は2002年と同程度に2012年でも重視されているか．それとも重視されていないか．

(2) 経済的成功に対して，才能（個人・閉鎖性）がより重視されてきているのではないかという2002年時点の指摘は，2012年時点でもあてはまるか．

次に4節では，本調査データで検証しうる社会的属性，すなわち性別，年齢

4) 本章で扱う経済的成功に対する考えのような社会意識にとって，それを左右する重要な変数は，階層（職業，経済力，学歴），ジェンダー，生年世代差とされている（吉川 2014：61-69）．

5) 2002年調査時点で，1992年調査とワーディングおよび回答方法が変更されている（浜島 2004：389）．よって，3時点の比較は，本章ではできない．

層，現在の職業，本人学歴，父学歴，母学歴ごとに，3節でみた傾向を確認する．先行研究においては，社会的に有利な立場にいる場合，例えば社会階層が高い場合に，努力することに対して肯定的な考えを抱くとされる．それは，社会階層が高いほど幼い頃から教育の機会に恵まれ，それゆえ努力して勉強すればよい成績を得られることを経験し，その経験が個人の努力を肯定する根拠となるからである．

最後に5節で，2000年代を経た若者の意識の変化・不変のメカニズムについて考察する．

3　若者にとって重視される経済的成功の要因 ――2002年と2012年の比較

2002年調査の16～29歳全体と2012年調査の16～29歳全体の結果を比較したのが，図表5・2である．

	【1番目】			【2番目】			【3番目】			【4番目】		
	2002		2012	2002		2012	2002		2012	2002		2012
努力	41.3 ①	**1.4** ↑	42.6 ①	29.1 ②	**2.0** ↑	31.0 ②	20.3 ④	**3.5** ↓	16.7 ④	9.3 ③	**0.3** ↑	9.7 ④
才能	30.8 ②	**12.2** ↓	18.5 ③	38.9 ①	**4.1** ↓	34.8 ①	22.8 ③	**9.1** ↑	31.9 ①	7.5 ④	**7.1** ↑	14.6 ③
家庭	20.2 ③	**8.0** ↑	28.2 ②	15.1 ④	**0.4** ↑	15.6 ④	24.2 ②	**0.1** ↑	24.3 ③	40.6 ②	**8.7** ↓	31.9 ②
運	7.8 ④	**2.9** ↑	10.7 ④	16.9 ③	**1.7** ↑	18.6 ③	32.7 ①	**5.7** ↓	27.1 ②	42.6 ①	**1.2** ↑	43.8 ①
n	1086		1037	1084		1034	1081		1035	1081		1033

図表5・2　経済的成功に重要な要因（1番目～4番目）：2002年と2012年の比較[6)]

ここでは傾向をより簡素に理解するために，1番目に重要視する要因について説明する（表内太枠）．最も特徴的な点は，2時点の2位と3位が逆になっていることだろう．2002年には「個人の才能」が30.8％で2位だったのに対し，2012年では18.5％までその割合を落として3位になっている．対して，2002

6) 表の見方は以下の通り．
- 各時点の数字は，その要因を回答した者の全体に占める割合（%）．
- 丸付き数字は，その時点の4つの要因間での割合の順位．薄いグレーは，2時点間で順位が異なる部分．
- 2時点の間の太字数字は，2時点の割合の差の絶対値（5ポイント以上のものは濃いグレー）．その右の矢印は，差がプラス（＝上向き）かマイナス（＝下向き）かを表している．

年で20.2％（3位）だった「生まれ育った家庭の環境」が，2012年で28.2％となり2位になった．また，「個人の努力」に関しては，2002年41.3％，2012年42.6％と微増しているがほぼ同程度の割合となっている．

この結果だけでは，4つの要因間の詳細な関連まではみえてこない．よって，以下の図表5・3で示すように，要因の組み合わせ24個を2時点で比較し，その内実をみていく．

	1番目	2番目	3番目	4番目	2002年16～29歳（n = 1079）：％		2時点の差		2012年16～29歳（n = 1031）：％	
①	家庭	才能	努力	運	**6.9**	**9.3**	0.7	↓	**6.2**	8.0
②			運	努力	2.4		0.7	↓	1.7	
③		努力	才能	運	**6.2**	7.8	4.3	↑	**10.5**	**14.6**
④			運	才能	1.6		2.6	↑	**4.2**	
⑤		運	才能	努力	1.9	2.9	1.2	↑	3.1	5.6
⑥			努力	才能	0.9		1.6	↑	2.5	
⑦	才能	家庭	努力	運	3.8	5.7	1.4	↓	2.4	3.7
⑧			運	努力	1.9		0.7	↓	1.3	
⑨		努力	家庭	運	**8.2**	**18.6**	2.3	↓	**5.8**	**12.5**
⑩			運	家庭	**10.5**		3.8	↓	**6.7**	
⑪		運	家庭	努力	1.6	6.5	1.1	↓	0.5	2.4
⑫			努力	家庭	**4.9**		3.0	↓	1.9	
⑬	努力	家庭	才能	運	**5.7**	8.1	1.4	↑	**7.1**	**10.1**
⑭			運	才能	2.4		0.6	↑	3.0	
⑮		才能	家庭	運	**11.9**	**25.9**	0.2	↓	**11.6**	**21.8**
⑯			運	家庭	**14.0**		3.8	↓	**10.2**	
⑰		運	家庭	才能	1.3	7.4	2.0	↑	3.3	**10.6**
⑱			才能	家庭	**6.1**		1.2	↑	**7.3**	
⑲	運	家庭	才能	努力	0.9	1.4	0.1	↑	1.1	1.7
⑳			努力	才能	0.5		0.2	↑	0.7	
㉑		才能	家庭	努力	0.6	3.7	1.5	↑	2.0	4.9
㉒			努力	家庭	3.2		0.2	↓	2.9	
㉓		努力	家庭	才能	0.8	2.8	0.1	↑	1.0	4.0
㉔			才能	家庭	1.9		1.1	↑	3.0	
平均					4.2	8.3			4.2	8.3
標準偏差					3.72	6.80			3.19	5.67

図表5・3　経済的成功に重要な要因の組み合わせ：2002年と2012年の比較[7)]

2002年時点の上位3つは，⑯【努力→才能→運→家庭】（14.0％），⑮【努力→才能→家庭→運】（11.9％），⑩【才能→努力→運→家庭】（10.5％）となって

7)　表の見方は以下の通り．
・各時点の数字は，回答した者の全体に占めるその組み合わせの割合（％）．上位3つにグレーの濃淡をつけた．また，平均より高いものを太字にしている．
・2時点の間にある数字は，2時点の割合の差の絶対値（上位にグレーの濃淡をつけた）．その右の矢印は，差がプラス（＝上向き，判別しやすくするためグレー）かマイナス（＝下向き）かを表している．

おり，いずれも1番目・2番目に重要とされる要因に，浜島（2004）において個人の側にあると整理された，「努力」と「才能」のどちらかが選ばれている．

対して2012年時点の上位3つは，⑮【努力→才能→家庭→運】（11.6％），③【家庭→努力→才能→運】（10.5％），⑯【努力→才能→運→家庭】（10.2％）となっており，「努力」は1位（⑮）と3位（⑯）の組み合わせで1番目とされているが，「才能」が1番目とされている組み合わせは，2002年のように上位3つのなかにはない．替わりに，「家庭」を1番目と考える組み合わせ（③）が2位となっている．

次に2時点の差や違いをみていく．第一に，標準偏差をみると，2002年に比べて2012年の方が，24の組み合わせ間の割合のバラツキが小さい．このことから，2012年の方が，ある特定の組み合わせに支持が集約されるのではなく，支持される組み合わせがより多様になっているといえるだろう．

第二に，2時点の割合の差が比較的大きい項目を挙げると，③【家庭→努力→才能→運】（4.3），⑩【才能→努力→運→家庭】（3.8），⑯【努力→才能→運→家庭】（3.8），⑫【才能→運→努力→家庭】（3.0），④【家庭→努力→運→才能】（2.6）となっており，2002年か2012年でその割合が上位になっていた項目で比較的2時点の差が大きいことがわかる．このことから，2時点を比べただけでもドミナントな組み合わせは安定的なものではなく，価値観が大きく揺らいでいる様子がうかがえる．

以上から，前述の（1）（2）に対して，以下のようにいえるだろう．

（1）経済的成功に対して，個人の努力は2002年と同程度に2012年でも重視されているか．それとも重視されていないか．

→若者全体としてみれば，個人の努力は2002年と同程度に重視されている．

（2）経済的成功に対して，才能（個人・閉鎖性）がより重視されてきているのではないかという2002年時点の指摘は，2012年時点でもあてはまるか．

→あてはまらない．才能（個人・不公平）を重視する成功観は衰退し，生まれ育った家庭の環境（非個人・不公平）を重視する成功観が台頭しつつある．

加えて，成功要因として支持される組み合わせが2012年の方が多様であること，また，2 時点間の差が大きい組み合わせにはどちらかの時点で上位になっているものが多いことから，2000 年代を経て経済的成功に対する考えは，多様化しつつ，これまでとは異なったものになってきていると推察される．

4　誰がどのような要因を支持しているか
――社会的属性ごとにみた成功要因

前節では，経済的成功にとって最も重要な要因として，個人の努力が依然として最も多く支持されていつつも，個人の才能に替わって，生まれ育った家庭の環境が次いで支持を集めるようになったことを確認した．

本節では，社会的属性ごと（性別，年齢層，現在の職業，本人学歴，父学歴，母学歴）の結果をみることで，前節で示した傾向が若者のなかにも偏りをもってあらわれているのか否か，偏りがあるとすれば，どういった若者に特に色濃くあらわれているのかを検討する．

確認する社会的属性に関しては，調査で尋ねた項目を，以下のようにコーディングして使用した[8]．

性別：男性／女性
年齢層：16 ～ 19 歳／ 20 ～ 24 歳／ 25 ～ 29 歳
現在の職業：経営者・役員＆正規雇用／その他就業／学生
本人学歴：大学・大学院卒／非大学・大学院卒
父学歴：父大卒以上／父大卒未満
母学歴：母短大卒以上／母短大卒未満

まず，2002 年と 2012 年それぞれにおいて，経済的成功で重視する要因と各社会的属性の関わりを確認する．ただし，1 番目から 4 番目のすべての要因お

8)　本人および父・母の学歴に関しては，在籍したことがある学校を基準としてコーディングしている．すなわち，実際に卒業したかどうかを問わず，「～卒」という区分にしている．これには以下の（1）（2）の理由がある．（1）調査票で，本人には通ったことのある学校にすべて○を付してもらい，親に関しては最後に在籍した学校を答えてもらっているため．（2）日本の教育達成においては，卒業よりも入学の方が難しく，在籍経験がある学校が学歴の指標として適切であるため．

	属性	生まれ育った家庭の環境	個人の才能	個人の努力	運や偶然
n.s.	男性 n=485	19.4	29.3	43.9	7.4
	女性 n=600	20.8	31.8	39.2	8.2
n.s.	16～19歳 n=307	18.2	28.0	45.3	8.5
	20～24歳 n=373	19.0	33.0	39.1	8.8
	25～29歳 n=405	22.7	30.6	40.2	6.4
n.s.	経営者・役員＆正規雇用 n=256	23.8	28.1	39.5	8.6
	その他就業 n=250	21.2	30.4	42.0	6.4
	学生 n=458	17.5	31.0	42.8	8.7
n.s.	大学・大学院（本人）n=440	18.6	29.8	43.4	8.2
	非大学・大学院（本人）n=626	21.1	31.5	40.1	7.3
n.s.	父大卒以上 n=552	18.5	31.2	41.7	8.7
	父大卒以下 n=402	21.6	29.4	42.5	6.4
n.s.	母短大卒以上 n=434	18.4	30.6	41.9	9.0
	母短大卒以下 n=524	21.4	30.0	42.0	6.7

0　20　40　60　80　100（%）

■生まれ育った家庭の環境　■個人の才能　■個人の努力　■運や偶然

＊：$p < 0.05$，＊＊：$p < 0.01$，＊＊＊：$p < 0.001$

図表5・4　社会的属性ごとにみた成功要因（1番目）2002年

	属性	生まれ育った家庭の環境	個人の才能	個人の努力	運や偶然
***	男性 n=477	26.4	18.0	40.0	15.5
	女性 n=560	29.6	18.9	44.8	6.6
***	16～19歳 n=313	22.7	17.9	46.0	13.4
	20～24歳 n=336	28.9	17.3	42.6	11.3
	25～29歳 n=388	32.0	20.1	39.9	8.0
n.s.	経営者・役員＆正規雇用 n=288	33.3	19.1	37.5	10.1
	その他就業 n=206	29.6	17.5	43.7	9.2
	学生 n=483	24.2	18.2	45.8	11.8
n.s.	大学・大学院（本人）n=552	30.4	17.0	41.5	11.1
	非大学・大学院（本人）n=484	25.4	20.2	44.0	10.3
n.s.	父大卒以上 n=615	25.7	19.8	44.1	10.4
	父大卒以下 n=325	32.3	17.2	40.3	10.2
*	母短大卒以上 n=536	25.0	19.6	43.7	11.8
	母短大卒以下 n=426	32.6	17.6	41.1	8.7

0　20　40　60　80　100（%）

■生まれ育った家庭の環境　■個人の才能　■個人の努力　■運や偶然

＊：$p < 0.05$，＊＊：$p < 0.01$，＊＊＊：$p < 0.001$

図表5・5　社会的属性ごとにみた成功要因（1番目）2012年

よび要因の組み合わせ24個を確認することは煩雑かつ紙幅の都合上難しいため，1番目に重要とされる要因のみを分析する．

その結果が図表5・4，5・5である．2002年（図表5・4）では，経済的成功で重視する要因（1番目）と各社会的属性に，統計的に有意な関連を確認できない[9]．対して2012年（図表5·5）では，経済的成功で重視する要因（1番目）と性別，年齢層，母学歴との間に，統計的に有意な関連（5%水準）が確認された[10]．このことからまずは，2002年に比べて2012年の方が，社会的属性が経済的成功についての考えを規定しているといえよう．続いて，統計的に有意な関連が確認された3つについて，関わり方を確認していく．

まず性別に関して（図表5・6），前節でみた若者全体と同様に，2012年時点では，「生まれ育った家庭の環境」が2位となっている（男性26.4%，女性29.6%）．ただ，「個人の努力」に関しては，2002年から2012年の間で，男性はその割合が減少しているのに対し，女性はその割合が増加している（男性43.9%→40.0%，女性39.2%→44.8%）．また，2012年時点で男性の方が女性に比して,「運や偶然」を支持する割合が10%弱高い（男性15.5%, 女性6.6%）．

男性においては，これまで経済的成功にとって重要だと考えられてきた個人的な要因（「個人の努力」と「個人の才能」の両方）に対する支持が衰退している．これは女性に比して，既存のメリトクラシーを支えてきた，より高い学歴とより高い地位を目指す立身出世の中心的な担い手である男性が，個人的な要因で経済的成功を達成できるという価値観の行き詰まりを，特に感じているということではないだろうか．一方，女性の場合，社会進出が進み，個人が努力すれば経済的成功をおさめられるという感覚が一定程度広まっている一方で[11]，そもそも成功というものを，個人がどうこうできるものとしてイメージしづらい立場にある（「生まれ育った家庭の環境」で決まってしまうということも否定できない）ということが考えられる．すなわち，女性は努力主義を以前

9)　χ^2検定を行なった．

10)　2変数の関連の強さを表すCramerのVの値は，性別0.144，年齢層0.078，母学歴0.091であった．

11)　吉川（2006：239-240）は，1985年以降の20年間で，学歴が女性自身の階層評価基準として重みを増していることを指摘している．そして，その理由として考えられることの1つに，女性が正規雇用の賃金労働に就く機会の増加を挙げている．経済的成功に関してではなく，また学歴の重視が「個人の努力」への評価をそのまま表すとは限らないが，こうした傾向にも関連している可能性がある．

男性	【1番目】 2002				2012	
努力	43.9	①	**3.9**	↓	40.0	①
才能	29.3	②	**11.2**	↓	18.0	③
家庭	19.4	③	**7.0**	↑	26.4	②
運	7.4	④	**8.1**	↑	15.5	④
n	485				477	

女性	【2番目】 2002				2012	
努力	39.2	①	**5.7**	↑	44.8	①
才能	31.8	②	**12.9**	↓	18.9	③
家庭	20.8	③	**8.8**	↑	29.6	②
運	8.2	④	**1.6**	↓	6.6	④
n	600				560	

図表5・6　性別別にみた成功要因（1番目）：2002年と2012年の比較

にも増して信憑できるようになりつつも，既存のメリトクラシーから依然として疎外されているという，両義的な状況に置かれていると推察される．

次に年齢層に関して（図表5・7），「個人の努力」に対する支持する割合は，10代が最も高い．これは，地位達成の途上にある年齢層のため，20代に比べて特に，個人の頑張りを信憑できるからだと考えられる．また，「個人の才能」に対する支持は，どの年齢層においても2012年の方が低くなっている．つまり，年齢層を問わずに起きている変化として考えられる[12)]．そして，2012年において顕著なのが，年齢が上がるほど「生まれ育った家庭の環境」を支持する割合が高いということである．2002年においても，この傾向がみられたが，統計的に有意な差は確認できなかった（図表5・4）．これは，学校を卒業して働いている者が多い20代のもつ意味が，変わってきていることを示唆している．すなわち，個人が何とかすれば経済的成功をおさめられるという感覚が，職業世界ではよりいっそうもちにくくなってきていると考えられる．2012年において，（現在の職業と統計的に有意な関連は確認できなかったものの）「学生」＜「その他就業」＜「経営者・役員＆正規雇用」の順に，「生まれ育った家庭の環境」を支持する割合が高くなっている（図表5・5）．これらを踏まえると，若者にとって働くことは，自己実現というよりも，自分自身ではどうにもできない現実を突きつけられるものとしての意味をよりいっそう強めているのではないだろうか．

最後に母親の学歴に関して（図表5・8），性別と年齢層同様，2012年時点では「生まれ育った家庭の環境」が2位となっている．加えてその割合自体は，

12) 残差分析で確認しても，年齢層による「個人の才能」の違いは，有意なものではなかった．

16～19歳	【1番目】2002		【1番目】2012
努力	45.3 ①	0.7 ↑	46.0 ①
才能	28.0 ②	10.1 ↓	17.9 ③
家庭	18.2 ③	4.4 ↑	22.7 ②
運	8.5 ④	4.9 ↑	13.4 ④
n	307		313

20～24歳	【1番目】2002		【1番目】2012
努力	39.1 ①	3.4 ↑	42.6 ①
才能	33.0 ②	15.7 ↓	17.3 ③
家庭	19.0 ③	9.8 ↑	28.9 ②
運	8.8 ④	2.5 ↑	11.3 ④
n	373		336

25～29歳	【1番目】2002		【1番目】2012
努力	40.2 ①	0.3 ↓	39.9 ①
才能	30.6 ②	10.5 ↓	20.1 ③
家庭	22.7 ③	9.2 ↑	32.0 ②
運	6.4 ④	1.6 ↑	8.0 ④
n	405		388

図表 5・7　年齢層別にみた成功要因（1 番目）：2002 年と 2012 年の比較

母短大卒以下の方が 7％以上高い（母短大卒以上 25.0％，母短大卒以下 32.6％）．一方，「個人の努力」に関しては，2002 年から 2012 年の間で僅かな差ではあるが，母親学歴が短大卒以下でその割合が減少しているのに対し，短大卒以上ではその割合が増加している（母短大卒以上 41.9％→ 43.7％，母短大卒以下 42.0％→ 41.1％）．

母短大卒以上	【1番目】2002		【1番目】2012
努力	41.9 ①	1.7 ↑	43.7 ①
才能	30.6 ②	11.1 ↓	19.6 ③
家庭	18.4 ③	6.6 ↑	25.0 ②
運	9.0 ④	2.8 ↑	11.8 ④
n	434		536

母短大卒以上	【1番目】2002		【1番目】2012
努力	42.0 ①	0.9 ↓	41.1 ①
才能	30.0 ②	12.4 ↓	17.6 ③
家庭	21.4 ③	11.3 ↑	32.6 ②
運	6.7 ④	2.0 ↑	8.7 ④
n	524		426

図表 5・8　母親の学歴別にみた成功要因（1 番目）：2002 年と 2012 年の比較

この母親の学歴[13]による違いに関して，図表 5･6 をもとに前述した性別（男性／女性）との関連が考えられる．具体的に想像できるのは，以下の 2 つの関

---

13) 2012 年の 16 ～ 29 歳の親世代では，男性に比した女性の大学進学率の低さは今以上に顕著であり，同学歴どうしの結婚（同類婚）は，高学歴の女性において顕著であると考えられる．参考として白波瀬（2011：327）を確認すると，1970 ～ 1985 年結婚コーホートにおいて，同学歴の夫婦の割合を妻の学歴別でみると，妻低学歴×夫低学歴 54.41％，妻中学歴×夫中学歴 63.21％，妻高学歴×夫高学歴 72.40％となっている．このコーホートと 2012 年の 16 ～ 29 歳の親世代はかなりの程度一致すると考えられる．そして，母親の学歴の高さは父親の学歴の高さ以上に，教育投資（1 人あたり子ども教育費）の高さに相関する（白波瀬 2011：329–330）．

14) 前注に記した教育投資の多さや，母親が学歴達成のモデルであることが，この理由として考えられる．

連である．

(1) 女性は，母親の学歴が高い場合はそうでない場合に比べ，相対的に社会進出の機会を得やすく[14]，個人が努力すれば経済的成功をおさめられるという感覚を特にもちやすい．一方，母親が低学歴の場合は逆に，既存のメリトクラシーに親和的でない価値観，すなわち経済的成功を個人で成し遂げられるものとしてイメージしづらい感覚を特にもちやすい．

(2) 前述した男女間の違いおよび性別ごとの2時点の変化が，母親の学歴の高低によって異なる．

(1) を確認するには，経済的成功に対する考え，性別，母親の学歴の3変数の関係をみることが必要なので，性別と母親の学歴，ともに経済的成功に対する考えと有意な関連がある2012年調査の16～29歳に関して，3重クロス表を作成した[15]．その結果，男女ごとでみた，経済的成功に対する考えと母親の学歴の関連には，男女ともに統計的に有意な関連（χ^2検定，5%水準）を確認できなかった（図表省略）．それゆえ今回の分析からは，女性における母親の学歴での違いがあるとはいえない．

一方 (2) について，母親の学歴別でみた場合，母短大卒以上のみ，統計的に有意な関連（χ^2検定，5%水準）を確認できた（図表5・9）．そして，「生まれ育った家庭の環境」を1番の成功要因と考える者の割合は，母短大卒以下の場合，男性（32.3%）と女性（32.9%）において同程度であり，これら両方が，母短大卒以上の男性（22.1%）と女性（27.4%）より高くなっている．

セル内は行%		生まれ育った家庭の環境	個人の才能	個人の努力	運や偶然
母短大卒以上 $p < 0.001$	男性 n=244	22.1	20.9	39.3	17.6
	女性 n=292	27.4	18.5	47.3	6.8
母短大卒以下 n.s.	男性 n=189	32.3	16.4	38.6	12.7
	女性 n=237	32.9	18.6	43.0	5.5

図表5・9　母親の学歴別：性別と成功要因（1番目）の関連　2012年

[15] 2002年調査の16～29歳に関しても同様に確認したが，性別による分割，母学歴による分割，ともに統計的に有意な関連（χ^2検定，5%水準）は確認できなかった．

対して，母短大卒以上の場合，女性の方が「個人の努力」を1番の成功要因と考える者の割合が高く（47.3%であり，母短大卒以下の男女を含めても最も高い），男性の方が「生まれ育った家庭の環境」を1番の成功要因と考える者の割合が低い（22.1%であり，母短大卒以下の男女を含めても最も低い）．また，「運や偶然」を支持する者の割合は，男性（17.6%）が女性（6.8%）より高い．

また図表5・10，5・11は，男女それぞれの2時点の比較を母親の学歴別で示している．母短大卒以上の場合（図表5・10），男性は「生まれ育った家庭の環境」を1番の成功要因と考える者の割合の増加が，女性よりもかなり小さく（男性2.3，女性10.2），この増加の小ささは，母短大卒以下の男女と比べても特に顕著である．そして，「個人の努力」を1番の成功要因と考える者の割合の2時点の差は女性の方が大きい（男性2.7，女性5.4）．

対して母短大卒以下の場合（図表5・11），「個人の努力」を1番の成功要因と考える者の割合は，男性減少かつ女性増加という点で母短大卒以上と同じだが，2時点の差は男性の方が大きい（男性7.4，女性3.8）．

男性において「個人の努力」を1番の成功要因と考える者の割合は，2002年時点で母短大卒以上（42.0%）よりも母短大卒以下（46.0%）が高かったが2012年時点では逆転し，減少それ自体も，母短大卒以下の男性が7.4と特に大きくなっている．また，「運や偶然」の2時点の割合の差は女性（1.6）に比べて男性（8.1）が高かった（図表5・6）が，その男性のなかでも，母短大卒以上の男性（10.4）の方が母短大卒以下の男性（5.7）より，顕著に高くなっている．

これらのことから，(2) について，以下の①②がいえる．

①「生まれ育った家庭の環境」を1番の成功要因と考える者の割合は，2012

男性	【1番目】2002		差		2012	
努力	42.0	①	2.7	↓	39.3	①
才能	30.9	②	10.0	↓	20.9	③
家庭	19.8	③	2.3	↑	22.1	②
運	7.2	④	10.4	↑	17.6	④
n	207				244	

女性	【1番目】2002		差		2012	
努力	41.9	①	5.4	↑	47.3	①
才能	30.4	②	11.9	↓	18.5	③
家庭	17.2	③	10.2	↑	27.4	②
運	10.6	④	3.7	↓	6.8	④
n	227				292	

図表5・10　母短大卒以上　性別別にみた成功要因（1番目）：2002年と2012年の比較

男性	【1番目】 2002			2012
努力	46.0 ①	7.4	↓	38.6 ①
才能	28.6 ②	12.2	↓	16.4 ③
家庭	18.3 ③	14.0	↑	32.3 ②
運	7.0 ④	5.7	↑	12.7 ④
n	213			189

女性	【1番目】 2002			2012
努力	39.2 ①	3.8	↑	43.0 ①
才能	30.9 ②	12.3	↓	18.6 ③
家庭	23.5 ③	9.4	↑	32.9 ②
運	6.4 ④	0.9	↓	5.5 ④
n	311			237

図表5・11 母短大卒以下 性別別にみた成功要因（1番目）：2002年と2012年の比較

年時点で母短大卒以上の男性が最も低く，また2時点の増加に関しても，母短大卒以上の男性においてはそれほど大きくない．加えて，母短大卒以上の男性は，「運や偶然」の2時点の割合の差が，他と比べて大きいことも特徴的である．

②個人的な要因の支持を衰退させている男性というのは母短大卒以下において顕著であり，他方，努力主義への信憑と既存のメリトクラシーからの疎外の両義的状況にある女性というのは母短大卒以上において顕著である．

最後に，ここまでみてきた2002年と2012年の2時点の違いが，時代による「変化」を表すかどうかについて，若干の説明・考察を加えておきたい．

この2時点の違いは，時代効果によるというよりも，世代効果によるところが大きいかもしれない．言い換えると，（A）2002年でみた年齢層は10歳年を重ねても実は同様の考えをもっており，（B）しかもそれが今回比較した年齢層にのみ固有のものである可能性が考えられる．これに対して，（A）2時点で同一の世代を比較して，その考えに違いがあることを確認し，（B）そうした2時点間の違いが，ある特定の世代によるものではないことを確認する必要がある．

紙幅の都合上，詳細な分析は割愛するが[16]，（A）同一の世代を2時点で比較しても経済的成功に対する考えには違いがあり，（B）2時点間で顕著な違いは，ある特定の世代だけでなく，複数の世代で確認できた．

すなわち，本章でみてきた2時点の違いは，世代を超えて起きている，2000年代を通じた「変化」であると考えられる．

16) この検証のために，2012年調査の中年（30～49歳）のデータを使用した．寺地（2013）（2015）にその一部を記している．

5 おわりに

本章では，2000 年代を経て，若者の経済的成功に対する考えがどのように変わったか，あるいは変わらなかったのかをみてきた．結論としては，「個人の努力」が経済的成功の要因として最も支持されている状況は変わりないが，既存のメリトクラシーが前提としていた，経済的成功には個人的な要因が重要であるという価値観は弱まりつつあり，非個人的な要因である「生まれ育った家庭の環境」が支持を集めつつある．加えて，経済的成功の要因として何が重視されるかという考え方は多様化しつつ，重視する要因の組み合わせで 10 年前にドミナントなものが特に，その支持を減らしていることから，2000 年代を通じた，価値観の全体的な揺らぎが読み取れる．

さらには，「個人の努力」や「個人の才能」といった個人的な要因が重視される，既存のメリトクラシーの行き詰まりを感じてきている男性と，以前に比べれば「個人の努力」の重要性への信憑を増しつつも非個人的要因である「生まれ育った家庭の環境」の影響を否定できないままでいる女性という，性別ごとの変化もみえた．前者の男性の変化は母親の学歴が低い場合に，後者の女性の変化は母親の学歴が高い場合に，顕著である．また全体的に，労働の世界に身を置き始める年齢層の若者が，経済的成功が個人的で成し遂げられるものだという感覚をもちづらくなってきている．

以上のことが意味するのは，不公平感や社会が閉鎖的であるという感覚が，若者のなかでよりいっそう高まっているということである．母親の学歴が高くて多くの教育投資を受けているであろう一部の女性が，以前に比べれば特に，「個人の努力」が経済的成功に結びつくと感じられるようになってきたことを除き，総じてみれば，これまで既存のメリトクラシーを支える個人的な要因を重視する価値観からの撤退が進んでいる．

こうした価値観の変容は，メリトクラシーという言葉の創設者，ヤングが描いた空想社会科学小説の世界をどこか想起させる（Young 1958 = 1982）．ヤングが描いたメリトクラシーの世界の帰結は，知能検査の進歩とその実施により，生まれた後の努力による成長可能性も含め，個人のメリット（能力）はあらかじめ決まっているものとして理解されるようになったというものである．すなわち，成功できるかどうかは，生まれた後に個人が変えられるものではない（生まれる前から決まっている）のである．今回の分析において台頭してきていたのは，「生まれ育った（＝生まれた後）家庭の環境」が重要であるという価値観であり，ヤングが描いた生まれる前から決まっている世界とは厳密には異なるが，本人がそうした環境を選べる，あるいは変えられる可能性を考えると，いずれも個人がどうにかできるものではなく，かつ変わらない（変えられない）ものといえる．

そうであるならば，「努力」できる人とそうではない人（苅谷 2001）（本田 2005），「希望」をもてる人とそうではない人（山田 2004）の間の格差より事態は深刻である．「努力」できたり「希望」をもてる人であろうとなかろうと，経済的成功を個人がどうにかできるものとして考えられなくなりつつあるとともに，経済的成功は限られた者が所有する資源の有無によってあらわれるものとして（すなわち，不公平は確かに存在すると），考えられつつあるのかもしれない．

本田（2010）は，社会的に有利な位置づけにある若者ほど「能力主義」を是認し，自らの力で自らのあり方を決定していくべきだと考え，社会構造への批判的な問いかけが弱い現状を分析している．一方，本章の分析からみえてきたのは，そうした「能力主義」への支持（成功をもたらすための個人的要因への支持）自体が，全体的には縮小しつつあるのではないかというものだった．そして，相対的には社会的に有利な位置づけにあることが考えられる，母短大卒以上の男性は，「生まれ育った家庭の環境」を支持する割合が最も低いが，かといって個人的な要因が成功につながると考えているとはもはやいえず，もう1つの「運や偶然」といった非個人的な要因を支持する傾向にある．

2000年代を経てのこうした意識の変化は，どのようにもたらされたのであろうか．今回のデータからは検証できないのであくまで推測であるが，前節末で説明したように，世代を超えて起きている時代的な変化であるならば，若者たちも自らの置かれている困難な状況に対して，各種メディアが発する情報や言論から知識を得て，より自覚的になってきていることが考えられる[17]．それ

[17] この点について，地位アイデンティティをめぐるリテラシーの高まりを指摘した，吉川（2014）の議論が参考になる．

は，本章冒頭でとりあげた派遣村の事例が象徴する変化，すなわち，雇用や生活の不安定さが自己責任の問題として考えられるだけでなく，個人を超えた問題として考えられるようになったという社会的認識の興隆とも重なる．

こうした意識の変化のメカニズムの検討，そして，非個人的な要因が重要であるという認識の高まりが，「非個人的な要因によって個人の経済的成功・経済的安定が固定化されないような社会の仕組みが必要である」という意識につながりうるのかという点の検討が，今後の課題となる．

参考文献

藤村正之，1995，「生得：努力：偶然＝3：5：2――何が人生を決めるのか」川崎賢一・芳賀学・小川博司編『都市青年の意識と行動――若者たちの東京・神戸90's；分析篇』恒星社厚生閣，191-212.

浜島幸司，2004，「経済的に成功する条件――『努力』と『才能』の違い」高橋勇悦編『都市的ライフスタイルの浸透と青年文化の変容に関する社会学的分析』2001-2003年科学研究費補助金研究成果報告書，大妻女子大学，375-389.

ハマジ・マツアリーノ・Jr，2006，「新どっちの要因ショー」岩田考・羽渕一代・菊池裕生・苫米地伸編『若者たちのコミュニケーション・サバイバル――親密さのゆくえ』恒星社厚生閣，149-163.

本田由紀，2005，『多元化する「能力」と日本社会――ハイパー・メリトクラシー化のなかで』NTT出版.

――――，2010，「若者にとって働くことはいかなる意味をもっているのか――『能力発揮』という呪縛」小谷敏・土井隆義・芳賀学・浅野智彦編『若者の現在労働』日本図書センター，25-51.

苅谷剛彦，2001，『階層化日本と教育危機――不平等再生産から意欲格差社会へ』有信堂高文社.

吉川徹，2006，『学歴と格差・不平等――成熟する日本型学歴社会』東京大学出版会.

――――，2014，『現代日本の「社会の心」――計量社会意識論』有斐閣.

白波瀬佐和子，2011，「少子化社会の階層構造――階層結合としての結婚に注目して」石田浩・近藤博之・中尾啓子編『現代の階層社会2――階層と移動の構造』東京大学出版会，317-333.

竹内洋，1995，『日本のメリトクラシー――構造と心性』東京大学出版会.

寺地幹人，2013，「現代青少年の文化と意識（6）――経済的成功に対する考えの現代的特徴と変化」第86回日本社会学会大会報告原稿.

――――，2015，「経済的成功に対する若者の意識――2002年と2012年の比較」藤村正之編『流動化社会における都市青年文化の経時的実証研究――世代間／世代内比較分析を通じて』2011-2013年度科学研究費補助金研究成果報告書，上智大学，79-82.

東京都産業労働局，2007，「派遣労働に関する実態調査2006」，東京都産業労働局ホームページ，（2016年1月11日取得，http://www.sangyo-rodo.metro.tokyo.jp/monthly/koyou/roudou_jouken_18/pdf/all.pdf）.

山田昌弘，2004，『希望格差社会』筑摩書房.

Young, Michael D, 1958, *The rise of the meritocracy,* 1870 - 2033: *the new elite of our social revolution,* New York: Random House.（＝1982，窪田鎮夫・山元卯一郎訳『メリトクラシー』至誠堂.）

6章

「情熱」から「関係性」を重視する恋愛へ
1992年，2002年，2012年調査の比較から

木村絵里子

0　恋愛における「幸福感」

若者の恋愛と幸福感との関係について考える際，2000年代半ば以降に生まれた「リア充」という言葉に触れぬわけにはいかないであろう．「リア充」とは，ネット上ではなくリアルの生活が充実していることを意味し，ここにおける充実した生活とは，主として友達や恋人がいることによって豊かに彩られたものを指す．そして若者の生活は，SNS等を通じて身近な者だけでなく不特定多数の者へと公開され，「リア充」かそうでないかの判断が下されている．この言葉からは，濃密な友達願望の高まりとともに，恋人がいることに対する憧憬の念（そしてそこから発する侮蔑）のようなものが，感じとれる．

他方で同時期において，恋愛至上主義的な価値観から距離を置くとされる「草食（系）男子」という言葉が流行していたことは，非常に示唆的であろう．本章で示していくように，この20年間における若者の恋愛関係の変容は，上の世代の「大人」からすると，確かにまじめ化あるいは消極化しているように見受けられるものだ．しかし，先の「リア充」という言葉が示すように，現代の多くの若者にとっても，恋愛が重要なものであることに変わりはないのであり，一見すると消極化しているようにもみえるその態度は，実のところ，従来とは異なる恋愛の新しい形（だが，おそらく獲得することは容易ではない）を追い求めた結果であると捉えることができるのではないだろうか．それはまた，恋愛関係から享受し得る「幸福感」のあり方自体の変容とも，密接に関連してい

るように思われるのである.

1 本章の目的

本研究会による第1回目の調査は，1992年に実施された．ポストバブルといえども，消費社会とシンクロし，恋愛の価値が肥大化した1980年代の空気が依然として残っていた時期である．少なからず，あおりの言説であったことも否めないが，当時のメディアでは若者にとって恋愛は重要な関心事であり体験することが望ましいことだとするメッセージに溢れていた（牟田 1993）．だが，近年，若者の恋愛に関する事象について語られるとき，その意識・行動における消極性が強調される傾向にある．例えば，先に挙げたような恋愛や性行動にそれほど意欲的でないとされる「草食（系）男子」といった流行語は，それをよく表している．

では，かつて当たり前のように恋愛が至上のものとして語られていた時代から，どのような変貌を遂げつつあるのだろうか．本章では，本研究会による1992年，2002年，2012年の3時点における調査データを用いて，都市に住む若年層[1)]の恋愛関係にみられる特徴を探っていくことにしたい．しかし，残念ながら恋愛に関する質問項目は，これまでの3時点においてほとんど変更が加えられている．したがって本章では，共通する質問項目である恋愛行動の経年変化を確認するとともに（2節），3時点における各調査の設問の変化にも目を向けながら，恋愛関係の特徴を記述していく（3節）．各調査がどのような関心のもとに設計されていたのかを検討することは，20年間の若者の恋愛にみられる変容を捉えていく際の一助にもなるであろう．そして最後に，恋愛や異性交際が若者の生活満足度に与える影響について検証する（4節）.「幸福感」と「生活満足度」は必ずしもイコールではないものの，若者の自らの生活，あるいは生に対する評価として捉えることはできるだろう．恋愛とは，そこでいかなる効果を持つものであるのかを考察してみたい．

---

1) 本章で示すデータの集計・分析は，すべて16歳以上30歳未満の未婚者を対象にしている．なお，未婚者には離別・死別を含んでいない．

1-1 実証的研究における恋愛

具体的な分析に入っていく前に，実証的研究においてこれまで恋愛がどのような枠組みのなかで捉えられてきたのかについて，若干の整理を試みておくことにしたい．

よく知られているように，日本では「見合い結婚」に代わり，いわゆる「恋愛結婚」が優勢になったのは1960年代後半以降のことである．このとき「恋愛結婚」の増大を受けて，きわめて私的なことがらであった恋愛が，社会制度に関わる問題として俎上に載せられたのである．松原治郎（1973）は，「愛に基礎をおく自由な配偶者選択」こそが「結婚にいたる理想形態」であると述べているように（松原 1973：63），家族形成の前段階において，いかにして配偶者（≒交際相手）の選択が行われ，二者関係が確立されるのかを把握することが，とりわけ家族社会学における課題となったのである[2]．その際，配偶者選択における異性交際，つまり婚前期における恋愛は「婚前交際」と呼ばれていた．このような関心は，量的な実証研究においても見出され，例えば1969年とその翌年に湯沢雍彦（1971）が行った大学生等の結婚観を探る調査では，希望する配偶者選択の手段や配偶者に対し重視することなどを中心に尋ねている．配偶者選択の手段に関する設問では，「見合いで十分」「見合い後交際して」「友人・知人・同僚から」「恋愛感情を最尊重」という選択肢が並んでおり，妙な違和感を覚えるものとなっている（湯沢 1971：52-53）．2つ目と3つ目の項目は，単に出会いのきっかけに過ぎないのであり，その後，恋愛感情が芽生えなければ結婚には至らないはずではないかとも思われるのだが，それは「恋愛結婚」という形態をごく当たり前のものとして捉える現在の前提から生じる疑問なのである．

一方で1970年代における他の調査では，早くも次の段階へ移行しているように見受けられる．1971年に総理府青少年対策本部によって行われた「青少年の性に関する意識」調査では，メディアで語られる「不純異性交遊」などの性に乱れを問題視したうえで，青少年の性意識を把握することがねらいとされた（総理府青少年対策本部編 1972）．そして同調査では，「婚前交際」だけでなく，「一般交際」の実態を把握するための質問が設けられている．「一般交際」

[2] ただし，このような「愛情」を自明視した家族観は，後に批判されている（山田 1994など）．

とは，結婚を前提としない異性交際（恋人だけではなく異性の友人との交際も含む）のことを指す．そして婚前交際と一般交際における身体的接触，つまり行動を共にすることから肉体交渉までの許容度の違いや,「婚前性交」以外の「自由性交」に対する規範意識について問うている．1974年には，現在でも続けられている「青少年の性行動調査」（現：青少年の性行動全国調査，日本性教育協会）の第一回目の調査が高校生と大学生を対象にして実施された．つまり，先の総理府による調査やこの性行動調査は,いずれも青年層を対象としており，配偶者選択に限定されない異性交際の状況を明らかにすることを課題としたのである．このような事態こそが，まさしく性・愛・結婚の三位一体観がほころびつつあったことのひとつの証左となるであろう．事実，これらの調査では，性交渉が「結婚」ではなく「愛情」に基づきなされるという意識を，青年層の新たな価値観として位置づけている．

そして1982年の「第8次出産力調査」（現：出生動向基本調査）では，従来の夫婦調査に加え，独身者の結婚観を調べるための独身者調査が同時に行われている．とはいえ同調査の主たる関心は，もはや先の湯沢による調査のように配偶者選択の手段にではなく，若者の結婚行動にみられた変化である晩婚化とその対策へと向けられており，独身者の結婚意志や（婚前交際ではなく）異性交際の実態を把握するための設問が中心となっていた（厚生省人口問題研究所 1982）．

一方，1981年に行われた第2回目の「青少年の性行動調査」によれば，高校生や大学生のうち，自由に使える車を所有している者やアルバイトをしてデート資金が豊富な者ほど性行動が活発化することが指摘されている（日本性教育協会　1983：36-37）．1987年の第3回目の調査では，その関係がいっそう強くなっていることを確認でき（日本性教育協会 1988：67-68），配偶者選択から切り離されつつあった1980年代の異性交際が，消費文化と密接に結びついていくさまがうかがえるのである．

1-2　恋愛の現在

紙幅の都合上，具体的な数値や割合等は省略せざるを得なかったが，以上で取り上げた実証研究では，配偶者選択のための恋愛から，それ以外の恋愛を捉えるためのものへと枠組みが変化してきただけでなく，交際や恋愛の定義が拡大してきたことがみてとれるだろう．このような移行は，実は戦後の日本における恋愛の行動様式そのものの変容を明確に指し示している．とりわけ恋愛と結婚の間の関係は，恋愛が結婚に必ずしも結び付かなくなったという点において，ここ数十年の間に激変してきたといってよい．「日本人の意識調査」（ＮＨＫ放送文化研究所 2008）によれば，1973 年から 2003 年の 30 年間で 20 代の若者の意識においてめざましい変化を見せたのは，近代家族システムに関連するジェンダー意識と，やはり先述したような性行為のモラルの「婚姻」から「愛情」前提へという意識の転換であった．見田宗介（2007）は，それを「「高度成長期」の生産主義的な生の合理化という Instrumental な精神の基本志向」から「高度成長」成就後の局面の，現在の真実を享受するという consummatory な精神の基本志向への転換」であると指摘する（見田 2007：86）．かつて「恋愛＝婚前交際」であった時代と比べると，現在，我々が経験するいくつかの恋愛は，同じ恋愛という呼び方がなされているとはいえ，その意味合いは大きく異なっているといえるだろう．ただ，恋愛は必ずしも結婚と結びつかなくなったが，山田昌弘（2002）が指摘するように，結婚は恋愛に基づくべきだとする逆の関係は解消していない（山田 2002）．現代にあっても「婚前交際」としての恋愛が，決して消滅したわけではないのである（もちろん，性的純潔に対する意識は大きく変わっているのだが）．したがって現代における恋愛とは，ときに非生産的で「今，ここ」における生の充溢をもたらす「恋人との交際」として，あるいは「婚前交際」として[3]，親密な他者との付き合い方をライフコースの段階に応じて変化させていくという，ある意味で特異な人間関係へと変容してきたといえるのである．

他方で，前出の「青少年の性行動全国調査」によれば，戦後の日本社会では，身体的成熟の早期化や恋愛至上主義の浸透を背景にして，性行動の活発化や低年齢化が進んできたという（片瀬 2007）．とくに 1990 年代以降，若年層の性行動経験率は一貫して増加傾向をみせていた．ただし，恋愛や性行動をめぐる従来の規範が揺らぎ，自由が拡大したとしても，その実現可能性は若者全体に

---

[3] 羽渕（2008）は，結婚のためになされる恋愛を，情熱的恋愛と区別したうえで，「規範的恋愛」として位置づけている．

広がったわけではない．2000年代以降，性行動の活発な層と不活発な層との分極化が生じていることが指摘されるのである（高橋 2007）．そして冒頭でも触れた，若い男性の恋愛に対する消極性を指摘する近年の言論（深澤 2007；森岡 2008 等）は，2005年以降，高校生・大学生の恋愛交際経験率および性交渉経験率が減少傾向にある同調査の結果と重なり合う．ただ，これらの傾向は男性にだけでなく女性の間にも確認されるという（高橋 2013）．恋愛は，戦後のごく短い期間のなかで，結婚とは結び付かなくなったという点において，ある種自由な関係性を享受し得るものへと変容してきた．しかし，若者の（性交渉を含む）恋愛意識・行動は近年において停滞しつつあり，いわば変曲点を経過しているとみなすことができそうである．では，本研究会の調査対象である都市在住の若者においても，同様の傾向がみられるのだろうか．みられるとすれば，それはいかなる形で確認されるのか．これらの点に目を配りながら動向を探っていくことにしたい．

2　若者の恋愛行動の経年比較（1992年，2002年，2012年）

2-1　恋愛交際率と恋愛交際経験率

この20年間における若者たちの恋愛行動の変化について，まずはその実態から確認していく．図表6·1では，本研究会の1992年，2002年，2012年の調査データから恋愛交際率の経年変化を示した．現在恋人がいると回答した割合は，1992年（40.6％）から2002年（35.8％）にかけて4.8ポイント減少し，2012年時（35.2％）は2002年とほぼ横ばいの状態にある（ソマーズのD＝

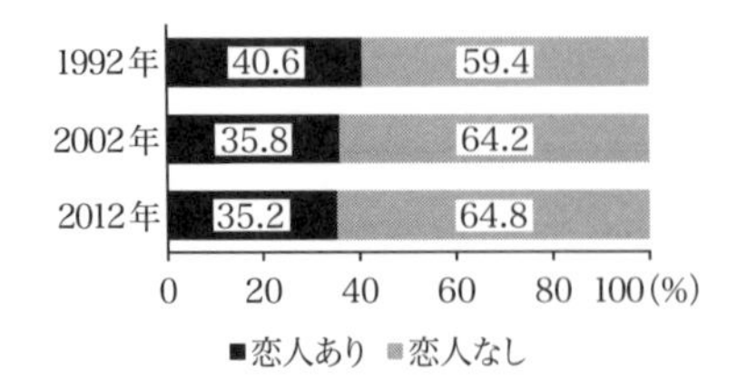

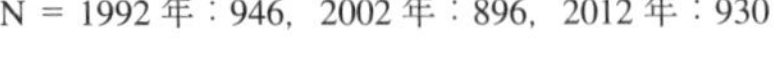
N＝1992年：946，2002年：896，2012年：930

図表6·1　恋愛交際率の3時点比較

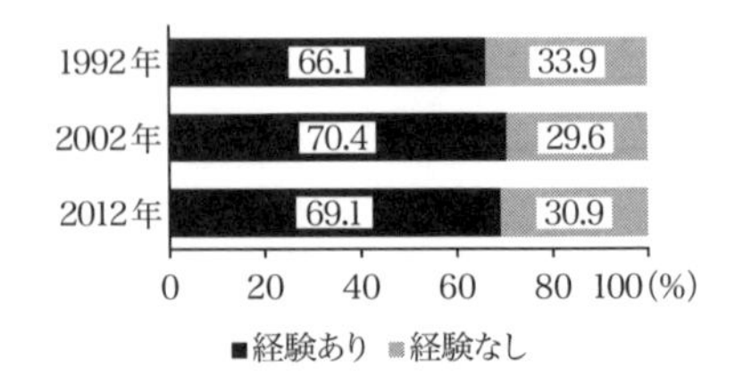

N＝1992年：946，2002年：895，2012年：930

図表6·2　恋愛交際経験率の3時点比較

		恋人あり	恋人なし・経験あり	未経験
男	1992年	36.1	28.3	35.6
	2002年	30.6	37.9	31.5
	2012年	30.8	36.1	33.1
女	1992年	43.8	23.6	32.6
	2002年	40.2	31.8	27.9
	2012年	39.0	32.1	28.9
全体	1992年	40.6	25.6	33.8
	2002年	35.8	34.6	29.6
	2012年	35.2	34.0	30.9

0　20　40　60　80　100(%)

■恋人あり　■恋人なし・経験あり　■未経験

N = 1992年　男：399　女：552，2002年　男：409　女：487，2012年　男：435　女：495

χ^2 検定（性別）　1992年：*　2002年：*　2012年：*

※ χ^2 検定 *：p ＜ 0.05，**：p ＜ 0.01，***：p ＜ 0.001，n.s.：非有意（以下も同じ）

図表6･3　性別ごとの恋愛行動の3時点比較

－ .054，p ＜ .01）．加えて本調査では，これまで一貫して現在の交際状況だけでなく恋愛交際経験の有無についても尋ねている（以下，交際経験）．図表6・2によれば，交際経験率は，1992年（66.1％）から2002年（70.4％）にかけて4.3ポイント増えたものの，2012年時（69.1％）は2002年からほとんど変わっていない（ソマーズのD = .031，p = n.s.）．もう少し詳しく恋愛行動について，みておこう．図表6･3では，恋愛行動を現在恋人と交際中の者（「恋人あり」）と，交際経験はあるものの現在は恋人がいない者（「恋人なし・経験あり」），交際経験のない者（「未経験」）の3つの層に分けて示した．すると実は，20年の間に交際経験率を引き上げているのは「恋人なし・経験あり」の層であることがわかる．1992年時では，恋人のいる者と未経験者がそれぞれ3～4割を占め，「恋人なし・経験あり」が最も低い割合であったが，2002年以降はこの「恋人なし・経験あり」が「恋人あり」に次ぐ割合となる．性別ごとの経年変化においても同様で，男女ともに「恋人なし・経験あり」が増えている．

2-2　基本属性と恋愛行動

次に，恋愛行動と基本属性との関連について確認する．まず10代後半，20代前半，20代後半の3つの年齢層に分けたうえで，経年変化をみてみよう．

10代後半の年齢層における恋愛行動の経年変化では（図表6･4），全調査時点を通じて交際経験のある者と未経験者が約半数ずつとなっており，全時点において性別間に有意な差はみられなかった（χ^2検定：p = n.s.）．ただ，交際経験の内訳としては「恋人あり」の割合が減り，「恋人なし・経験あり」が増えている．20代前半では（図表6･5），全体の交際経験率は約7割（2002年時のみ8割台）に達するが，やはり1992年から2002年にかけて「恋人なし・経験

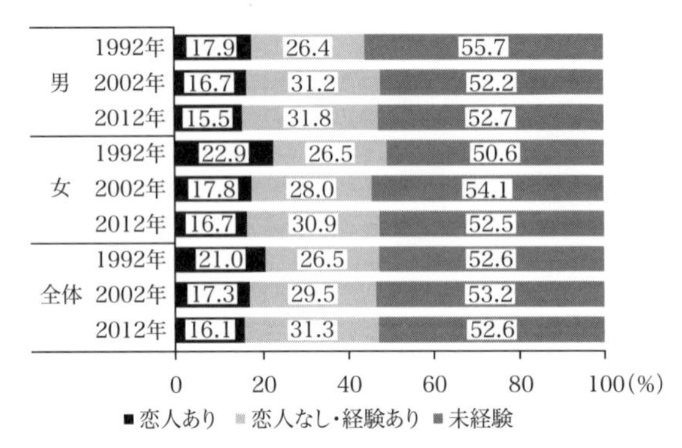

N = 1992年　男：106　女：166，2002年　男：138　女：157，2012年　男：148　女：162
χ^2検定（性別）　1992年：n.s.　2002年：n.s.　2012年：n.s.

図表6･4　10代後半・性別ごとの恋愛行動

		恋人あり	恋人なし･経験あり	未経験
男	1992年	40.0	32.6	27.4
	2002年	37.3	42.0	20.7
	2012年	33.5	34.8	31.6
女	1992年	51.1	21.6	27.3
	2002年	50.0	31.8	18.2
	2012年	48.5	29.3	22.2
全体	1992年	46.3	26.4	27.3
	2002年	44.2	36.5	19.3
	2012年	41.2	32.0	26.8

0 20 40 60 80 100(%)
■恋人あり ■恋人なし･経験あり ■未経験

N = 1992年　男：175　女：231，2002年　男：150　女：176，2012年　男：158　女：167
χ^2検定（性別）　1992年：＊　2002年：n.s.　2012年：＊

図表6･5　20代前半・性別ごとの恋愛行動

あり」が増えている（2012年時には低減）．さらにジェンダー差の開きもみられ，とくに2012年時では恋人がいる割合の男女間の差が最も大きく，15ポイントにもなる．20代前半に限らず全年齢層において，恋人のいる女性の割合は男性を上回っているが，女性には，交際相手の年齢幅が男性に比べて広いという年齢規範があるために交際機会が増えるといわれている（石川 2007）．20代前半になると，女性は例えば職場等で広い年齢層の相手と出会う機会がいっそう増えるため，ジェンダー差がより大きくなるのだと考えられる．そして20代後半では（図表6･6），交際経験率の上昇が著しいが，それはやはり20年間で「恋人なし・経験あり」が計15.5ポイント増えたことによる．加えて特徴的なのが男性の未経験者の減少であり，女性より減少幅が大きい（計16.3ポイント）．その結果，2002年時にみられた男女間の差が2012年時にはなくなっている．

以上の結果，すべての年齢層において恋人と交際中の者は低減し，「恋人なし・経験あり」が増えていることが確認された．とくに2012年時の20代後半における「恋人なし・経験あり」の増加率は他の年齢層と比べて高く，未経験者層を減少させている．羽渕一代（2004）は，本研究会の1992年と2002年の調査データを比較し，90年代をとおしてみられた20代以降の交際未経験者の減少を「恋愛の標準化」として捉えた（羽渕 2004：191）．すなわち，2000年代に

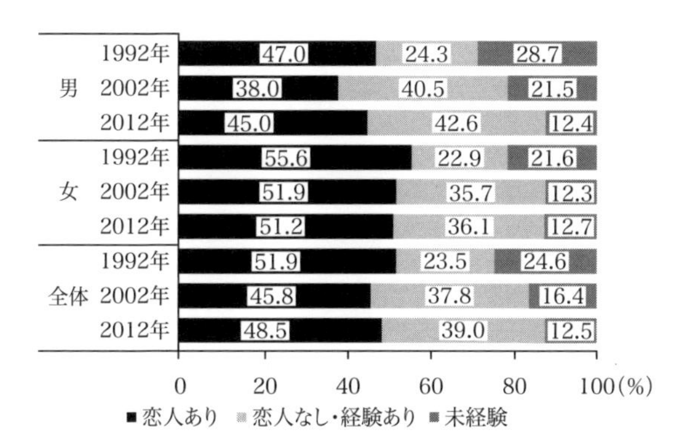

N＝1992年　男：115　女：153，2002年　男：121　女：154，2012年　男：129　女：166
χ^2検定（性別）　1992年：n.s.　2002年：*　2012年：n.s.

図表6･6　20代後半・性別ごとの恋愛行動

おける「交際未経験者」の減少は，1992年時，2002年時と比べてより多くの者が恋愛関係に参入したことを示しており，「恋愛の標準化」はさらに進行したということができる．他方で，もうひとつの特性である「恋人なし・経験あり」の層が増えたことは，いかなることを現しているといえるのだろうか．この点については，次節以降で他の設問との関連をみながら，改めて考察したい．

次に，年齢以外の属性との関連を確認しておくと，図表6･7にあるように全調査年度において有職者よりも学生に未経験者が多くみられる．しかしそれは，先の年齢の上昇に応じて交際経験率も増すという傾向と関連するものである．そして学歴との関連では，とくに2002年時の交際経験率は中・高卒者と比べて大卒者が有意に高かったが，2012年時では学歴による差は縮小し，関連がみられなくなっている．一方，雇用形態とは，全調査時において関連がない．非正規雇用者の婚姻率の低さはよく指摘されることであるが，恋愛行動においては必ずしも関連がみられるわけではないようだ．

		1992年					2002年					2012年				
		恋人あり	恋人なし・経験あり	未経験	N	χ^2検定	恋人あり	恋人なし・経験あり	未経験	N	χ^2検定	恋人あり	恋人なし・経験あり	未経験	N	χ^2検定
身分	学生	31.6	26.6	41.8	414	***	25.2	31.8	43.0	437	***	25.6	30.9	43.5	476	***
	有職者	50.6	23.9	25.5	490		47.6	36.2	16.1	403		46.8	37.6	15.6	423	
学歴	中･高卒	39.5	25.0	35.5	152	*	12.0	29.0	59.0	200	***	40.6	37.8	21.7	143	n.s.
	大卒	51.6	25.0	23.4	308		37.0	34.0	29.0	200		47.4	36.8	15.8	310	
雇用形態	正規	51.2	24.5	24.3	408	n.s.	51.6	33.5	14.9	215	n.s.	50.6	36.8	12.6	239	n.s.
	非正規	45.5	22.1	32.5	77		42.5	39.8	17.7	186		41.5	38.8	19.7	183	

図表6･7　基本属性と恋愛行動（%）

2-3　恋愛と友人関係

本節では，恋愛行動と親友や友人関係との関連について確認しておこう．これまで若者の恋愛行動は，社会的活動範囲の広さと密接に関連するといわれてきた．友人関係が活発で，携帯電話等の連絡手段や活動資金をもち，交際や活動範囲の広い若者ほど異性と交際する機会も多く，性行動も活発になるという

（片瀬 2007：40）．ここでは，前記の知見と関連し，かつ本調査の3時点において比較が可能な「同性の親友の有無」や「異性の親友の有無」，そして質問項目の設定上，2002年と2012年の2時点比較が可能な「仲のよい友達の人数」と恋愛行動との関連をみてみたい．

まず，調査年ごとの恋愛行動と親友（同性）の有無との関連を図表6･8に示した[4]．全調査年において9割前後の者が同性の親友をもつ．1992年と2012年時では，恋愛行動との関連があり，交際経験のある者では9割台，未経験者では8割弱となる．ただ2002年時はいずれも9割強であり，恋愛行動別にみても親友の有無に有意な差はない．「仲のよい友達」の全体の平均人数は（図表6・9），この10年間で増えており，両年ともに恋愛経験のある者の方がない者に比べて平均人数は多い．だが，両年ともに有意な差は確認されなかった．したがって交際経験者において親友のいる者がより多くみられるものの，仲のよい友達の人数，つまり量的な交際範囲の広さは恋愛行動との関連はないという結果となった．

一方，「異性の親友」においては変化がみられている（図表6･10）．1992年時では，異性の親友がいる者は全体の50.2％である．交際経験のある者では6割以上が異性の親友がいると答えるなか，未経験者では3割未満であり異性の親友がいない者の方が多く，唯一逆向きを示す．だが2002年時は，異性の親友がいる者の割合が全体で16.5ポイント減少し，2012年時も低減している．両年ともいずれの恋愛行動でも逆向きを示し，異性の親友がいない者の方が多くなっている．すなわち，この20年間に異性の親友がいる者の割合は，交際経験のある者では半減，未経験者では約3分の1にまで減少しているのである．

なお，1992年調査では「あなたは異性間に友情は成り立つと思いますか」，また異性の親友がいる人に対して「お互いが結婚しても，その人と親友でいたいと思いますか」という設問により異性間の友情について尋ねている（1992年時のみ）．前者は74.8％，後者は92.5％と高い割合であり，異性間の友情を肯定し，異性の親友と，恋人や結婚相手を独立したものとしてみなす者が多数を占めている．もっとも，このような設問が存在すること自体が，異性間の友

[4] １章および３章における数値と若干異なっているのは，本章では未婚者のみのデータを使用しているからである．図表６・9，図表６・10も同様．

	1992年		2002年		2012年	
	有　無	N	有　無	N	有　無	N
全体	89.8 ＞ 10.2	948	98.8 ＞ 1.2	817	89.0 ＞ 11.0	903
恋人あり	94.3 ＞ 5.7	383	98.3 ＞ 1.7	294	93.8 ＞ 6.3	320
恋人なし·経験あり	91.7 ＞ 8.3	242	99.6 ＞ 0.4	263	90.2 ＞ 9.8	296
未経験	82.8 ＞ 17.2	320	98.7 ＞ 1.3	223	82.9 ＞ 17.1	275
χ^2検定	***		n.s.		***	
クラメールのV	.167				.144	

図表6·8　恋愛行動別・親友（同性）の有無（%）

	2002年			2012年		
	平均値	標準偏差	N	平均値	標準偏差	N
全体	15.33	14.754	881	22.75	35.758	923
恋人あり	16.45	15.738	305	23.20	37.997	324
恋人なし·経験あり	16.08	16.175	289	25.02	33.483	307
未経験	13.57	12.088	248	19.36	35.400	281
F検定	p=.055			p=.150		

図表6·9　恋愛行動別・仲のよい友達の平均人数

	1992年		2002年		2012年	
	有　無	N	有　無	N	有　無	N
全体	50.2 ≧ 49.8	946	33.7 ＜ 66.3	810	26.6 ＜ 73.4	903
恋人あり	65.0 ＞ 35.0	343	40.8 ＜ 59.2	294	33.8 ＜ 66.3	320
恋人なし・経験あり	69.2 ＞ 30.8	227	41.5 ＜ 58.5	260	33.1 ＜ 66.9	296
未経験	33.0 ＜ 67.0	288	14.1 ＜ 85.9	220	10.5 ＜ 89.5	275
χ^2検定	***		***		***	
クラメールのV	.322		.259		.240	

図表6·10　恋愛行動別・親友（異性）の有無（%）

情が成り立ちにくく「異性間の親密性イコール異性愛」とみなすことが世代的な感覚として共有されていたことを物語るであろう（羽渕 2004：191）．年齢層と異性間の友情の是非をクロスさせると，年齢が下がるにつれて肯定率は上がるという結果になった（χ^2 検定＝ $p < .05$）．つまり，異性間の友情が成立し得るとみなす意識は，若年層において特徴的でより新しい感覚であったと考えられ，ここに異性の親友という新たな親密性のヴァリエーションを見出し得る．

しかし，先にみたように同性の親友がいる者の割合はほぼ変わらず，仲の良い友人数が増加するなかで，異性の親友をもつ者は減少傾向にあった．調査方法や設問の違いを考慮する必要があるにせよ，2002 年以降，恋愛行動別にみても異性の親友をもたない者が多くなっていた．他方，「仲のよい友人」の性別については本調査の設問から把握することができないのだが，「出生動向基本調査」によれば，「異性の友人」（ただし恋人と同じように配偶者候補としての位置づけ）をもつ者は，この 20 年の間に半減している（国立社会保障・人口問題研究所編 2012：34-36）[5]．では，近年において異性の親友および友人をもつ者が減少してきているとするならば，この傾向は恋人以外の異性との距離が全般的に離れてきていることを示しているのであろうか．この点については，次節の「異性交際」の縮小傾向と合わせて検討することにしよう．

3　各調査項目からみる恋愛――「情熱」から「関係性」へ

本節では，3 時点の恋愛関係項目の検討に移る．ただ，1 節で述べたように以下で取り上げる各調査時の項目は，その都度変更が加えられており，経年比較を行うことはできないものとなっている．そのため，本節では 3 時点における恋愛関係の項目を詳しくみていきながら，20 年間の大まかな傾向を把握することを課題としたい．

3-1　高揚する異性交際：1992 年

まず 1992 年の調査項目では，前節の最後に示したように「異性の親友」と

5)　「出生動向基本調査」における異性の友人をもつ者の推移は以下の通り．男性 1992 年：19.2%，2002 年：11.3%，2012 年：9.4%，女性 1992 年：19.5%，2002 年：12.4%，2012 年：11.9%．

いう親密性の新たなヴァリエーションが見出された．加えて1992年時では，「(恋人以外の) デートをする相手」の有無についても尋ねており，デートをする相手がいる者は全体の54.1%であった．恋愛行動別にみてみると（図表6･11），交際経験のある者の半数以上が，そして恋愛未経験者であっても3割強が恋人ではないデートをする相手をもっている．またこのような相手がいる者は，男性では53.4%，女性は54.2%であり，性別間の差はなかった（χ^2検定：p = n.s.）．では，そもそもこの恋人ではない，「デートをする相手」との関係とはどのようなものを指すのであろうか．恋人のない者にとっては「友達以上恋人未満」という間柄であったのか．当時，主として女性側が男性側を目的別に利用する関係を揶揄した「アッシーくん」という言葉が流行していたことも思い起こされる[6)]．交際相手に対して「本命」または「キープ」といった言い方がなされるようになったのも同時期からである．山田（1992）によれば，90年代初頭において異性交際が複数化・複雑化し，恋愛とそうでない関係を区別する基準にゆらぎがみられたという．おそらく1992年時の調査設計者は，このような異性交際の状況を念頭に置いていたのだろう．本調査の設問からは，このデートをする相手の具体性について把握することはできないが，上記のように「本命」の恋人以外の異性に対して役割に応じた多様なラベルが存在していたことからも，当時の複数化・複雑化した異性交際の様相をうかがい知ることができる．

ここで1992年時のデータについて，もう少し紹介しておこう．図表6･12は，恋愛観の変化に影響を与えるものの単純集計である（1992年時のみ）．上位には「友人の恋愛経験」の他に「テレビドラマ」や「映画」といった映像メディアが挙がる．「雑誌」や「恋愛マニュアルの本」の割合の低さがやや意外であるものの，テレビドラマは80年代後半から90年代にかけて人気を博した「トレンディ・ドラマ」の影響がおそらく大きい．その頃のテレビドラマでは，一対一の恋愛関係ではなく複数の男女が互いに「恋人であるような，ないような関係に悩み，また楽しむ」という状況が多く描かれており（山田1992：51），

6) 「アッシーくん」は，1990年のユーキャン流行語大賞の新語部門・表現賞を受賞．深夜に帰宅しようとする女性が電話を一本かけると飛んできて「足代わり」を務めることからこの名が付いたとされる（自由国民社2013）．

	デートをする相手（恋人以外）		N
	有	無	
全体	53.9	46.1	705
恋人あり	54.9	45.1	348
恋人なし・経験あり	73.6	26.4	174
未経験	33.0	67.0	182
χ^2検定	***		
クラメールのV	.290		

図表6･11　恋愛行動とデートをする相手（恋人以外）の有無（%，1992年）

1	友人の恋愛経験	39.1
2	テレビドラマ	25.6
3	映画	22.7
4	小説	17.2
5	音楽	16.9
6	雑誌	10.5
7	マンガ	9.2
8	恋愛マニュアルの本	3.6
	特にない	34.2

図表6・12　恋愛観への影響（%，MA，N＝949，1992年）

1992年時の複数化する異性交際の様相は，この恋愛ドラマの物語とよく似た状況であったといえるかもしれない[7]．

さらに，恋愛行動は若者に特有とされた文化行動やライフスタイルと密接に関連しており，例えば，音楽を聴きながらドライブをし，カラオケや，ごく少数ではあるもののディスコに行く割合（図表6･13），また高級ブランド品を購入したことのある割合（図表6･14）は，いずれも恋愛交際経験のある者の方が，

7)　1章4節で指摘されているように，テレビドラマを鑑賞するという若者は近年において減少している．

ない者に比べて高くなっている[8]．とりわけ「ブランド志向」の背景にある「ファッションは自分らしさを表現するアイテムだ」という意識では（図表6･14右側，1992年，2012年調査時の設問）[9]，1992年と2012年ともに恋愛行動との関連が確認されるが，1992年時における恋人のいる者の肯定率は9割

	N	クルマに乗るときは音楽をかける	カラオケで歌う	ディスコに行く
全体	942	51.4	48.6	8.1
恋人あり	382	67.8	54.7	9.4
恋人なし･経験あり	240	53.3	53.3	12.1
未経験	316	30.1	37.7	3.2
χ^2検定		***	***	***
クラメールのV		.325	.157	.133

図表6･13　恋愛行動と音楽関連行動（%，1992年）

	高級ブランド品の購入						ファッションによる自己表現				
	1992年	N	2002年	N	2012年	N	1992年	N	2002年	2012年	N
全体	45.8	948	22.9	939	14.6	941	81.7	947	−	62.2	941
恋人あり	56.0	384	26.3	320	20.8	327	86.6	382	−	68.3	325
恋人なし･経験あり	47.1	240	27.5	309	15.3	313	83.4	241	−	65.1	315
未経験	32.5	320	13.3	263	6.6	286	74.7	320	−	52.4	286
χ^2検定	***		***		***		***		−	***	
クラメールのV	.203		.148		.163		.135		−	.139	

図表6･14　恋愛行動とブランド品の購入･「ファッションによる自己表現」（%）

8) 『レジャー白書 '93』によれば，1992年度の余暇活動参加人口種目の上位に「ドライブ」（3位）や「カラオケ」（4位）が入り，「ドライブ」は男女ともに20代の参加率が最も高く，「カラオケ」では男性は20代，女性は10代の参加率が最も高い（余暇開発センター 1993）.

9) ブランド品購入経験のある者のうち，「ファッションは自分らしさの表現だ」の肯定率は，1992年：91.4%（χ^2検定：$p < .001$），2012年：75.1%（同：$p < .001$）.

近くにも及ぶ．そして前記項目と，先の（恋人ではない）デートする相手がいる者と有意な関連がみられたのは，「ドライブ」：66.6%（χ^2 検定：$p < .001$），「カラオケ」：56.1%（同：$p < .001$），「ディスコ」：13.9%（同：$p < .001$），「高級ブランド品購入」：58.3%（同：$p < .001$）であった．

これらは，80 年代に「新人類」と呼ばれた世代において定着したとされる，消費行動と強く結びついた若者文化である．音楽を聴きながらドライブをしたり，高級ブランド品を身につけたりというおしゃれな消費をする若者たちの姿は，1992 年時においてもなお顕在であり，恋愛や異性交際という場において，よりいっそう特徴づけられていたといえるだろう．

3-2 恋愛関係の揺らぎ：2002 年

前項の 1992 年調査では，多様な異性交際に関わる項目が設定されていた．一方，2002 年調査では，恋人とのつきあい方や「ふたまた」経験について尋ねており（後述），恋人関係やその関係の複数化に焦点化されている．したがって先にみた 1992 年時の「デートをする相手（恋人以外）」に関する設問は削除されているのだが，その代わりに 2002 年時では恋人と交際中の者を対象に「恋人に内緒で他の異性と出かけることがあるか」について尋ねている（2002 年時のみ）．それを肯定する率は 22.9%であった（男性 23.2%，女性 22.7%，χ^2 検定：p = n.s.）．つまり大まかな傾向として，特定の恋人がいながらも，それ以外の人とデートをしたり出かけたりする関係を有する者は，1992 年から 2002 年の間に半減していることになる（図表 6･11）．

では，恋人以外の相手と出かけることのあるという者の「恋人とのつきあい方」とはどのようなものであったのか．図表 6･15 は，恋人以外の異性と出かける経験の有無と恋人とのつきあいに対する意識との関連を示したものである．図表によれば，④「長いつきあいだ」という意識との関連がみられる．しかし，この項目を選んだ者のうち，他の異性と出かける者の実際の平均交際期間は 3.30 年，出かけることのない者は 3.26 年であり，有意な差ではなかった（t 検定：p = n.s.，2002 年時のみ）．したがって，交際期間の長さが他の異性と出かけることの直接的な要因だとは考えにくいのだが，「②一緒にいるとき，相手をうっとうしく感じることがある」という意識とは最も強い関連がある．

	全体	恋人以外の他の異性と出かける		χ^2検定	クラメールのV
		有	無		
① お互いのすべてをさらけ出したつきあいである	60.7	53.8	62.7	n.s.	−
② 一緒にいるとき，相手をうっとうしく感じることがある	15.8	30.8	11.4	***	.223
③ 自分には，相手よりももっといい人がいると思う	11.4	16.7	9.9	n.s.	−
④ 結構長いつきあいだと思う	46.9	57.7	43.7	*	.118
⑤ 相手以外は考えられないような熱愛ぶりだと思う	26.7	25.6	27.0	n.s.	−
⑥ 今つきあっている相手とは別れても友達でいられる	31.4	42.3	28.1	*	.128
⑦ 今つきあっている相手と将来結婚する気はない	9.4	20.5	6.1	***	.208

図表6･15 「恋人に内緒で他の異性と出かける」経験の有無と恋人とのつきあい
（%，N＝341，2002年）

⑤「相手以外は考えられないような熱愛ぶりだと思う」との関連はみられないものの，「うっとうしさ」を感じるほど恋人との関係が「倦怠」あるいは「マンネリ化」していた可能性はあるのだろう．そして，これが先の「長いつきあいだ」という意識に影響を与えているものと考えられる．⑦の現在の恋人と「将来結婚する気がない」とする割合も高い．しかし，そうであっても③「もっといい人がいる」という意識との関連はなく，別れた後も⑥「友達でいられる」と答えた者が約4割いる．つまり，「うっとうしさ」を感じることはあるが，恋愛関係が解消された後も友人関係を続けたいと思えるほどの関係性ではあるということになる．

このように他の異性と出かけるという者の恋人とのつきあいにおいては，さまざまな意識が錯綜する．だが，ここから見出されるのは一対一の恋人関係における「情熱」と「親密」の両立不可能性である．「恋愛感情」というものを明確に定義づけるのは大変難しいが，例えば自分の意思ではコントロール不可能な情緒のある状態として位置づけられるならば（山田 1989），恋愛関係にはこのような情熱的な感情が付随するといえる．より日常的な言葉では，「ときめき」や「ドキドキ感」と表現されるだろう．また，主としてこのような感情を伴いながら形成されるという点こそが，友人関係と恋愛関係を大きく分かつといえよう．そして恋愛関係の「情熱」の存続を危うくする1つの要因は，時間の経過とともに相手を知りつくすという親密性の深まりにあるのだが，このようなとき，内緒で恋人以外の異性と出かけることは，そこで情熱を得ながらも親密な恋人との交際を継続するということを可能にさせる．場合によっては，それを「浮気」とみなすこともあるのだろうが，浮気をする理由が「違うタイプにひかれるから」，「恋愛の始まりのような気分がうれしい」などと説明されるように（谷本 2008：123），ある部分ではそれが恋人との親密性の深まりゆえの情熱的な感情の揺らぎに基づいているのである．

前節で確認したように，2002年時は交際経験率が7割に達しており，この20年間で最も高く，多くの者が恋愛関係に参入しやすい時期であったと考えられる．しかし，恋愛交際がごく当たり前なものになるほど，情熱と親密の矛盾に直面する機会はより増えるといえる．つまり，恋人以外の異性と出かけるという者は，「恋愛の標準化」によって生じた恋愛関係に伴う困難を明確に指し示した存在であったのではないだろうか．もっとも，これらの者は2割程度であり，それほど多いとはいえない．とはいえ，恋人のいる者全体においても互いのすべてをさらけ出したつきあいでありながら（①），相手以外は考えられない熱愛ぶりだ（⑤）という者は，34.3％に過ぎず（χ^2検定：$p < .001$），実際に浮気のような行動に至らなくとも，恋人をもつ多くの者がその相手との関係において，この情熱と親密の両立不可能性という問題に直面していた可能性が十分に考えられるのである[10)]．これらについては別途詳細な分析が必要であるが，当時はこうした問題が浮上しつつも，恋人以外の異性と出かけたりすることに対する社会的な許容度が小さくなっていった時期であったのかもしれない．そもそも1992年時にはなかった「内緒で出かける」という，つまり若干の背徳感が2002年時の設問の文言には付与されている．このような違いは，社会のなかの規範意識の強まりと決して無関係ではないのだろう．一方，

10) 赤川学（2002）は，〈親密性のパラダイム〉転換後の1つの帰結として，性愛という観点から現代の若者が直面する恋愛の困難について指摘する．すなわち，性行為を経由した後で，いかに相思相愛の恋愛関係を継続させるのかがより困難な状態に陥っているという．

羽渕（2006）が指摘するように，これらは結婚難とも結びつく．「ドラマティックな恋愛，そして結婚＝幸せ」という理想が掲げられるなかで，恋人がいてもその多くが熱愛中ではないという現実とのギャップが生じ，さらに出会いのためのメディア技術の進展により，いつか運命の人と出会えるかもしれないという幻想が加速する．つまり，この「恋愛アノミー」の状況は，結婚という決断をより難しくさせるのである（羽渕 2006：88-90）．

3-3 20年間における異性交際の縮小傾向

本項では，次項で2012年調査時の新規項目を検討する前に，恋人を含めた異性間の交友関係を「異性交際」として捉えたうえで，この20年間で把握し得る傾向について確認しておきたい．まずは，2002年から2012年にかけての複数恋愛経験の動向を確認する．2002年時ではいわゆる「ふたまた」の経験について，2012年時では複数の相手と同時期の交際経験（以下，複数恋愛経験）を問う項目がある．2002年時における複数恋愛経験を示した図表6・16によれば，ふたまたをかけた経験がある者は恋愛交際経験者の19％程度であり，恋愛行動との関連ではいずれも現在恋人がいる者のほうが，恋人がいない者に比べて高い割合となっている．一方，2012年時でも（図表6・17），恋人がいる者の複数恋愛経験率は有意に高い．だが複数恋愛の経験のある者は，交際経験者の8％程度であり，大まかな傾向として複数恋愛の経験者は，2002年から2012年にかけて10ポイント程度減少していることになる．なお，両年ともに

	ふたまた経験		N
	有	無	
全体	19.1	80.9	634
恋人あり	23.3	76.7	309
恋人なし･経験あり	13.7	86.3	293
χ^2検定	**		
クラメールのV	.124		

図表6･16 恋愛行動と「ふたまた」の経験（%，2002年）

	複数恋愛経験		N
	有	無	
全体	8.4	91.6	644
恋人あり	11.3	88.7	316
恋人なし･経験あり	5.4	94.6	327
χ^2検定	**		
クラメールのV	.107		

図表6･17 恋愛行動と複数恋愛経験（%，2012年）

性別の間に有意差はみられなかった（χ^2 検定：p = n.s.）.

ここで，これまで確認してきた異性交際の動向についてまとめておこう．各設問のワーディングを考慮すると，厳密な比較はできないのだが，全体としてどのような方向性で変化があったのかを知る手がかりにはなるはずである．まず1992年時は，恋人と交際中の者および異性の親友を有する者が最も多く，さらに（恋人ではない）デートをする相手がいる者が4割みられたように，この20年間で異性交際が最も活発な時期であったと捉えることができる[11]．そして本節2項で示したように（恋人と交際中の人のなかで）恋人以外にデートをしたり出かけたりする相手がいる者は，1992年（54.9%）から2002年（22.9%）にかけて半減した．さらに先述したように2002年から2012年にかけては複数恋愛経験のある者もおおよそ半減し，2012年時における複数恋愛経験者はごくわずかな少数派となっている．1992年時の恋人以外にデートをする相手とこの複数恋愛の相手とは，必ずしも同義ではないのだが，いずれも一対一を基礎とする恋人関係以外の関係が減少してきていることを示すものではある．

実は，これらと同様の傾向を前出の「青少年の性行動全国調査」にもみることができる．複数の交際相手がいる者や性交を行う者がいる割合は，高校生・大学生のいずれも数%以下であり，非常に低い割合にとどまるという．若者の性行為は性的関心に基づいているというよりも，一対一の深い愛を前提とする「〈純粋な恋愛〉志向」に導かれており，恋人以外と性行為を行うことは忌避されるべきこととして内面化されている（石川 2007:84-85）．若年層における（交際時の）モノガミー規範意識の強化を示唆するこの見解と合わせるならば，「ふたまた」等の恋愛関係の複数化は，近年において消失しつつあるとみなすことはある程度妥当であろう．そして，2節で確認した20年間における異性の親友をもつ者の減少化傾向が，これらの動向と連動していることは容易に想像できるものである．つまり，モノガミー規範意識の強まりは，ともすれば恋人や周囲の者に誤解を生む可能性のある，異性の親友という親密な関係性を成り立たせにくくさせていると解釈できるのではないだろうか．ただし，「恋人」と「異性の親友」，そしてそれ以外の「異性の友人」というものがそれぞれどのよう

11）ちなみに1992年時において「恋人」，「異性の親友」，「（恋人でない）デートする相手」のすべてを有する者は全体の14.7%であった．

な付き合いであり，これらの関係性がどう区別されているのかについては，今後精査すべき課題だといえる．

3-4 日常のなかの恋愛：2012年

本節の最後に，2012年調査時の設問である「恋愛交際相手に求めることで重要視するポイント」と恋愛行動との関連を確認したい（図表6・18，2012年時調査のみ）．ここからは，先のモノガミー規範の強まりや異性交際の縮小傾向と連関するような恋愛観が明確に浮かび上がってくる．詳細な分析は別稿に譲るが[12]，まずここで注目しておきたいのは「14．非日常感（ときめき）」を回答する割合の低さ（12.9%）である．「非日常感（ときめき）」は，前述のように恋愛感情の高揚と密接に関連する．というよりこの非日常性こそが，いわば恋愛の醍醐味だといわれ，一時的な恋愛と継続性を要する結婚とを区別するものとして捉えられてきた．しかし本調査のデータから判断する限り，交際相手に対して「ときめき」や「ドキドキ感」という非日常性を求める者は，現代の若者においてはかなり少ないということになる．また「16．恋愛経験が少ないこと」「17．恋愛経験が豊富であること」ではさらに低い割合であり，交際相手の過去に強いこだわりや関心をもつ者も非常に少なくなっている．時系列データが存在しないために断言することはできないが，以上は従来の恋愛観の変容を示唆し得るものである．

そして「4．おもしろさ」「5．趣味に理解がある」「6．生き方・ライフスタイル」が比較的上位に入り，「生き方・ライフスタイル」のみ恋愛行動との関連がみられる．谷本奈穂（2008）によれば，〈趣味〉〈価値観〉〈話〉等の「感覚的なものの類似」は，異性の魅力として語られる新しい要素であり，友達や仲間に近い感覚が恋人間においても重視されてきているという（谷本 2008：150-153）．価値観や趣味，ライフスタイルの多様化が進むなかで，これらの類似志向が高まっているとするならば，それは恋人間の軋轢を少なくさせるだけでなく，充実した時間の共有をもたらすであろう．恋愛関係においては，双方

[12] 各項目では，性別，年齢層，身分別などによる違いが確認された．これらは青少年研究会・恋愛家族関係班にて出版予定の書籍のなかで詳述する予定である．なお，性別・年齢層と当項目との関連（ただし，既婚者も含む）については羽渕（2015），2012年調査の他の恋愛項目の分析については木村（2015）を参照されたい．

		全体	恋人あり	恋人なし・経験あり	未経験	χ^2検定	クラメールのV
1	やさしさ	79.7	83.8	78.5	78.2	n.s.	−
2	一緒にいるときの安心感	74.1	82.6	73.1	67.0	***	.147
3	気づかいができる	59.3	64.5	58.9	54.4	*	.084
4	おもしろさ	51.8	54.7	53.2	47.0	n.s.	−
5	趣味に理解がある	51.0	48.6	50.6	55.4	n.s.	−
6	生き方・ライフスタイル	44.1	51.4	42.7	38.2	**	.110
7	顔	43.4	43.7	53.8	31.9	***	.177
8	体型	38.2	40.1	44.9	28.4	***	.140
9	浮気をしないこと	38.0	46.5	32.3	35.4	**	.128
10	友達からの信頼がある	32.9	36.4	30.7	31.6	n.s.	−
11	ファッションセンス	23.5	28.1	24.4	16.8	**	.109
12	まめに連絡をくれること	20.0	29.7	16.5	13.0	***	.181
13	経済力	16.0	16.2	16.8	14.7	n.s.	−
14	非日常感（ときめき）	12.9	12.5	13.9	12.6	n.s.	−
15	学歴	11.7	13.1	7.9	13.7	*	.082
16	恋愛経験が少ないこと	3.1	2.4	3.5	3.5	n.s.	−
17	恋愛経験が豊富であること	1.6	1.8	0.9	2.1	n.s.	−
	あてはまるものはない	2.8					

N＝全体：941，恋人あり：327，恋人なし・経験あり：316，未経験：285

図表6･18　恋愛交際相手に求めることと恋愛行動（%，2012年）

の「違い」が魅力になることもあろうが，ここでは互いの「類似」を強調する方向で魅力たり得ているのである．

一方，上位項目は「1．やさしさ」「2．一緒にいるときの安心感」「3．気づかいができる」という恋人と安定した関係性を築くうえで重要となる要素に集中する．とくに「やさしさ」は，恋人に求めるものとして上位にくることが長らく続いており（詫摩 1973），やさしさ志向は恋愛において今なお根強く残っていると考えられる．「7．顔」「8．体型」「11．ファッションセンス」の外見的要素や「15．学歴」「13．経済力」の経済要素も，外見的要素は男性が女性に対して，経済要素は女性が男性に対し求めるものとして，やはり以前からみられたものである（詫摩 1973）．しかし，これらは「ファッションセンス」を除いて現在恋人がいる者における割合がとくに高いというわけではない．「ファッションセンス」に関しては，自らの好みが反映されるため，先の「感覚的なものの類似」に位置づけることもできよう．

また一対一の恋人関係を維持していくために欠かせない恋愛関係規範である「9．浮気をしないこと」や，「12．まめに連絡をくれること」は，現在恋人がいる者の割合が有意に高い．とくに後者は，恋愛行動との関連が最も強く恋人関係を継続させるためにとりわけ重視されており，近年の SNS 利用率の増加が，さらにそれを加速させていることは容易に想像がつく（こうした点からも，やはり関係内の非日常性を保つことは難しくなる）．

以上の交際相手に求めることにおいて特徴的なのは，一対一の固定的で安定した関係志向がみられる一方で，非日常感（ときめき）をもたらしてくれるような相手を求める者が圧倒的に少ないということであった[13]．それは，もはや恋愛が特別なものでも，非日常的なものでもなくなったことを示すものだといえる．そして日常と地続きにある恋愛においては，「12．まめに連絡をくれること」，「2．一緒にいるときの安心感」，「9．浮気をしないこと」，「6．生き方・ライフスタイル」，「3．気づかいができる」，「11．ファッションセンス」の項目を選択する割合が，とりわけ恋人と交際中の者で有意に高くなっているように，より安定し，あるいは充実した関係を築くためのものが求められている．

これらを先の「非日常感（ときめき）」を選択する割合の低さと関連づけてみると，現代の恋人間における親密性の様相が示唆されるだろう．つまりここでは，上記のような要素によって保たれ，継続され得る「関係性」こそが重視されているのであり，そしてそれが優先されるとき，「非日常感（ときめき）」は後景に退くのである．恋愛関係が主に「非日常感（ときめき）」によって担保されるならば，本節2項で論じたようにその関係は親密性の深まり，あるいは時間の経過とともに容易に揺らがざるを得ないからだ．ここで恋愛関係の親

---

13) ただし興味深いことに，ごく少数の複数恋愛経験者においては必ずしもそうではない．「非日常観（ときめき）」の肯定率は，複数恋愛経験のある者で 22.2%，ない者で 12.3%となる（χ^2 検定：$p < .05$）．

密性について考える際に念頭に置いているのは，アンソニー・ギデンズ（1992 = 1995）による「コンフルエント・ラブ Confluent Love」（邦訳では「ひとつに融け合う愛情」）である．コンフルエント・ラブが基づく「純粋な関係性」とは「互いに相手との結びつきを保つことから得られるもののために社会関係を結び，さらに互いに相手との結びつきを続けたいと思う十分な満足感を互いの関係が生み出していると見なす限りにおいて関係を続けていく」，そうした状況を指している（Giddens 1992 = 1995：90）．こうして取り結ばれる関係性は，1 節で示したような性・愛・結婚の三位一体によって特徴づけられる「ロマンティック・ラブ」からの移行を示しており，経済や法などの外的諸条件によって保証されるものではない．したがって，その関係は容易に解消される可能性があり，関係の持続性にかかわる不安が常につきまとうことになる．このような不安を抱えながら関係の継続が希求されるとき，やはり関係内の非日常性に対するプライオリティは低くならざるを得ないのだろう．一方，非日常性（ときめき）を恋人以外に求めることは，当の恋人関係が解消される可能性のあるリスクと化すのであり，前項の異性交際の縮小傾向は，おそらくこれらと深く関連しているのだと考えられる．つまりここから見出し得るのは，結婚から切り離された自由な恋愛というものが，反省的に吟味された後の 1 つの帰結のようなものである．

ただし，関係が純化されていくと，「恋人」と「友人」は，より近接するのであり，恋人関係と友人関係の差異はますます不明瞭になるのかもしれない．前項でも述べたが，それぞれの関係に対する区別がどのように特徴づけられるのかについては，今後探っていく必要があるように思われる．逆に，これらを精査する必要がないほどに，これまで恋人間の親密性が情熱のみによって成り立っていると自明視されてきたともいえるのではないだろうか．

4 恋愛関係と生活満足度

4-1 生活満足度を従属変数とする重回帰分析

次に，3時点における異性交際が「生活満足度」にどのように影響を与えているのかを検証するために，生活満足度を従属変数とした重回帰分析を行った[14]．独立変数には，基本属性として性別，年齢，親同居，収入（1992年：年収，2002年：月収，2012年：可処分所得）を投入した．そして異性交際に関する項目として，モデル1では「恋人」「異性の親友」，モデル2では「恋愛経験」（ただし「恋人あり」の者を除外してある），モデル3では，いずれも交際経験者における一対一の関係以外の交際として，1992年では「（恋人でない）デートする相手」，2002年では「ふたまた経験」，2012年では「複数恋愛経験」をそれぞれ投入し，分析を行った（多重共線性・VIFはすべて3未満）．なお，各変数の記述統計量は，図表6・19に示した．

	1992年		2002年		2012年	
	平均値	標準偏差	平均値	標準偏差	平均値	標準偏差
生活満足度	2.61	.84	2.52	.82	2.69	.90
女性ダミー	.58	.49	.54	.50	.54	.50
年齢	22.13	3.67	21.95	3.99	22.03	4.00
年収（1992年）／月収（2002年）／可処分所得（2012年）	2.39	1.39	129623.09	201604.17	47653.35	120826.84
親同居ダミー	.74	.44	.78	.41	3.77	.42
恋人ダミー	.41	.49	.36	.48	.35	.48
異性の親友ダミー	.55	.50	.39	.488	.27	.44
恋愛経験（恋人なし）ダミー	.43	.50	.54	.50	.52	.50
デートする相手（1992年）／ふたまた経験（2002年）／複数恋愛経験（2012年）ダミー	.54	.50	.19	.39	.06	.23

※ 1992年の年収は，100万円刻みの6段階設定

図表6・19 各変数の記述統計量（平均値，標準偏差）

14) 設問（「現在の生活に満足している」）の選択肢は，「そう思う」「まあそう思う（2002年以降：まあそうだ）」「あまりそう思わない（同：あまりそうではない）」「そう思わない（同：そうではない）」であるが，ここでは各選択肢の間の間隔が等しいものと仮定し，4段階の順序尺度として測定した．

1992 年	モデル 1		モデル 2		モデル 3	
	標準化係数	有意確率	標準化係数	有意確率	標準化係数	有意確率
性別（女性＝1，男性＝0）	.086	.008	.140	.001	.053	.161
年齢	−.074	.102	−.074	.204	−.105	.044
年収	−.038	.403	−.036	.539	−.046	.380
親同居（同居＝1，別居＝0）	.093	.005	.057	.195	.074	.057
恋人（有＝1，無＝0）	.111	.001				
異性の親友（有＝1，無＝0）	.089	.007				
交際経験（有＝1，無＝0）			.080	.059		
デートする相手（有＝1，無＝0）					.003	.930
（定数）		.000		.000		.000
調整済み R^2 値	.042***		.035***		.027***	
N	923		547		686	

2002 年	モデル 1		モデル 2		モデル 3	
	標準化係数	有意確率	標準化係数	有意確率	標準化係数	有意確率
性別（女性＝1，男性＝0）	.087	.021	.122	.006	.092	.028
年齢	−.022	.597	.007	.886	.005	.903
月収	−.056	.159	.004	.937	.076	.080
親同居（同居＝1，別居＝0）	−.046	.257	.039	.402	.014	.753
恋人（有＝1，無＝0）	.053	.186				
異性の親友（有＝1，無＝0）	.076	.047				
交際経験（有＝1，無＝0）			−.068	.146		
ふたまた経験（有＝1，無＝0）					−.047	.269
（定数）		.000		.000		.000
調整済み R^2 値	.013*		.013*		.008	
N	804		510		575	

2012 年	モデル 1		モデル 2		モデル 3	
	標準化係数	有意確率	標準化係数	有意確率	標準化係数	有意確率
性別（女性＝1，男性＝0）	.040	.228	.042	.297	.062	.119
年齢	−.169	.000	−.188	.000	−.099	.022
可処分所得	−.026	.442	−.068	.105	.025	.536
親同居（同居＝1，別居＝0）	.037	.318	.006	.889	−.057	.185
恋人（有＝1，無＝0）	.108	.002				
異性の親友（有＝1，無＝0）	.004	.911				
交際経験（有＝1，無＝0）			−.022	.600		
複数恋愛経験（有＝1，無＝0）					.002	.957
（定数）		.000		.000		.000
調整済み R^2 値	.031***		.045***		.014***	
N	876		587		633	

図表 6･20　生活満足度と恋愛関係（上段：1992 年，中段：2002 年，下段 2012 年）

重回帰分析の結果を示した図表6・20によれば，まず属性に関しては，各調査時のすべてのモデルにおいて一貫して関連がみられたのは，2012年時の年齢のみである．他の調査年における年齢との関連は，1992年時のモデル3で弱い関連が示される程度であり，年齢が若いほど生活満足度が高いという傾向は，2012年時において特徴的だといえる．また1992年，2002年のモデル1とモデル2では性別の効果，つまり女性のほうが男性と比べて生活満足度が高くなることを示している（2002年・モデル3は非有意）．だが，2012年時ではその効果がみられなくなっている．

一方，恋愛関係では，1992年時・モデル1において，恋人と異性の親友の効果が示されている．同モデルのなかで最も大きいのが，恋人の効果である．そしてモデル2の交際経験（恋人ありを除く）も，ごく弱いが関連がある．モデル3のデートする相手（恋人以外）の効果はないが，他の調査年に比べて異性交際の効果が最も多く示されている．2002年時・モデル1では，恋人との関連がみられなくなっているものの，異性の親友との弱い相関がある．またモデル2の交際経験（恋人ありを除く）は，2002年以降関連がなくなっている．2012年時になると，再び，恋人の存在との関連が示されるが，1992年時・2002年時に関連のあった異性の親友の効果はみられなくなった[15]．そして全調査時のモデル3が示すように，一対一の関係以外の効果は一貫してみられない．

4-2 生活満足度における恋愛の効果

以上の生活満足度に影響を与える恋愛関係の効果について，前節で概観してきた恋愛関係にみられた特徴と合わせて考察してみたい．まず1992年調査時は，恋人がいる者および異性の親友を有する者が最も多く，さらに（恋人でない）デートをする相手がいる者も4割みられたように，この20年間で異性交際が最も活発な時期であった．そしてこの生活満足度にも恋人や異性の親友，ごく小さい効果だが交際経験が影響を与えており，ここからはある種の恋愛至

15）1章5節では，既婚者を含む全回答者の性別ごとの生活満足度と恋人の相関が示されているが，未婚者を対象に性別をコントロールすると，女性は1章の指摘とほぼ同様の傾向であり，男性は2002年までほぼ同じであったものの，2012年でも弱い関連が確認された．

上主義的な心性が示されている．

2002年時では，異性の親友の効果が1992年から引き続きみられるものの，恋人の効果はみられなくなったように「恋愛の標準化」が見出された2002年時においては，恋愛をしていればただちに生活満足度が高まるわけでも，あるいは「幸福感」がもたらされるわけでもないという状況にあることがわかる．3節2項で示した恋人関係における情熱と親密の両立不可能性という困難がここにも現れているといえる．

2012年時では，恋愛や異性交際のなかで影響するのが唯一恋人のみとなっており，恋人，異性の親友，交際経験と関連のあった1992年時と比較すると，生活満足度に影響を与える異性交際の範囲も，異性交際の縮小傾向と連動するかのように狭まっている．それと関連して1992年時と2002年時にみられた異性の親友の関連がなくなっていることから，異性の親友という関係性そのものの変容が示唆される．強いコミットメントを要する恋人間の関係性志向は，モノガミー規範意識の強まりのように他の異性との親密性の深まりを阻むのだと考えられる．

5　結びにかえて

以上では，本研究会の1992年，2002年，2012年の調査データを用いて，都市在住の若者たちの恋愛関係の変容について捉えてきた．本章で明らかになった知見について，ここで改めてまとめておこう．

第一に，2節で確認したように，この20年間の若者の恋愛行動では，恋人のいる者および恋愛交際の未経験者の低減がみられる一方で，交際経験はあるが現在は恋人がいないという者が増加する傾向にあった．しかし，交際経験率の増加は，必ずしも恋愛行動の活発化を意味しない．

このような見立ては，第二の知見に関わる．すなわち，恋人関係の周辺に位置づく異性交際は全体的に縮小傾向にあり，また複数恋愛という恋人関係の複数化も消失しつつあるということである．1節で触れたように90年代は，若年層の性行動経験率が上昇しており，その後，異性交際はさらに活発化し，ポリガミー志向も強まっていくかのように思われた．だが，このような予想に反して，ある程度の深みのある異性間の親密性が恋人間に限定されつつあるような，揺り戻しともいえる事態にあることが確認された．いやむしろ，90年代的な複数化・複雑化した異性交際という状況こそが特異であったといえるのかもしれない．この点に関しては，今後の動向を確認したうえで結論づけることにしたい．

第三に，2012年調査のデータから明らかになったのは，日常の延長線上にある恋愛観であり，恋人間の関係性自体を特別なものとして捉えるような意識であった．この特別な関係性志向を20年間の恋愛における特徴と照らし合わせると，消費文化と密接する恋愛至上主義という虚構がそぎ落とされ，あるいは「恋愛の標準化」によってもたらされた恋愛関係における情熱と親密の両立不可能性が，情熱を放棄することにより克服された結果であると捉えることができるかもしれない．このように概観してみると，恋愛という人間関係に求めることそのものの違いがみてとれる．

第四に，生活満足度に影響を与える異性交際は，この20年間で徐々にその範囲を狭め，唯一恋人のみに限定されているということである．異性交際のなかでも恋人間の関係を重視する意識を，ここからも読み取ることができよう．その意味で，生活満足度に影響を与える1992年時における恋人と，2012年時の恋人の効果における質には，おそらく大きな違いがある．また1992年から2012年までの若者の恋愛行動の特性であった「恋人なし・経験あり」層の増加も，関係性を重視する志向と深く関わっているように思われる．つまり，この「恋人なし・経験あり」層の増加は，関係性を継続させることの難しさ，あるいは関係性を持続し得る条件を満たす相手となかなか出会えないという状況を示しているのではないだろうか．

さらにいうならば，モノガミー志向のように恋愛における堅実性が高まっていること，そして情熱の放棄という構図は，冒頭で述べたように若者の恋愛行動が「草食化」してみえる要因であり，かつ「リア充」に対する「妬ましさ」を安心して語らせることを可能にしているのである．

ところで本章の3節では，ギデンズ（1992 = 1995）によるコンフルエント・ラブに依拠し，恋愛関係の親密性について考察したのだが，やはりまだ多くの課題が残っている．主としてギデンズは，コンフルエント・ラブにおいて関係を取り結ぶ者たちの精神的・経済的に対等な関係を想定しており，これこそが男性優位の権力関係であるロマンティック・ラブとの大きな違いであると主張する．したがって，このような関係性を成立させ得るような社会的条件や資源，つまりジェンダー規範意識・行動，あるいは階層や収入による違いなどについて今後分析していく必要がある．稿を改めて，これらの考察を行うことにしたい．

参考文献

赤川学，2002,「恋愛という文化／性欲という文化」服藤早苗・山田昌弘・吉野晃編『恋愛と性　シリーズ比較家族第Ⅱ期　5』早稲田大学出版会，149-172.

浅野智彦，2013,『「若者」とは誰か――アイデンティティの30年』河出書房新社．

深澤真紀，2007,『平成男子図鑑――リスペクト男子としらふ男子』日経BP社（→2009,『草食男子世代――平成男子図鑑』光文社）．

Giddens, Anthony, 1992, *Modernity and Self-Identity*, Stanford University Press.（= 2005，秋吉美都・安藤太郎・筒井淳也訳『モダニティと自己アイデンティティ』ハーベスト社.）

――――，1992, *The transformation of Intimacy*, Stanford University Press.（= 1995，松尾靖文・松川昭子訳『親密性の変容』而立書房.）

羽渕一代，2004,「都市青年の恋愛経験」高橋勇悦代表『都市的ライフスタイルの浸透と青年文化の変容に関する社会学的分析』平成13～15年度文部科学省科学研究費補助金（基盤研究A（1））研究成果報告書，188-205.

――――，2006,「青年の恋愛アノミー」岩田考・羽渕一代・菊池裕生・苫米地伸編『若者たちのコミュニケーション・サバイバル――親密さのゆくえ』恒星社厚生閣，77-90.

――――，2008,「情熱的恋愛と規範的恋愛」羽渕一代編『どこか〈問題化〉される若者たち』恒星社厚生閣，163-182.

――――，2015,「若者の恋愛交際基準」藤村正之代表『流動化社会における都市青年文化の経時的実証研究――世代間／世代内比較分析を通じて』2011年度～2013年度文部科学省科学研究費補助金（基盤研究A）研究成果報告書，54-55.

井上俊，1973,「「恋愛結婚」の誕生――知識社会学的考察」『死にがいの喪失』筑摩書房，172-199.

石川由加里，2007,「性行動の変化と避妊の実行状況」日本性教育協会編『「若者の性」白書』小学館，102-119.

自由国民社，2013,「流行語大賞30周年」『現代用語の基礎知識2014年版』自由国民社.

片瀬一男，2007,「青少年の生活環境と性行動の変容」日本性教育協会編『「若者の性」白書』小学館，24-48.

木村絵里子，2015,「若者の恋愛意識・行動」藤村正之代表『流動化社会における都市青年文化の経時的実証研究――世代間／世代内比較分析を通じて』2011年度～2013年度文部科学省科学研究費補助金（基盤研究A）研究成果報告書，57-59.

国立社会保障・人口問題研究所編，2012,『平成22年わが国独身層の結婚観と家族観――第14回出生動向基本調査』厚生統計協会.

厚生省人口問題研究所，1983,『第8次出産力調査　第Ⅱ報告書　独身青年層の結婚観と子供観』厚生省人口問題研究所．

松原治郎，1973，「現代の恋愛と結婚――日本青年の意識と行動」濱島朗編『現代青年論』有斐閣，63-85.
見田宗介，2007，「近代の矛盾の『解凍』――脱高度成長期の精神変容」『思想』岩波書店，2007年10月号：76-90（再録：2011，『見田宗介著作集 VI』岩波書店，144-173）.
森岡正博，2008，『草食系男子の恋愛学』メディアファクトリー．
牟田和恵，1993，「愛・性・結婚」『現代文化を学ぶ人のために』世界思想社，302-318.
内閣府政策統括官（共生社会政策担当），2011，「結婚・家族形成に関する調査報告書（全体版）」（2013年9月24日取得，http://www8.cao.go.jp/shoushi/cyousa/cyousa22/marriage-family/mokuji-pdf.html）.
ＮＨＫ放送文化研究所，2008，『現代社会とメディア・家族・世代』新曜社.
日本性教育協会編，1983，『青少年の性行動（第2回）』小学館.
――――，1988，『青少年の性行動（第3回）』日本性教育協会.（→『中学生・高校生・大学生の性行動白書』小学館.）
総理府青少年対策本部編，1972，『青少年の性意識』大蔵省印刷局.
高橋征仁，2007，「コミュニケーション・メディアと性行動における青少年層の分極化」日本性教育協会編『「若者の性」白書』小学館，49-80.
――――，2013，「欲望の時代からリスクの時代へ――性の自己決定をめぐるパラドクス」日本性教育協会編『「若者の性」白書――第7回青少年の性行動全国調査報告』小学館，43-61.
詫摩武俊，1973，「恋愛と結婚」依田新代表編，「現代青年心理学講座　5現代青年の性意識」金子書房，143-193.
谷本奈穂，2008，『恋愛の社会学――「遊び」とロマンティック・ラブの変容』青弓社．
山田昌弘，1992，「ゆらぐ恋愛はどこへいくのか」アクロス編集部『ポップ・コミュニケーション全書――カルトからカラオケまでニッポン「新」現象を解明する』PARCO出版，50-69.
――――，1994，『近代家族のゆくえ――家族と愛情のパラドックス』新曜社.
――――，2002，「近代的恋愛の不安定性――恋愛現象の社会学的考察」服藤早苗・山田昌弘・吉野晃編『恋愛と性　シリーズ比較家族第Ⅱ期　5』早稲田大学出版会，173-196.
余暇開発センター，1993，『レジャー白書 '93』環境工学社.
湯沢雍彦，1971，「現代青年の結婚観・家庭観」『月刊エコノミスト』毎日新聞社，1971年3月号：50-55.

7章

若者におけるメディアと生活の相互関係の変容
2002年と2012年の時点間比較

阪口祐介

0　メディアと友人関係

現代に生きる若者の幸福をあり様を捉えるには，彼ら彼女らの人間関係に着目することが重要なのはいうまでもないだろう．すでに多くの論者が指摘するように，高度経済成長が終わりを迎える頃より，人々の生活における価値は，未来に向かって計画を立て努力に励むことを重視するような〈インストルメンタルな志向〉から，家族や友人といった身近な人との関係性に価値を置くような〈コンサマトリーな志向〉へと変容しつつある．現代では，身近な人間関係のあり様と人々の幸福は密接に結びついているといえるだろう．

そして，こうした幸福に深く関わる人間関係の維持・探化・拡大に欠かせないのがメディアである．ケータイが友人関係の活発な若年層に普及していった現在，通学中から寝室までケータイはすぐ側にあり，悩みや喜びを共有したい時，さみしさを埋めたい時，明日の約束をしたい時など，いつでもどこでも思い立てば即座にコミュニケーションを行なうことができる．若者は携帯メールやSNSといったメディアを通じて学校や地元，アルバイト先の友人と日々連絡を取り合いながら，友人関係を維持し，深め，広めているのである．

本章は，現代の若者にとって幸福と切り離せない〈友人関係〉と，それが営まれる場である〈メディア〉の関係性に焦点をあてる．2000年代におけるメディア環境の変容のなかで，メディアと友人関係のあり方の関連性はどのように変容しつつあるのかについて実証的に明らかにすることで，メディアと友人関係の現代的特徴を描き出すことを目指す.

1　問題意識　2000年代における若者のメディア環境の変容

2000年代，インターネットやケータイは若者の生活にますます深く浸透していったといえるだろう[1]．かつて1990年代後半に成人を迎えた若者の多くは大学生で初めて携帯電話を持ち，パソコン経由でインターネットの世界に出会った．それから10数年後，2010年代を生きる若者は，早くは小学生から遅くとも高校生のときには携帯電話やスマートフォンを手にし，携帯からのネットを使いこなし，携帯メールを通じて日々コミュニケーションを行なっている．友人との濃密な関係が活発になされる青少年期において，ケータイやインターネットが日常生活に深く浸透していくなかで，若者におけるメディアと生活の結びつきはどのように変容していったのだろうか．この問題について，本章では2002年と2012年に実施された青少年調査を用いた時点間比較分析から，実証的に明らかにする．

このように本章は2000年代のメディア環境の変容が若者に与えた影響を探求するが，その際，メディアが若者の生活に一方向的な影響を与えるという技術決定論的な見方はとらない．すでに多くの研究が明らかにしてきたように，メディアは長い歴史のなかで社会や産業のあり方に影響を受けながらその姿を変えていく．例えば，電話は開始時点ではラジオのようなマス・メディアとしても利用されており，多様な可能性を孕(はら)んでいたが，取捨選択されて現在のような「一対一のパーソナル・メディア」として受容されるようになった（吉見・若林・水越 1992）．携帯電話についても，日本では海外に比べて，2000年代半ばまで携帯電話によるインターネット利用率が高いことが示されているが，その背景には先行メディアとなるポケットベルの文字メッセージ交換から携帯メール利用へと続く流れが存在したことや，通信事業者主導で端末やサービスが決定・販売されるという垂直統合型ビジネスモデルが存在したことがある（松

[1] 主要な変化として携帯電話利用の低年齢化があげられるだろう．中高生の携帯電話普及率は2002年から2012年にかけて，中学生では20%から50%へ，高校生では66%から100%へと急激に上昇している（内閣府2001年『第4回情報化社会と青少年に関する調査』，2012年『平成24年度　青少年のインターネット利用環境調査』.）

田 2008：5-6）．メディアが社会を形作るだけでなく，社会もメディアを形作るのである．

さて，本研究で焦点を当てる「若者とメディア」というテーマについては，これまで若者とメディアが短絡的に結びつけられ，若者が否定的に語られる傾向にあったことが指摘されている．浅野智彦は，具体的な言説を示しながら，ケータイやインターネット利用が普及し始めた 2000 年代，メディア利用は若者の逸脱的な行動を増幅する装置として否定的に描き出される一方，ネット上の人間関係が新しい親密さをつくり出したり，新たな協力関係を生み出しつつあるといった側面については注意が払われることはほとんどなかったと指摘する（浅野 2006：12）．

こうした若者メディア批判言説は，少数の事例をもとに若者全体を批判的に捉えるのに対して，本研究は社会調査データの実証分析によって若者におけるメディアと生活のつながりの特徴を描き出すことを目指す．このような試みは，2002 年の青少年調査において浅野（2006）や二方龍紀（2006）が分析した枠組みを踏襲するものである．前回調査の 2002 年から 10 年の間にスマートフォン，Facebook，LINE といった SNS など新たなメディアが次々と登場し普及していったが，それと同時に新たな若者メディア批判言説も日々量産されつづけてきた．こうしたなか，データに基づいた実証分析によって，若者とメディアの現代的特徴を再び描き出す試みは，現在においてもその意義は薄れていないといえよう．

2　若者におけるメディアと生活の相互関係

本研究が若者におけるメディアと生活の相互関係を探求する際に手掛かりにするのは，メディアと友人関係・意識の関連性を問う実証研究である．これまで多くの研究が，新たに登場したメディアと友人関係・意識の関連性を実証的に示し，それらの結果をもとに新たなメディアはどのような人々に受容される傾向にあるのか，そして，メディアは友人関係や意識のあり方にどのような影響を与えるのかについて明らかにしてきた．以下では，そうした研究についてみていこう．

2-1　携帯利用者の交友圏の広さ

1990年代後半に普及したケータイは，若者の人間関係の希薄化や自閉化，逸脱行動と関連させて若者批判言説として語られる傾向にあった（辻 1999; 浅野 2006）．しかし，実証分析の結果から浮かび上がってきたのは，社交的なメディアとして使用されるケータイの姿である．例えば，岡田朋之らは，1999年に実施した大学生調査から，携帯電話利用者やそのヘビーユーザーは親友・友人数が多く，外出の頻度が高いという結果を示し，ケータイが「社交的なメディア」として機能していることを指摘する（岡田・松田・羽渕 2000）．

他方，この分野の先行研究をレビューした辻大介（2008）は，携帯電話利用と交友範囲の広さの関係は限定的であると指摘する．辻大介（2003）によると，首都圏の16～17歳を対象に行なった調査では，携帯電話の通話頻度やメール頻度と友人数の関連性は確認できなかった．

しかし，2000年代においてケータイが日常生活に浸透していくなかで，携帯電話はその社交的メディアとしての機能を高めていったと予想することもできる．例えば，辻泉（2011）は2002年，2007年，2009年の3時点のデータの分析から，若者において知り合い程度の友人数が拡大したことを示し，ケータイの登場は友人数を量的に拡大させたと述べる．しかし，続けて親友数や仲のよい友人数は増加しておらず，友人は質的な面では広がっていないことも示し，友人関係の〈同質化〉が進行していると指摘する[2)]．ケータイの社交的なメディアとしての機能は，時点間変容という視点から経験的に問うべき問題だと考えられる．

2-2　友人志向の社交性，親密性

友人志向については，携帯メールの活発利用者はより〈広く〉より〈深い〉友人関係を求める傾向にあることが指摘されている．中村功（2001）は2000年に行なったインタビュー調査に基づき，若者における携帯コミュニケーションの特徴が現状報告や感情表出といったおしゃべり的内容であることを指摘した．そして，携帯メールが2つの次元で人間関係を促進，深化，維持する機能

2)　辻（2011）は，親友数だけでなく親友の意味内容や社会化機能の時点間変化も示しながら，友人関係における同質化を指摘する．

があると論じている．彼によれば，それは，第一に，物理的空間を超えた人間関係を維持する「メディア・コミュニティー」のような人間関係であり，第二に，少数の仲間が絆を強め，常に心理的に一緒にいる関係という「フルタイム・インティメート・コミュニティー」のような人間関係である．前者はより〈広く〉，後者は〈深く〉という次元に対応するといえるだろう．

また，このことは量的調査からも確認されている．携帯電話・メールの活発利用者は社交性が高く（岡田・松田・羽渕 2000；中村 2001），より広い友人関係を志向するといえる．「深く」という次元においても，携帯通話やメールの活発利用者は，「友人とは互いに傷つくことがあっても思ったことを言い合う」という傾向にある（橋元 2005）．また，携帯メール利用者は「友達とは，プライベートなことを含めて，密接につきあいたい」という親密志向が高い（辻・三上 2001；辻 2008）．

2-3 友人の切り替え志向

ケータイ普及期における携帯電話利用については，友人の選択的関係や対人関係の切り替えといった側面から分析がなされている（辻 1999；松田 2000）．辻大介（1999）は，若者の人間関係の希薄化論についてデータをもとに丁寧に反証したうえで，「希薄化」ではなく，対人関係を部分化し，切り替え（フリッピング）を容易に保ちたい性向が若者を中心に高まってきたという説を唱える．そして，1998 年の大学生調査から，この対人フリッパー志向が高いほど携帯電話・PHS 所有率が高いことを示し，スイッチを切るだけでコミュニケーションを中断できる携帯電話やインターネットは対人フリッパー志向と親和的であることを指摘している．

2-4 孤独不安

インターネットと孤独感の関係については，クラウトらによるインターネット・パラドックスという議論が有名である．インターネットはネットワークを維持・拡大させると期待されたが，逆に PC でのインターネット利用者はネットワーク規模を減少させ，孤独感や抑鬱感を上昇させることが発見されたのである（Kraut et al. 1998）．ただ，その後の追跡調査では，インターネット利用の否定的な効果は確認されず（Kraut et al. 2002），日本においてもインターネット・パラドックスは検証されなかった（橋元 2011）．

携帯メールについては，その活発利用者は社交的で友人数も多く，孤独感が低い．しかし，その一方でメール活発利用者は「いつでも人とコンタクトをとっていなくては不安だ」といった孤独に対する恐怖が高いことが実証的に示されている（中村 2003）．この関連性に注目し，分析・考察を行なった辻大介（2006）は，携帯メールと孤独不安が相互に影響を与え合いながら増幅していくという可能性を指摘している．

2-5　多元的自己

多くの研究が，インターネットやケータイという新たなメディアが自己のあり方を変容させることに注目し，分析を行なっている（遠藤 2000；羽渕 2006, 2012; 鈴木 2013; 浅野 2014）．そして，いくつかの研究は新たなメディアと自己の多元性の関連性に着目しており，例えば，遠藤薫（2000）は，パソコンのCMCへの参加者では多元的自己志向が高いことを示す．また，浅野智彦（2014）は，2011年に12～69歳を対象に実施された調査をもとに，インターネットやSNSの利用が自己の多元化を促進するという仮説を検証した．その結果，SNSの効果は限定的であり，パソコンからのSNS利用は自己の多元性と関連するが，携帯からのSNS利用については関連しないことが示されている．

2-6　メディアと生活の相互関係の変容

このように先行研究は新たなメディアと人間関係・意識の関連性を示すことで，若者におけるメディアと生活の特徴を描き出してきたものの，時点間変容という視点はこれまであまりなかった[3]．しかし，2000年代におけるメディア環境の急激な変化を踏まえると，若者におけるメディアと生活の特徴を捉えるには時点間比較という視点は不可欠だと考えられる．

若者におけるメディア環境の変容を捉える際に参考になるのが，デジタルネイティブ世代に関する議論である（橋元 2011；木村 2012）．木村忠正（2012）は，

[3] 松田美佐ら（2014）は全世代を対象として2001年と2011年調査の比較によって携帯電話の利用形態や友人関係との関連性の変容を探求している．

1990年代後半以降のメディア環境の変容をライフサイクルのどの時点で経験したかによって，デジタルネイティブ世代を次のように4つに分類し，それぞれの特性を分析した．第1世代の「1980～82年生まれ」はPHSを高校あるいは大学で利用し，2000年頃から携帯電話に移行する．しかし，モバイルネットやパケット定額は社会人になってからである．これらの世代では，オフラインの延長線上にオンラインの人間関係が展開していく傾向がみられる．一方，第2世代の「1983～87年生まれ」では高校生からモバイルネット対応携帯を手にするが，パケット代を気にしながらの利用である．第3世代の「1988～90年生まれ」になると，ケータイは遅くとも高校入学時には利用し始めており，高校ではパケット定額制にする場合も多く，メールが生活に深く浸透していく．さらに，ケータイブログ，mixiなどのSNSも高校時点で接し，それを介して小中高でのつながりが形成され，オンラインを介した人間関係の拡大が起きる．また，趣味や関心を介してオンラインでつながり，オフラインにも展開していく事例がみられる．第4世代の「1991年以降生まれ」では，その傾向はさらに高まり，中学時代からパケット料を気にせず，ケータイブログ，モバイルSNS，ソーシャルゲームを複数利用することが可能になる．そこでは，オフラインでは会わない「オン友」と呼ばれるような友達との親密なコミュニケーションが広くみられるようになる（木村 2012）．

こうした若者におけるメディア環境の変容を踏まえれば，メディアと友人関係・意識の関連性も変容したと考えられる．例えば，携帯電話の普及期の1999年に大学生調査を行なった岡田らは，「社交的な人は移動電話を駆使することでより社交的になり，社交的でない人との格差が広がりつつある可能性」を指摘した（岡田・松田・羽渕 2000）．こうした格差の可能性は，青少年期において携帯電話が日常生活に深く浸透した2010年代を生きる若者では，現実のものとなり，さらに拡大していったと想定することもできるだろう．

3　変数

本研究で時点間比較を行なうメディア利用は，テレビ視聴時間（分），携帯電話の通話時間（分），携帯メール数，PCからのインターネット利用時間（分）

である．これまでテレビについては議論を行なわなかったが，代表的なマス・メディアといえるテレビとの比較を行なうことで，他のメディアの特徴もより鮮明に浮かび上がると考えられる．すべて1日平均に変換したものを用いる．2012年のみで尋ねたメディア利用は，携帯を通じたインターネット利用時間（分），オンライン行動，SNS行動である．オンライン行動とSNS行動はそれぞれ図表7･3の複数の項目を足し合わせた合計得点である．

友人数については，親友，仲のよい友達，知り合い程度の友達に分けて，その数をたずねたものを用いる[4]．

友人志向については複数の次元で尋ねている．より広くという次元を捉えた「関係拡大志向」，より深くという次元を捉えた「浅い関係志向」「深い関係志向」，場面による切り替えという次元を捉えた「友人の使い分け志向」である[5]．また，友達と連絡をとっていないと不安であるという「孤独不安」の変数も用いる（詳細は図表7･4）．

自己意識については以下の質問を用いる．自己の多元性については，複数性と拡散性という多元性の2つの側面を捉えた変数を用いる（岩田 2006）．複数性は自己の多元性そのものを捉えた概念であるのに対して，拡散性は複数化した自己に偽りの自分を見出す傾向を捉えた概念であり，孤独感や虚無感と関連する（岩田 2006；168）．その他，自己一貫性，自己肯定，自己の欲望の統制，自己探求，孤独，複数の基準の変数を用いる（詳細は図表7･4）．

4　分析　メディア利用の変化

では，はじめに2002年から2012年にかけて，メディア利用頻度はどのように変化したのかを確認する．図表7･1は，メディア利用の1日平均を示したものである．2時点を比べると，テレビ視聴時間はやや減少傾向にある．また，携帯通話時間は大きく減少しており，約半分になっている．携帯メール数については12から7へと減少している．ただし，この減少は携帯のメール数を

---

4)　メディア利用と友人数については，外れ値が存在するため，相関分析と重回帰分析において対数変換を行なった．メディアの非利用者は0に変換した．

5)　友人志向の名称は岩田（2014）を参照した．

2002年では送受信数，2012年では送信数で答えてもらったことが原因であり，変化はないといえる．インターネット時間は大きく増加しており，パソコンからは28分から86分に増加し，携帯からは121分に達している．パソコンと携帯を合わせたネット利用は3時間30分に達し，テレビよりも1時間も多くなっている．

次に，メディアに関する行動や経験についての変化をみていこう．図表7・2から，テレビのザッピングが大きく減少していることがわかる．また，インターネットや携帯電話で知り合った相手と，直接会ったことがある，友達づき

	2002年	2012年
テレビ視聴時間（分）	164	139
携帯通話時間（分）	44	21
携帯メール数	12	7
PCネット利用時間（分）	28	86
携帯ネット利用時間（分）	—	121

図表7･1　メディア利用（1日平均）の時点間変化（%・16～29歳）[6)]

	2002年	2012年
テレビを見るときにチャンネルをひんぱんに変える	55.1	31.2
インターネットや携帯電話等で知り合った相手と直接会ったことがある	15.3	26.5
インターネットや携帯電話等で知り合った相手と友達づきあいをしている	12.0	21.7
インターネットや携帯電話等で知り合った相手に恋愛感情をもったことがある	4.9	8.1
テレビゲームの登場人物（キャラクター）に思い入れをもったことがある	10.1	20.4
インターネットの掲示板上でケンカをしたことがある	2.8	4.5

2002年N = 1088，2012年N = 1054

図表7･2　メディア行動の時点間変化（%）

6)　Nはテレビ2002年（1030），2012年（1043），携帯通話2002年（978），2012年（1047），携帯メール送受信数2002年（1066），2012年（994），PCネット利用2002年（1086），2012年（1024），携帯ネット利用2012年（1044）．2002年における携帯電話の利用状況は，持っていない6.8%，しない10.9%，する82.3%．インターネットは，使用している35.4%，使用していない24.9%，DK/NA39.7%．

オンライン行動（N=1047）	%
動画サイト（YouTube, GyaO!, Yahoo 動画など）を見る	77.2
Twitter を読む・書き込む	45.3
掲示板「2 ちゃんねる」（まとめサイト含む）を読む・書き込む	24.9
オンラインゲームやソーシャルゲームで遊ぶ	22.4
それ以外の掲示板を読む・書き込む	19.6
自分のホームページ・ブログの開設・運営	13.7
ケータイ小説を読む	8.2
プロフサイト（前略プロフィールなど）を読む・書き込む	5.0

参加している SNS（N=1044）	%
Facebook（フェイスブック）	49.4
mixi（ミクシィ）	45.8
Mobage（モバゲー）	12.5
GREE（グリー）	10.8
その他	7.1

SNS 行動（N=1046）	%
「いいね！」を押す	62.7
他の人がアップロードした写真をみる	61.9
コメントを書く	61.2
実名を登録している	53.6
日記・近況を書く	47.8
自分で写真をアップロードする	46.7
コミュニティに参加する	37.5
自分の顔写真を公開している	36.9
ゲームをする	35.1
実名を全体に公開している	30.9
自分の現在地を知らせる	19.8

図表 7･3　オンライン行動・参加している SNS・SNS 行動（2012 年）

あいをしている，恋愛感情をもったことがある人の割合はどれも増加している．直接会ったことがある人の増加については，オンラインからオフラインへと人間関係が広がっていく状況が増えつつあることを示している．一方，友達づきあいについては，そのような解釈だけではなく，オフラインでは会ったことがない人々がオンライン上のみで親密なコミュニケーションを行い，お互いに友達とみなすような状況が広がりつつあることを読み取ることもできる．なお，テレビゲームのキャラに思い入れをもつ人も倍増している．

次に，2000 年代後半に普及したオンライン行動や SNS での行動が，若者の生活にどれだけ浸透しているのかを，2012 年のデータから確認しよう．図表 7·3 から，オンライン行動については，動画サイト利用（77.2%）や Twitter 利用（45.3%）が多く，2 ちゃんねる利用，オンラインゲーム利用も 2 割以上の人が行なっている．

SNS については，多くの人が参加し，様々な行動を行なっていることがわかる．SNS の参加については，Facebook と mixi は約半分の人が利用し，ソーシャルゲーム利用は 10%程度である．SNS での行動については，「いいね！」を押す，他の人がアップした写真を見る，コメントを書くが約 6 割，実名登録，日記を書くが約 5 割となっている．コミュニティへの参加，自分の顔写真公開，実名公開も 3 割以上である．SNS の友人数は平均 79 人であり，SNS 利用無，友人数 0 人が約 4 分の 1 いる一方で，100 人以上の人は 2 割に達する．

5　分析　メディアと友人関係・意識の関連性の変容

では，メディアと友人関係・意識の関連性の変化についてみていこう．ここからの分析は，メディア環境の変化のインパクトが大きかったと予想される 16 〜 22 歳に限定する．この年齢は，2002 年では 1980 〜 1986 年生まれであり，2012 年では 1990 〜 1996 年生まれである．木村が提示するデジタルネイティブ世代の分類では，前者は第 1 世代，第 2 世代，後者は第 3 世代，第 4 世代に対応し，この 2 つを比較することで世代間の変化を詳細に捉えることが可能である．

図表 7·4 と図表 7·6 は，2002 年と 2012 年の両時点で，メディア利用頻度と

	2002年				2012年						
	A．テレビ視聴時間	B．携帯通話時間	C．携帯メール数	D.ネット利用時間	A．テレビ視聴時間	B．携帯通話時間	C．携帯メール数	D．PCネット時間	E.携帯ネット時間	F.オンライン行動	G.SNS行動
携帯通話時間	.105	1			.094	1	.239	−.069	.213	.025	.149
携帯メール送受信数	.145	.381	1		.208	.239	1	−.032	.173	.018	.188
PCネット利用時間	.057	−.033	.060	1	−.130	−.069	−.032	1	−.169	.067	−.031
携帯ネット利用時間					.150	.213	.173	−.169	1	.117	.351
オンライン行動					.025	.018	.117	.067	.344	1	.322
＜友人数＞											
①親友数	.033	.074	.079	−.035	.030	.052	.185	−.053	.072	−.003	.179
②仲のよい友達の数	.062	.030	.208	.043	.092	−.026	.297	−.095	.107	.046	.240
③知り合い程度の友達の数	.074	−.016	.204	.068	.075	−.008	.307	-.051	.106	.075	.262

相関係数が5%水準で有意のセルはグレーに色付け

図表7・4　メディアと友人数の相関分析（2002年，2012年，16歳～22歳）

友人数･友人志向･自己意識の相関係数を示したものである．以下では，メディアとの友人関係・意識の相関係数を2時点で比較し，その変化をみていく．

まず，友人数に注目し，メディア利用との関連性の変化を確認しよう．図表7･4から2時点で数値を比較すると，友人数と携帯メール数の相関係数がどのレベルの友人においても上昇している（親友0.079→0.185，仲のよい友達0.208→0.297，知り合い程度の友達0.204→0.307）．ここから2000年代において，友人数と携帯メール利用頻度の結びつきが強まってきたことがうかがえる．このことを図で確認するために，2つの時代で携帯メール利用頻度別に友人数の平均値を示した（図表7･5）．図からどのレベルの友人においても，2002年から2012年にかけて，携帯メールの利用頻度による友人数の差は拡大していることがわかる．

では，次にメディア利用と友人志向の関連性の変化についてみていこう（図表7･6）．ここでも携帯メール利用に注目して友人志向との関連を確認する．関係拡大志向については，2002年，2012年ともに強い関連性があり，両時点でより広く友人を求める志向と携帯メール利用の関連に変化はみられない．

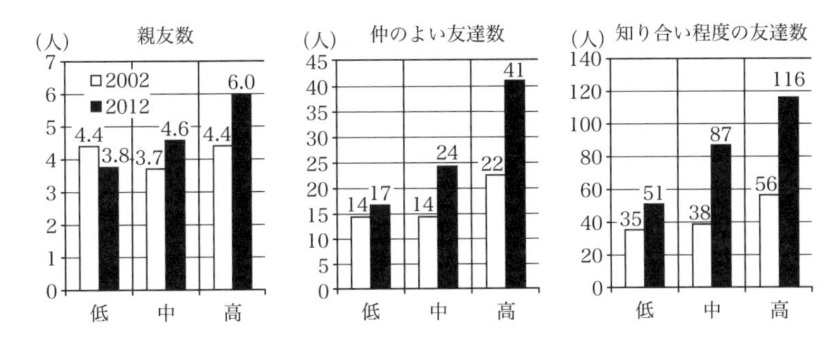

図表 7･5　携帯メール利用頻度別の友人数の平均値（2002 年，2012 年，16 ～ 22 歳）[7)]

一方，より深い関係を求める友人志向である「意見が合わなかったとき友人と納得いくまで話す」については携帯メール利用頻度との関連性が上昇し，有意な関連性がみられるようになった（相関係数 2002 年 0.013，2012 年 0.172）．この結果は，より深い友人関係を求める人々が携帯メールでコミュニケーションを頻繁にとり，そうしたコミュニケーションによってさらに友人関係を深化させるという相互関係が浮上したことを示唆する．

次に「遊ぶ内容によって一緒に遊ぶ友達を使い分ける」という使い分け志向については，2002 年では携帯による通話時間･メール数との相関がみられたが，2012 年にはそのような関係性が消失している．「いつも連絡をとっていないと不安になる」という孤独不安については，両時点で一貫して携帯メールとの強い関連性が存在する．

最後にメディア利用と自己意識の関連性についてみてみよう．図表 7･6 から自己の複数性および拡散性の相関係数をみて気づくことは，両時点ともに携帯電話通話，メール，インターネット利用との関連性はほとんどみられないことである．しかし，2012 年に新たに普及したメディアである，ケータイからのネット時間，オンライン行動，SNS 行動については，自己の複数性と強い関連性があることがわかる．

7)　N は 2002 年，低（154），中（142），高（176），2012 年，低（106），中（97），高（190）．

	2002年				2012年						
	A．テレビ視聴時間	B．携帯通話時間	C．携帯メール数	D.ネット利用時間	A．テレビ視聴時間	B．携帯通話時間	C．携帯メール数	D．PCネット時間	E.携帯ネット時間	F.オンライン行動	G.SNS行動
＜友人志向＞											
④関係拡大：友達をたくさん作るように心がけている	－.018	.033	.216	－.067	.116	.088	.187	－.046	.118	.052	.184
⑤関係拡大（逆）：友達といるより，ひとりでいるほうが気持ちが落ち着く	－.029	－.092	－.205	.063	－.023	－.116	－.114	.125	－.032	－.019	－.083
⑥関係拡大：初対面の人とでもすぐに友達になる	－.082	.174	.159	－.025	.037	.153	.192	－.063	.160	.096	.252
⑦深い関係：意見が合わなかったときには，納得がいくまで話し合いをする	－.035	.038	.013	.005	.041	.151	.172	－.075	.114	.043	.206
⑧浅い関係：友達との関係はあっさりしていて，お互いに深入りしない	－.106	－.090	－.218	.004	－.029	－.027	－.092	.075	－.013	.011	－.091
⑨使い分け：遊ぶ内容によって一緒に遊ぶ友達を使い分けている	－.041	.101	.136	.025	.045	.081	.038	－.004	.091	.121	.173
⑩孤独不安：いつも友達と連絡をとっていないと不安になる	.076	.189	.216	－.029	.053	.148	.202	.013	.149	.174	.167
＜自己意識＞											
⑪複数性：場面によってでてくる自分というものは違う	.144	－.017	.067	－.007	.084	－.010	.046	.030	.165	.163	.138
⑫複数性：意識して自分を使い分けている	.042	.007	.077	.002	.120	.047	－.039	.060	.123	.159	.146
⑬複数性：自分の中には，うわべだけの演技をしているような部分がある	.051	.064	.054	.005	.042	.081	－.001	.078	.119	.191	.107
⑭拡散性：自分がどんな人間かわからなくなることがある	.025	－.020	－.005	.030	.117	.014	－.040	.021	.133	.127	.048
⑮拡散性：他人からみると，私は好みや考え方にまとまりがない人間のようだ	.067	.003	.059	－.058	.044	.052	.020	－.062	.161	.125	.019
⑯拡散性：どこかに今の自分とは違う本当の自分がある	.141	－.028	.090	－.057	.149	.054	.011	－.020	.129	.116	.135
⑰自己一貫：どんな場面でも自分らしさを貫くことが大切	.065	.028	.009	－.117	.091	.036	.084	－.065	.042	－.074	.086

⑱自己肯定：今のままの自分でいいと思う	−.056	.030	−.032	−.097	−.038	−.004	−.003	.074	−.069	−.017	.006
⑲欲求の統制：自分の欲しいものをがまんするのが苦手だ	−.001	.193	.133	.042	.069	.133	.048	.062	.106	.157	.164
⑳自己探求：なりたい自分になるために努力することが大切	.085	.054	.047	.010	.134	.029	.132	−.098	.091	.019	.164
㉑孤独：ひとりでいると孤独を感じる	.119	.158	.132	.095	.065	.133	.121	−.024	.198	.115	.225
㉒複数の基準：大切なことを決めるときに，自分の中に複数の基準があり困る	.139	−.034	.092	.042	.008	−.002	.105	.046	.117	.135	.170

相関係数が5%水準で有意のセルはグレーに色付け

図表7･6　メディアと友人志向・自己意識の相関分析（2002年，2012年，16歳～22歳）

5-1　多変量解析

これまでの2変数間の相関分析から，2000年代において携帯メール利用と友人数および深い友人関係志向との関連性が浮上したことをみてきたが，これらの関連は他の要因を統制しても確認できるのだろうか．また，友人数や友人志向はそれぞれ強く関連すると想定されるが，すべての要因を投入したとき，いかなる次元の友人数･友人志向が携帯メール利用に影響を与えるのだろうか．このことを確認するために，従属変数を携帯メール数として，独立変数に友人数，友人志向を投入した重回帰分析を行なった（図表7･7）[8)]．図表の値は標準偏回帰係数であり，有意な正の値であれば独立変数が従属変数に正の効果をもつことを示す．例えば，2002年に女性ダミーが0.106，仲の良い友人数0.108とともに有意であるが，これは，女性であると，仲の良い友人数が多いと携帯メール数が多くなることを意味する．

表から，2つの時代で友人数と友人志向の効果を比較すると，2002年から2012年にかけて，仲のよい友人数の効果が上昇し（0.108→0.140），知り合い程度の友人数の効果が浮上している（0.075→0.184）．また，深い関係志向の効果も浮上している（0.006→0.117）．一方で，使い分け志向の効果は消失している（0.139→－0.042）．そして，このように友人数と深い関係志向の効果

8)　図表7・7，7・8の重回帰分析ではVIFを確認したが多重共線性の問題はみられなかった．

	2002年	2012年
女性ダミー	.106*	.055
年齢	－.108	.057
大学ダミー	.109*	－.062
配偶者あり	－.014	－.047
親友数	.019	.059
仲のよい友人数	.108**	.140*
知り合い程度の友人数	.075	.184**
関係拡大：初対面でも友達になる	.061	.070
深い関係：納得するまで話し合う	.006	.117*
使い分け：友達を使い分ける	.139**	－.042
調整済み R^2 値	.068	.132
N	456	458

*：$p < 0.05$，**：$p < 0.01$

図表7·7　携帯メール数を従属変数とした重回帰分析（標準偏回帰係数，16～22歳）

用語解説

重回帰分析とダミー変数

重回帰分析は，従属変数に対する複数の独立変数の効果を確認したいときに有用な分析手法である．従属変数が連続変数のときに用いる．式は従属変数Y＝切片＋β_1独立変数X_1＋β_2独立変数X_2であらわされ，係数βは独立変数が1増加したとき従属変数はどの程度変化するかを意味する．複数の独立変数を投入することで，他の独立変数を統制したうえでそれぞれの独立変数の効果を捉えることができる．係数βが有意であれば，母集団においても独立変数は従属変数に正（負）の効果があるといえる．本章で表に示した標準偏回帰係数は，従属変数および独立変数を標準化（平均0標準偏差1）したうえでの係数βである．このように単位をそろえることで，独立変数間の数値を比較することが可能になる．なお，独立変数が2値の離散変数である場合にはダミー変数を投入する．ダミー変数は女性1，男性0，大学生·大卒1，非大卒0といったような2値変数である．表の女性ダミー，大学ダミーの数値は，男性に比べた女性の効果，非大卒に比べた大学生·大卒の効果を意味する．

が高まったことで，決定係数は0.068から0.132へと倍増している．この結果は，仲のよい友人や知り合い程度の友人が多く，深い友人関係を好む層がメール利用を活発化させたことを示唆する．

次に先の相関分析から，新たなメディアと多元的自己の関連が示されたが，どのメディア行動と多元的自己の親和性が高いかを多変量解析によって確認しよう．図表7·8は，自己の複数性および自己の拡散性を従属変数として，独立変数に携帯ネット時間，オンライン行動数，SNS行動数を投入した重回帰分析を行った．分析の結果，オンライン行動数が多いほど自己の複数性および自己の拡散性が高くなることがわかる．また，携帯のネット時間が長くなると自己の拡散性が増加する．しかし，SNS行動については，自己の複数性や拡散性を高めないことが示された．

SNS利用はなぜ多元的自己と関連しないのだろうか．その際，SNSと多元的自己の関連性を検討した浅野智彦（2014）が示した抑止仮説が参考になる．彼は，ギデンズの理論を引きながら，関係の多様化が進めば，それへの対応の軸となる自分自身については統合されたものを求められるようになると述べる．そして，Facebookをはじめとする SNSの利用は複数の異なる文脈における友人を1カ所に集めてしまうので，その都度の顔を見せることよりも，一貫した自己提示に向けた圧力をもたらし，結果，自己の多元化は抑止されると指摘する（浅野 2014：121）[9]．本研究ではこの仮説に適合的な結果がみられた．表7・6では従属変数に「なりたい自分になるために努力することが大切」という自己探求の変数を投入した．すると，SNSは正の効果をもっており，SNSでの行動が増えるほど，自分らしさを探究する努力を重視することがわかる．これは，SNSでの行動が多元的な自己よりも，自分らしさを探究するような志向性と親和的であることを示している．

[9] 浅野（2014）の分析ではパソコンからのSNS行動と多元的自己は正の関連を示しており，抑止仮説は検証されなかった．

	自己の複数性	自己の拡散性	自己探求
女性ダミー	.059	.049	.109
年齢	.040	−.049	−.001
大学ダミー	−.008	−.033	−.002
配偶者あり	−.008	.024	−.044
携帯ネット利用時間	.076	.158**	.042
オンライン行動数	.163**	.114*	−.041
SNS 行動数	.070	−.015	.152**
調整済み R^2 値	.054	.042	.032
N	503	503	503

*：$p < 0.05$,　**：$p < 0.01$

図表7･8　多元的自己志向（複数性・拡散性）および自己探究を従属変数とした重回帰分析（標準偏回帰係数，16～22歳，2012年）[10]

6　議論　若者の生活とメディア

本研究は，2000年代において若者のメディア環境が大きく変容するなかで，メディアと生活の相互関係はどのように変容していったのかについて実証的に検討した．

その結果，第一に，2000年代においてケータイやインターネットは若者の生活に深く浸透していったことがわかった．テレビ視聴時間が減少するなかで，PCと携帯を合わせたインターネット利用時間は平均約3時間30分に達し，テレビ視聴時間を1時間も上回った．また，携帯やインターネットを通じた友人や恋人づくりが上昇していた．小中高段階で，ケータイを通じたSNSというメディアが普及するなかで，オンライン上の人間関係からオフラインへと関係を広げていく傾向はますます高まり，また，オンライン上のみで展開される親

[10] 自己の複数性は，図表7・4の3項目について主成分分析を行なうことで算出した第一主成分の得点である（寄与率64.5%）．自己の拡散性は，図表7・4の3項目について主成分分析を行なうことで算出した第一主成分の得点である（寄与率58.7%）．

密なコミュニケーションも広がりをみせている．

第二に，上記のような環境変化のなかで，メディアと友人関係・意識はその結びつきを強めていった．1990年以降生まれの世代では，その10年前の世代に比べて，友人数や深い友人関係志向と携帯メール利用頻度の関連性が高まっていたのである．この結果は，友人数が多く深いつきあいを望む人ほどケータイを利用するようになったと考えるのが一般的である．そのうえで実証データを少し踏み越えて逆の因果からも解釈すると，ケータイ活発利用層は，知り合い程度の友人だけではなく仲のよい友人も増やしたと想定することもできる．ケータイが友人関係の濃密な青少年期に深く浸透したことで，そこで携帯メールは友人関係を維持・拡大・深化するメディアとして機能したと予想される．その結果，携帯メール活発利用層／非活発利用層における友人数の差が拡大していったと考えられる[11]．

ただし，この結果から，若者はケータイというメディアを駆使して友人数を量的に拡大させ，多様なネットワークを築くようになったと結論づけるのは早計である．本書の3章において辻泉が明らかにしたように，友人関係のきっかけの場所は多様化しておらず，友人関係はむしろ同質化している．ケータイ活発利用層において友人数が飛躍的に増加したのは確かであるが，それは多様なチャンネルを通じて多様な友人ネットワークを築いているというよりも，これまで通りのルートでつながった同質的な友人数のみが量的に拡大しているといった方が適切であるだろう．

最後に冒頭で述べたように，本研究はメディアのみが友人関係の変化を生起させたという技術決定論的な見方はとらない．若者において友人の価値が高まっていくのは長期的なスパンで進行しつつある現象であると考えられ，メ

---

[11] ただし，この結果を解釈する際に注意しておくべきことは，本調査が行なわれた2012年11月の段階では，SNSが広く普及しており，多くの若者が携帯電話のメールだけではなく，Facebook，Twitter，LINEといったメディアを通じて友人にメッセージを送るようになったという事実である．木村（2012：154）によると，SNSは対人距離が遠く空気を読むコミュニケーション，一方，携帯電話メールは家族・親友・恋人といった対人距離が近く気を使わないコミュニケーションといったように，メディアによるコミュニケーション空間の棲み分けがなされている．このように10年前に比べて，携帯メールのコミュニケーション空間の特性が変化していったと考えることもできる．今後は，LINEといった他メディアとも比較しながら，携帯メールと友人数・友人志向との関連性を問う必要があるだろう．

ディアのみが友人数の拡大をもたらしたわけではない．また，前述のように，日本における携帯メールの現代的なあり方は，社会や産業に影響を受けながら歴史的に形成されてきた．本研究の結果から言えることは，若者において友人が重視され友人数が増加していく長期的な趨勢のなかで，日本社会のなかで独特の進化をとげたケータイというメディアがその流れを促進する役割を果たし，結果として携帯メール利用による友人数の差が拡大していったということである．

そして，本研究では新たなメディアと多元的自己の関連性が確認できたが，このデータをもとに「新たなメディアの登場によって若者の自己は空虚で未熟になる…云々」といった若者バッシングへとつなげるべきではない．多元的自己の浮上は現代社会のあり方と切り離せず，メディアだけが自己の多元化を促進させているわけではない．また，浅野（2013）が指摘するように，多元的自己は自己肯定感や有能感と正の関連があり，現代社会を生きるうえで利点にもなり得るのである（浅野 2013）．

とはいえ，メディア技術決定論や若者メディア批判言説は当然否定すべきとしても，2000 年代を生きる若者がメディア環境の急激な変化を経験し，そのなかでメディアと生活の結びつきが変容しつつあるのは確かなようである．2002 年から 2012 年のあいだは 10 年という短い期間ではあるが，若者の生活におけるメディア環境については，これまでの風景を一変させるような非常に大きな変化があったといえよう．2002 年はケータイが急速に広がっていった時期であり，若者は手さぐりでそれを利用し始めた．それから10年後の2012年，ケータイは若者の生活にしっかり根をおろして深く浸透していった．携帯メール利用と友人数や深い友人関係志向の結びつきが強まりつつあるという本研究の分析結果は，特定の若者はケータイを通じて日々連絡をとりあい，友人関係を維持・深化・拡大させていく一方で，一部の若者はそこから取り残されていくというような，いわば「つながりの格差」が 2000 年代に拡大したことを示唆している．

参考文献

浅野智彦，2006，「若者論の失われた十年」浅野智彦編『検証・若者の変貌』勁草書房.
——，2013，『「若者」とは誰か　アイデンティティの 30 年』河出ブックス.
——，2014，「SNS は『私』を変えるか―ケータイ・ネットと自己の多元化」松田美佐・土橋臣吾・辻泉編『ケータイの 2000 年代　成熟するモバイル社会』東京大学出版会.
浅野智彦編，2006，『検証・若者の変貌』勁草書房.
遠藤薫，2000，『電子社会論――電子的想像力のリアリティと社会変容』実教出版.
二方龍紀，2006，「メディアと若者の今日的つきあい方」浅野智彦編『検証・若者の変貌』勁草書房.
羽渕一代，2006「高速化する再帰性」松田美佐・伊藤瑞子・岡部大介編『ケータイのある風景　テクノロジーの日常化を考える』北大路書房.
——，2012，「ケータイに映る『わたし』」岡田朋之・松田美佐編『ケータイ社会論』有斐閣選書.
橋元良明，2003，「若者の情報行動と対人関係」正村俊之編『講座　社会変動 6　情報化と文化変容』ミネルヴァ書房.
——，2005，「パーソナル・メディアの普及とコミュニケーション行動――青少年にみる影響を中心に」『メディア・コミュニケーション論Ⅱ』北樹出版.
——，2011，『メディアと日本人――変わりゆく日常』岩波書店.
岩田考，2006，「若者のアイデンティティはどう変わったか」浅野智彦編著『検証・若者の変貌』勁草書房.
——，2014，「ケータイは友人関係を変えたのか――震災による関係の＜縮小＞と＜柔軟な関係＞の広がり」松田美佐・土橋臣吾・辻泉編『ケータイの 2000 年代　成熟するモバイル社会』東京大学出版会.
木村忠正，2012，『デジタルネイティブの時代――なぜメールをせずに「つぶやく」のか』平凡社新書.
Kraut, R., Patterson, M., Lundmark, V., Kiesler, S., Mukopadhyay, T. and Scherlis, W., 1998, “Internet Paradox: A social technology that reduces social involvement and psychological well-being ？ ”, *American Psychologist*, 53（9）.
Kraut, R., Kiesler, S., Boneva, B., Cummings, J., Helgeson, V. and Crawford, A., 2002, “Internet Paradox Revisited”, *Journal of Social Issues*, 58（1）.
内閣府，2001，『第 4 回情報化社会と青少年に関する調査』.
——，2012，『平成 24 年度　青少年のインターネット利用環境調査』.
松田美佐，2000，「若者の友人関係と携帯電話利用―関係希薄化論から選択的関係論へ」『社会情報学研究』4：111-22.
——，2008，「ケータイの 2000 年代」松田美佐・土橋臣吾・辻泉編『ケータイの 2000 年代　成熟するモバイル社会』東京大学出版会.
——・土橋臣吾・辻泉編，2008，『ケータイの 2000 年代　成熟するモバイル社会』東京大学出版会.
中村功，2001，「携帯メールの人間関係」東京大学社会情報研究所編『日本人の情報行動 2000』東京大学出版会.
——，2003，「携帯メールと孤独」『松山大学論集』14（6）：85-99.
岡田朋之・松田美佐・羽渕一代，2000，「移動電話利用におけるメディア特性と対人関係―大学生を対象とした調査事例より―」『平成 11 年度　情報通信学会年報』.
鈴木謙介，2013，『ウェブ社会のゆくえ―〈多孔化〉した現実のなかで』NHK 出版.
辻大介，1999，「若者のコミュニケーションの変容と新しいメディア」橋元良明・船津衛編『子ども・青少年とコミュニケーション』北樹出版.

——，2003,「若者の友人・親子関係とコミュニケーションに関する調査研究概要報告書」『関西大学社会学部紀要』34（3）：373-89.
——，2006,「つながりの不安と携帯メール」『関西大学社会学部紀要』37（2）：43-52.
——，2008,「ケータイ，インターネットと人間関係」橋元良明編著『メディア・コミュニケーション学』大修館書店 .
辻大介・三上俊治，2001,「大学生における携帯メール利用と友人関係―大学生アンケート調査の結果から」,『第18回情報通信学会大会』.
辻泉，2011,「ケータイは友人関係を広げたか」土橋臣吾・南田勝也・辻泉編著『デジタルメディアの社会学―問題を発見し，可能性を探る』北樹出版.
吉見俊哉・若林幹夫・水越伸，1992,『メディアとしての電話』弘文堂.

終章

比較の中の若者たち

藤村正之

0　問題関心

「いまどきの若者は…」．聞き慣れ，言い古された言い方である．他方，そこには若者が比較される対象として存在していることがしめされている．すなわち，その言い方には「(昔の若者に比べ，) いまどきの若者は…」という過去との比較が含意されているわけである．そして，若者という捉え方自体が主には年齢の若さに焦点をおいた，[若者—大人] あるいは [子ども—若者—中年—老年] という対比の中である年代を捉える考え方である．かつて「若者は時代のリトマス試験紙」という言い方があり，時代の象徴の一端とされてきたのだが，その趣旨をくむならば，むしろ「若者はいつもいまどき」と言うべきなのかもしれない．

さらには，そこに，時代の限定も加わる．年齢の若さという点ではいつの時代にも若い者は存在してきたわけだが，子どもから一足飛びに大人になるのではなく，産業化に伴う生産力の増大が，若い者たちを即労働につくことから解放し，その期間における教育や学習，遊びや消費を課題とする存在を生み出してきた．それゆえ，社会史的には「子どもの誕生」と並び，近代化・産業化を通じての「青年の誕生」「若者の誕生」が主題となってきたわけである．若者は歴史限定的・時代限定的な存在なのである．歴史と社会構造の中にいる人間を捉え，比較という方法を重要な研究手法とする社会学にとって，若者はきわめて重要な研究対象なのである（藤村 2014)．

さて，日本でも特定年代の象徴的存在である「団塊の世代」の社会的登場により，青年論・若者論が本格的に議論の俎上に載ってきた1960年代から50年ほどが経過している．2010年代に至っての政治･経済･社会が流動化するグローバル化の中で，若者たちはむしろ社会に翻弄される存在として議論されることが多くなっている．さまざまな形の非正規雇用につかざるをえない状況が蔓延し，ニート・ひきこもりと称される社会関係の形成に悩み，晩婚・非婚が珍しくない時代を生きる若者たち．今や，「人生前半の社会保障」として，若者や子どもたちの成長･教育･職業に関する社会からの支援が主張される段階となっている（藤村 2012）．

ほんの20年前まで，若者といえば自由な生き方を象徴する代名詞であった．1980年代末期のバブル経済の興隆と若者たちの消費への熱狂ぶりが記憶される．それが最後の栄華であったのかもしれず，若者たちがおかれる社会構造上の背景の厳しさに注目がなされるようになった1990年代以降は，〈宴を終えて〉というのがふさわしいともいえる．もちろん，それは当事者にとってというより，歴年の若者たちを比較した場合においてであり，2010年代を生きる若者たちにとって，生まれてからこのかた低成長時代が続く以上，嘆くべき過去の栄華の記憶など存在しないわけである（岩田 2011）．自由な生き方から社会に翻弄される存在へ．そのような論調の変化の背景には若者たちが置かれている社会構造の変化が影響しているのだが，当の若者たちは自らをどのように認識しているのであろうか．

すでに，序章・第1章でふれてきたとおり，1980年代から30年にわたり活動をしてきた青少年研究会は，若者たちの実情を定期的に把握するため，10年ごとの計量による大型調査を実施してきた．今回，2011年度から「科学研究費・基盤研究（A）」の3年間の研究が認められ，1992年（総合研究（A）），2002年（基盤研究（A））の科研費研究に続く，若者文化の3回目の総合的な調査を2012年に行うことができることとなった．この種の総合的・経時的な調査は他に多くの例はなく[1]，今回の研究でもその経験を活かしつつ，3回目の調査では世代内・世代間の比較を盛り込んで，若者と社会変動の関係を実証的に考察していくことを課題とした．

---

1) 管見のかぎりでは，継続的な調査の数少ない例として，主題や対象に本研究との違いはあるが，（片瀬 2005）（片桐 2008）（片桐 2014）などをあげることができる．

研究の目的は，都市を生きる若者たちの行動と意識の実態把握を基礎に，彼らの成長・発達・社会化の過程における変化とその諸影響を理解しようとすることであった．その際，今回の調査では，複数の試みを交差させて取り組むこととした．現在の2010年代の若者たちに焦点をあてた調査を実施するとともに，彼らに先行する世代である30代，40代の世代の行動・意識をあわせて比較調査することを企画した．それにより，複雑化する今日の社会化過程を世代内・世代間で実証的かつ立体的に把握することを試みることができると考えたからである．10年おきの3回の調査と今回の若者調査・中年調査をふまえた総合的な研究は緒に就いたばかりで，本書でもそれを十全に展開したとはいえず，ひき続き今後の課題であるが，本章ではそれらの総合的研究のプランが存在することにより，どのような問題関心をもつことが可能になっているのかを試論的に検討することにしたい．

本章では，続く1節において私たちの調査データを分析する視点と方法を得るため，ライフコース論とも関連する理論的枠組について検討する．次の2節では時系列比較と世代比較について，3節では1節でふれるAPC効果に関する比較分析について考察する．最後の4節では，本書の通奏低音である幸福について上記の考察などと関連させていくこととする．以上を通じて，私たちが今回の調査で意図した複数の試みがどのように位置づけられるのかを提示していくこととしたい．

1　ライフコース研究の視点

1-1　APC効果とコーホート分析の手法

若者から大人になる基準として，長らくの間，仕事につくことと結婚して子どもをもつことがあげられてきた．しかし，2010年代において，それらの課題は必ずしも容易に達成できるものではなくなってきている．その意味で，人の成長における青年期の発達課題という観点が揺らぎつつあるとき，一人一人の生涯をどう理解し，この時期をどのように位置づけていくことが可能だろうか．そのようなことを考えるための工夫の1つとして，「ライフコース論」という発想がここ30年間ほど社会学や心理学の共有財産となってきている．それ以前の見方は，「ライフサイクル論」という，人の一生に共通にみられる規則性に着目する観点が主流であった．それは，夫婦が結婚し，子育てし，それが終わった後，残った夫婦が添い遂げていくという，いわば固定化されて長さの決まった陸上競技の平坦な400mトラックを各家族が同じように一周してくるというイメージのものであった．しかし，結婚の有無や子どもの有無，離婚の増加，高齢期の寿命の長短など，個々人の一生の差異が目立つ事象が本格化することによって，人々や家族の一生に共通性を見出すことが難しくなってきている．そこで登場してきたのが，歴史に規定されつつ，長さもでこぼこ具合も違う道のりを，各人が歩んでいくものとして一生を捉えるライフコース論の発想なのである（藤村 2012）．

ライフコース論では当該社会で一般化された理想化された生き方，同じ道を歩む同行集団，自己イメージの変遷などに着目がなされるが，同時に，一生の歩みへのさまざまな影響を要約的に捉えた「APC 効果」という考え方がある（富田・藤村編 1999）．

APC とは 3 つの英語の頭文字を取ったもので，「Aging（加齢効果）」，「Period（時代効果）」，「Cohort（コーホート効果，世代効果）」の 3 つである．加齢効果とは，年齢の上昇に伴う生活や意識上の変化であり，身体が疲れやすくなったとか，発想が保守化したなどとされるものである．時代効果とは，年齢が異なっても，その時代の社会の影響を人々が一気に受けるようなもので，戦争や災害，高度成長，メディアの影響などがあげられる．コーホート効果におけるコーホートとは同時経験集団とでも訳されるものであり，同時期に同じような経験をした人たちはその後の人生においても類似の経験をしていく可能性が高いという考え方にたつ見方である．出生コーホート，同期入社コーホート，出産コーホートなどが，その具体例となる．先にもふれた周知の「団塊の世代」は一般に 1947 年～ 1949 年生まれの人たちによって構成される出生コーホートの代表例である．

そのような加齢効果，時代効果，コーホート効果をどのように検討していくべきかということで，その手法としてコーホート分析という方法がある（大野 2001）．コーホート分析を行うためのデータ整理上の工夫として，調査時点間の間隔と年齢区分の幅が一致するように配置した「標準コーホート表」をあげ

純粋な加齢効果を示す仮説的データ

年齢＼調査時点	1950	'60	'70	'80
20	40	40	40	40
30	45	45	45	45
40	50	50	50	50
50	55	55	55	55
60	60	60	60	60

純粋な時代効果を示す仮説的データ

年齢＼調査時点	1950	'60	'70	'80
20	70	65	60	55
30	70	65	60	55
40	70	65	60	55
50	70	65	60	55
60	70	65	60	55

純粋なコーホート効果を示す仮説的データ

年齢＼調査時点	1950	'60	'70	'80
20	60	55	50	45
30	65	60	55	50
40	70	65	60	55
50	75	70	65	60
60	80	75	70	65

図表８・１　標準コーホート表（大野，2001：77）

ることができる（例えば，調査が10年ごとだったので年齢幅は10歳きざみにするなど）．図表8·1は3つのAPC効果が各々純粋にあらわれたとする場合の，仮説的データである．まず，1番目の表を見ると，各歴史時点の年齢間の縦の列方向のみに比率の変化がみられ，逆に同一年齢層の横の行方向に比較すると数値の変化がみられないものとなり，純粋な加齢効果をしめすデータとなる．

加齢効果は各歴史時点における年齢ごとの加齢による変化と同一コーホートの加齢による変化を確認することによって明らかになる．同様に2番目の表は，各歴史時点の年齢間の縦の列方向には変化がみられず，むしろ時代の特徴が貫通する形で各歴史時点ごとに同一数値となっており，逆に同一年齢層の横の行方向には時代の変化がみられるとき，純粋な時代効果をしめすデータとなる．最後に3番目の表は，各時点の年齢間の縦の列方向にも，同一年齢層の横の行方向にも一定の変化がみられるものの，右下がりの対角線につながる方向に変化がみられず，特定のコーホートが加齢にも時代にもよらず固定的に有する効果と考えられる場合であり，純粋なコーホート効果をしめすデータとなる．

仮説的データとしては，上記の観点でのデータ分析の可能性がありうるのだが，同時にそれらのデータを収集する方法においても一長一短があり，一考を要するところがある．コーホート分析を行うためのデータ収集方法としては，1時点ながら異なる年齢層から収集されたデータから分析する「横断的方法」，同じ年齢層だが異なる調査対象に毎年あるいは数年おきに調査を行う「定点観測的方法」，1つのコーホートのみのデータを継続的に収集する「縦断的方法」などである．しかし，これらの方法の個々には限界を有している．横断的方法では，標準コーホート表における縦1列のみのデータ収集にとどまることから，時代効果をみることはできず，変化がみられたとしても，それが加齢効果なのかコーホート効果なのかを判別することができない．また，定点観測的方法では，年齢層が限定されているため，そもそも加齢効果を判断することができず，数値の変化がみられても，時代効果なのかコーホート効果なのかが判別できない．さらに縦断的方法では，数値の変化がみられても，加齢効果なのか時代効果なのかが判別できず，コーホート効果は他のコーホートのデータ収集がなければ確認できない（大野 2001：78）．したがって，複数のコーホートに対する一定期間ごとに行う調査でなければ，さらには，それを同一コーホートにとどまらない，同一人物を長期に継続的に調査するパネル調査でなければ，より精密度の高いコーホート分析を行うことができないのである．

1-2 今回の調査データと収集の意図

今回，私たちの調査は，過去2回の1992年調査，2002年調査の継続として，2012年の3回目の若者調査として企画されている．しかし，それに加え，今回は30代・40代の中年層を若者たちの比較対象として設定することにした．その結果，2012年の中年調査を過去2回の1992年，2002年の調査と関連させることにより，私たちは4つの観点からの分析が可能なデータを入手することを意図していた（図表8・2）．①2012年の若者たち（16歳～29歳）の現状の把握［Plan1（以下，P1）］，②過去3回の調査による若者たちの変化の様相の把握（1992年・2002年・2012年調査の比較）［P2］，③2012年における若者世代（16歳～29歳）と中年世代（30歳～49歳）の比較［P3］，④過去3回調査で分析可能な各コーホートの変化の分析（1992年の20歳の者が2012年に40歳となっての比較など）［P4］，という4つの分析プランである[2)]．これらの分析，特にP4を可能としているのは，今の30代・40代の人たちも，「昔若者であった」ということである．

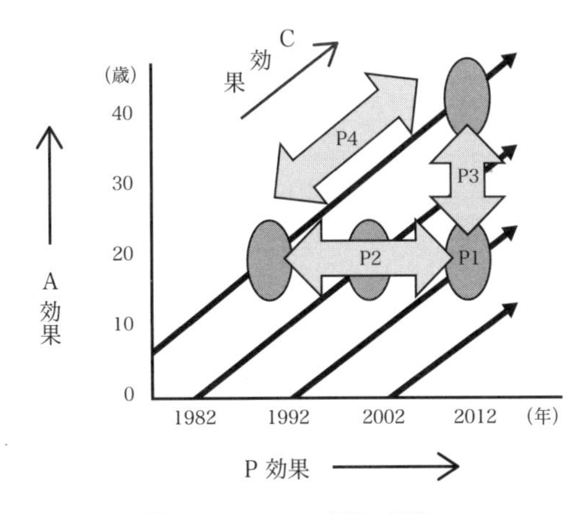

図表8・2　APC効果の関連

2) 私たちの3回の調査は，序章でふれたような初回・郵送調査，2回目・3回目が訪問留置調査という方法の違いに留意する必要があることとともに，特定の対象者に継続的に調査を依頼するパネル調査ではないことから，比較分析という観点において限界があることはいうまでもない．

1章2節でもふれているが，私たちが保有する3回のデータの関係を，年齢区分を5歳きざみにし，標準コーホート表に近づけた形の図表8・3により，さらに詳しく確認してみよう[3]．

①P1としての，2012年の若者世代の現状把握は，2012年データの［◎—◇—★］によって行われる．②P2としての，過去3回の若者たちの変化の様相の把握は，1992年データの［○—□—△］，2002年データの［★—◆—○］，2012年データの［◎—◇—★］を比較することによって行われる．2012年現在では，16歳から49歳まで広がる世代の各々が16歳～29歳の若者だった時代のデータを比較することになる．先にふれた定点観測的方法ということになる．③P3としての2012年における若者世代と中年世代の年代比較は2012年データの［◎—◇—★］と［◆—○—□—△］を対比させることによって行われる．同じく，先にふれた横断的方法ということになる．④P4としての，過去3回調査で分析可能な各コーホートの変化の分析は大きく2つであり，第1に1992年データの［○—□—△］と2002年データの［○］，2012年データの［○—□—△］を比較することによって，第2に2002年データの［★—◆］と2012年データの［★—◆］を比較することによって行われる．各年齢区分ごとに3時点比較になったり，2時点比較になったりする．これは先の縦断的方

	設問X	設問X	設問X
年齢（2012年現在）	1992年	2002年	2012年
16～19歳	—	—	◎
20～24歳	—	—	◇
25～29歳	—	★	★
30～34歳	—	◆	◆
35～39歳	○	○	○
40～44歳	△	—	△
45～49歳	□	—	□

図表8・3　3回の調査による標準コーホート表

3)　標準コーホート表は，調査時点間と年齢区分の幅を一致させることによって変化を捉えやすくする工夫であるのだが，今回は，各コーホートの比較が可能なようにするには5歳きざみにする必要があり（私たちの調査対象に16歳～19歳という5歳きざみの部分があるため），正確な意味での標準コーホート表とはいえないのだが，便宜的にそのように位置づけることとする．

法ということになる[4]．

以上のように，私たちが意図した複数の試みを通じて，2012年の若者世代の特徴を多面的に，より明細に位置づけることができると考えられる．P1による2012年の若者の実態把握は言うまでもないが，P2の若者世代の3時点の時系列比較により，もし数値が異なれば時代効果やコーホート効果の可能性が，もし同じなら若者はそういう傾向をもつという可能性をみることができる．P3の2012年の若者世代と中年世代の年代比較では，加齢効果，時代効果，コーホート効果（ゆとり世代・さとり世代）の分析におよぶ可能性が，また，P4の3時点・2時点を通じた各コーホートの変化の分析により，もし数値が異なれば加齢効果や時代効果の可能性を含みつつ，もし同じならコーホートの特徴という可能性を指摘することができる．

ライフコース研究の視点として，APC効果とコーホート分析，それを下敷きにした私たちの調査データでの着眼点は以上のようなものである．これに基づいて，次節では時系列比較と世代比較からみていくことにしよう．

2　時系列比較・世代比較の試み

本節では，分析プランのうちのP2とP3，すなわち定点観測的方法による時系列比較と横断的方法による世代比較に関し，主なものについて簡潔にふれてみよう（藤村2013）．

まず，時系列比較についてである．今回の調査が1992年，2002年，2012年に続く3回目の調査であることから，3時点比較が可能な設問，2時点比較が可能な設問がいくつかある．それらにより，ある一定の方向への傾向が確認できる事象もあれば，それら比較された時点の間に大きな変化がなく，むしろ安定的な傾向をしめす事象もある．

4)　正確にいえば，私たちの3回の調査は16歳～29歳を対象としているため，例えば1992年調査時に16歳だったものは10年後の2002年調査時に26歳，20年後の2012年調査時に46歳になっているものの，1992年に15歳だったものは調査対象ではないゆえ，35歳，45歳のもののデータ比較はできないことになり，年齢区分は26歳～29歳，36歳～39歳としたほうが適切であるということになる．ただし，3回目の中年調査には35歳も対象となること，また，各々20代後半，30代後半であることに意の焦点をおくことから，ここでは年齢区分表記上は25歳～29歳，35歳～39歳としておく．

3時点の変化の傾向が顕著なものをあげてみよう.「どんな場面でも自分を貫くことが大切だ」に関して,「そう思う」と「まあそう思う」をあわせて「思う」として集計すると,「思う」は92年で69.0%, 2002年で54.9%, 12年で51.5%となる. あきらかに周囲に対して自分を貫き通すという方向性は歓迎されないものとなってきており, 自己主張をするという形は2割ほど低下し, その志向は弱くなってきている. 同様に,「自分には自分らしさというものがある」という問いに対して,「そう思う」と「まあそう思う」をあわせた「思う」をみると, 92年で89.1%, 2002年で85.2%, 2012年で76.9%となる. 現在でも76.9%と, 4人に3人が自分には自分らしさがあると答えているものの, 20年前の92年のその数値が89.1%と10人中9人が答えていることと比べれば, 自分らしさに自信をもちきれないものが一定程度増えてきているということがわかる. これら2つの質問からは, この20年間を通じて自分を貫くことが高くは評価されず, 自分自身にも自信をもちきれない層がある程度増えてきているということはいえよう.

以上を例に, 私たちの調査の3時点において, a) 増加あるいは減少という一定方向への変化がみられるもの, b) 大きな変化なく安定しているもの, c) 山型・谷型など数値の動きが反転するようなものもありうるといえよう. 20年間で3回にわたる定点観測的な反復調査によるデータ蓄積の利点というものがこれらのデータには表れていると考えられる.

次に, 世代比較の試みである. 今回の調査では, 16〜29歳の比較対象として30〜49歳を設定し, 一部年齢にあった設問に変えた部分はあるものの基本的には同じ調査票にて調査を実施した. その結果, P3として, 16〜29歳という若年層と30〜49歳という中年層との比較が可能となっている. 若者世代と中年世代の比較において興味深い数値をひいてみよう.

そのような調査項目として, 自分に対しての親しい人や世間の視線という問題を取り上げてみよう.「親しい人から自分がどう思われているかが気になる」という回答は,「よくある」と「ときどきある」を合わせた「ある」について, 16〜29歳で60.2%なのに対し, 30〜49歳では39.9%である. 同様に,「親しい人以外の世間から自分がどう思われているかが気になる」という回答は,「よくある」と「ときどきある」を合わせた「ある」について, 16〜29歳で

51.5％なのに対し，30〜49歳では30.3％である．ともに20％をこえる数値差となっており，若年層のほうが親しい人ならびに世間からの視線を強く感じていることがわかる．それは，若者世代においてやや自意識過剰という要素があるのであろうし，中年世代において人生の経験を経ることでのなんらかの自己の確立という要素と周囲に過敏になっているだけでは生きていけない現実性という要素があるのであろう．

同じく，「一生懸命物事に取り組んでも成果に結びつかないと意味がないと思う」への回答は，「あてはまる」と「ややあてはまる」を合わせてみると，16〜29歳で48.4％なのに対し，30〜49歳では30.1％である．努力が結果に結びつくことを期待するという姿勢は若年世代には顕著であり，中年世代では努力が結果に結びつかないこともあるし，そうだからといって意味がないわけではないという判断を下しているというふうに考えられるだろう．

以上を例に，世代比較においても，2012年という1時点ではあるが，a）若者世代と中年世代において世代差が大きく表れる項目，b）世代差が大きくないという項目がありうるといえよう．そして，a）のような加齢効果によるものといえるのかどうかは，1節でふれたコーホート分析を用いることなどを通じて明らかにしていかなければならない課題である．私たちは上記でふれたような時系列や世代に関するある程度の仮説を想定しつつ，次の分析へと進んでいかなければならない．それは，私たちが時系列比較や世代比較を越えでるデータをもってしまったということかもしれないのである．

3　APC効果比較分析の試み

3-1　加齢効果としての分析

時系列比較と世代比較の多少の例示を行いながら，そこから1歩分析を進めることが求められている．それが，1節でふれた標準コーホート表に基づくコーホート分析である．それらは，加齢効果（A），時代効果（P），コーホート効果（C）の3要素が交じり合うことから，APC効果比較分析と名づけることにして，この3節でいくつかデータ分析の可能性についてふれてみよう．

3つの効果が想定されつつ，加齢効果としての可能性の高いデータとして表

	自分が好き	自分が好き	自分が好き
年齢 （2012年現在）	1992年	2002年	2012年
16～19歳	—	—	57.7
20～24歳	—	—	61.8
25～29歳	—	61.8	73.0
30～34歳	—	73.1	76.6
35～39歳	61.6	74.6	72.6
40～44歳	64.6	—	75.3
45～49歳	72.1	—	78.7

図表８・４　「自分が好き」標準コーホート表

れた対称的な設問を2つあげてみる．加齢に伴い比率が上がる「自分が好き」，加齢に伴い比率が下がる「自分がどんな人間かわからなくなることがある」の2項目である．

少し細かくなるが，「自分が好き」の設問をていねいに確認してみよう（図表8・4）．1992年に10代後半から20代であり，2012年に30代後半から40代になっている人たちの1992年調査の結果は，「現在30代後半」で61.6%，「現在40代前半」で64.6%，「現在40代後半」で72.1%となり，92年当時年齢が上がるほど「自分が好き」という比率が高くなっていた．同様に，2002年に10代後半から20代であり，2012年に20代後半から30代になっている人たちの2002年調査の結果は，「現在20代後半」で61.8%，「現在30代前半」で73.1%，「現在30代後半」で74.6%となり，2002年当時も年齢が上がるほど「自分が好き」という比率が高くなっていた．そして，今回の2012年調査の結果は，「現在10代後半」で57.7%，「現在20代前半」で61.8%，「現在20代後半」で73.0%，「現在30代前半」で76.6%，「現在30代後半」で72.6%，「現在40代前半」で75.3%，「現在40代後半」で78.7%となった．2012年調査においても，若者世代である10代後半から30代前半にかけて，年齢が上がるほど「自分が好き」という比率は高くなっていき，30代後半で多少下がるが，再び40代後半に向けて上がっていき，5歳ごとのきざみでみると，「現在40代後半」が78.7%と最も「自分が好き」の比率が高くなっていく．1992年調査，2002年調査，2012年調査の各々において若者世代では年齢が上がるほど自分が好きという比率は上がっており，2012 年の中年世代においてもその傾向はみられるので，年齢が高くなるほど「自分が好き」という判断を肯定する傾向が高くなるということになる．それは，ある意味で「加齢効果」あるいは加齢に伴う傾向としていうことができよう．

さらにこれを，時代効果を確認するため，3 回の調査ごとに若者世代でみると，1992 年調査では 61.6％から 72.1％の幅で，2002 年調査では 61.8％から 74.6％の幅で，2012 年調査では 57.7％から 73.0％の幅でと，ほぼ似たような数値と幅に分布している．3 回の調査時点の，ある時代に特異な数値をしめすことにはなっていないことから，このデータからみるかぎり，「自分が好き」という判断を肯定する傾向に時代効果はなさそうであるということが想定される（ただし，この 3 回を含む大きな時代の幅の中に時代効果があって，「自分が好き」という設問への反応が数十年スパンでは異なっているなか，たまたまこの 3 回が類似する数値の時期であったという可能性も残ることにはなる）．

そして，コーホート効果を確認するために，可能な比較を見てみると，2 時点比較の可能な「現在 20 代後半」の人たちでは 2002 年調査で 61.8％，2012 年調査で 73.0％，「現在 30 代前半」の人たちでは 2002 年調査で 73.1％，2012 年調査で 76.6％となり，また，「現在 40 代前半」の人たちでは 1992 年調査で 64.6％，2012 年調査で 75.3％，「現在 40 代後半」の人たちでは 1992 年調査で 72.1％，2012 年調査で 78.7％となる．唯一，3 時点比較が可能な「現在 30 代後半」の人たちでは，1992 年調査で 61.6％，2002 年調査で 74.6％，2012 年調査で 72.6％となっている．最後の「現在 30 代後半」の人たちの 2002 年調査と 2012 年調査の数値の比較以外では，すべてのコーホートで年齢が上がるほど比率が高くなっており，どこかのコーホートだけが突出して高かったなど特定の数値をしめすこともないため，コーホート効果の要素は低いと想定できる．

データに現れたおおまかな傾向として，これらの点を整理すると，「自分が好き」という判断について，加齢効果の可能性は充分に肯定され，他方，時代効果とコーホート効果の可能性は要因としては低い．したがって，「自分が好き」という判断については，加齢に伴う効果が最も出やすい設問だということができよう．

「自分が好き」という設問は加齢に伴い比率が高くなる傾向の設問であった

	自分がどんな人間かわからなくなる	自分がどんな人間かわからなくなる	自分がどんな人間かわからなくなる
年齢（2012年現在）	1992年	2002年	2012年
16～19歳	—	—	56.5
20～24歳	—	—	53.9
25～29歳	—	56.0	38.7
30～34歳	—	47.6	25.7
35～39歳	50.5	36.6	31.0
40～44歳	46.7	—	19.8
45～49歳	33.8	—	21.9

図表8・5　「自分がどんな人間かわからなくなる」標準コーホート表

が，逆に年齢が上がるほど比率が低くなる傾向があるのが「自分がどんな人間かわからなくなることがある」という設問である（図表8・5）．詳細にはふれないが，傾向のみ確認すると，この設問に対して，92年に10代後半から20代であった2012年現在30代後半から40代の人たちにおいて，1992年調査では年齢ごとに50.5％から33.8％に，2002年に10代後半から20代であった2012年現在20代後半から30代の人たちにおいて，2002年調査では年齢ごとに56.0％から36.6％に，2012年調査では，「現在10代後半」から「現在40代後半」において56.5％から21.9％へと，基本的には年齢が上がることに比率が低くなっていっている．加齢に伴って「自分がどんな人間かわからなくなることがある」という傾向は弱まっていくと想定できる．

時代効果を各々の調査時の若者世代の数値で確認すると，1992年調査では50.5％から33.8％に，2002年調査では56.0％から36.6％に，2012年調査では56.5％から38.7％にとなるように，1992年調査よりは2002年調査，2012年調査のほうが各5歳きざみの年齢層で高くなっている．多少，近年のほうが「自分がどんな人間かわからなくなることがある」という比率が高く，時代効果も多少影響があると見込まれる．

コーホート効果においては，2時点比較の可能な20代後半，30代前半，40代前半，40代後半，3時点比較の可能な30代後半のすべてにおいて，年代を追うごとに比率が低くなっており，コーホートごとの突出や一定感もないため，コーホート効果の要素は低いと想定される．

これらをまとめると，「自分がどんな人間かわからなくなることがある」という判断は，時代効果として近年の若者のほうで少し不安感が増しているということもふまえつつ，加齢効果として年齢が上がるほどその不安感はおさまっていく傾向のあるものとして捉えることができる．一定程度，自らの経験や社会的な場面の経験が増えていくにつれ，自分自身を確定できない不安感というものは低減していくといえよう．

以上のように，年齢区分ごとの比率の増減を確認し，それに時代ごとの効果の可能性と特定のコーホートに固有の効果の可能性の有無を検討することによって，今回，加齢効果あるいは加齢に伴う傾向と考えられる項目を析出することができたことになる．

3-2　複数効果交差としての分析

加齢効果の可能性の高いデータとして「自分が好き」，「自分がどんな人間かわからなくなることがある」の2項目を確認したが，複数の要素の交差としてみなければならない項目もある．一例として，先の3時点時系列比較で取り上げた「自分には自分らしさがある」という設問は，標準コーホート表で検討すると，加齢効果の要素が増加・減少双方ともにありえ，むしろ，時代効果の要素を読み解くべきものとして考えられる（図表8・6）．

	自分には自分らしさがある	自分には自分らしさがある	自分には自分らしさがある
年齢（2012年現在）	1992年	2002年	2012年
16〜19歳	—	—	71.7
20〜24歳	—	—	77.0
25〜29歳	—	84.4	81.9
30〜34歳	—	85.9	74.3
35〜39歳	85.3	86.9	79.8
40〜44歳	90.2	—	81.5
45〜49歳	91.3	—	85.5

図表8・6　「自分には自分らしさがある」標準コーホート表

まず，加齢効果から見てみよう．1992 年に 10 代後半から 20 代であった 2012 年現在 30 代後半から 40 代の人たちにおいて，1992 年調査では年齢ごとに 85.3%から 91.3%に，2002 年に 10 代後半から 20 代であった 2012 年現在 20 代後半から 30 代の人たちにおいて，2002 年調査では年齢ごとに 84.4%から 86.9%に，2012 年調査では，「現在 10 代後半」から「現在 40 代後半」において 71.7%から 85.5%へと，基本的には年齢が上がることに比率が高くなっていっている．比率の上昇幅は大きなものではないが，加齢に伴って「自分には自分らしさがある」という傾向は強まっていくのではないかとひとまず想定できる．

次に，時代効果を各々の調査時の若者世代の数値で確認すると，1992 年調査では 85.3%から 91.3%の幅で，2002 年調査では 84.4%から 86.9%に，2012 年調査では 71.7%から 81.9%にとなるように，1992 年調査が各世代とも最も高く，2002 年調査，2012 年調査と時代を経るごとに比率は低くなっていっている．一定程度の比率は保っているものの，時代を追うごとに若者世代の中で，「自分らしさがある」というものの比率は低くなっており，自分らしさへのこだわりは 1990 年代から 2000 年代にかけての時代の雰囲気の影響もあったのではないかと推測される．

コーホート効果においては，2 時点比較の可能な 20 代後半，30 代前半，40 代前半，40 代後半，3 時点比較の可能な 30 代後半のすべてにおいて，年代を追うごとに比率が低くなっており，コーホートごとの突出や一定感もないため，コーホート効果の要素は低いと想定される．むしろ，ここでは加齢により比率が減少するようにも読めるのである．

以上を整理すると，「自分には自分らしさがある」という項目は，加齢に伴い比率が上昇する傾向を想定できるものの，個々のコーホートに着目して 2 時点・3 時点の比較をすると 1992 年から 2002 年，2012 年にかけて比率が順次落ちていく．そこでは，むしろ加齢に伴い比率が下降するようにも判断できる．調査の単年度で年齢横断的にみれば比率上昇の加齢効果が想定され，逆に特定のコーホートを縦断的に追いかけると比率下降の加齢効果も想定しうるという矛盾する傾向が内包されたデータとなっているのである．若者たちの自分らしさへのこだわりともいうべき特徴は各世代とも近年比率が弱まってきており，自己主張の弱まりともあいまって，むしろそれらの特徴は1990年代から2000年代にかけて特有の時代性をもったものだったのではないかと考えさせられることになる．

以上，APC効果比較分析において，標準コーホート表の利用により，加齢効果の読み取りやすい項目，加齢効果の読み取りが複雑になり，逆に時代効果がうかびあがってくる項目などを例示してみた．そこには，3回の調査によるデータ分析の深化の可能性と複雑化の様相がはらんでいるともいえよう．

4　比較の中の幸福

4-1　APC効果比較としてみた生活満足度

本書の主題は「現代若者の幸福」であった．それは，序章でふれられたように，2010年代を生きる若者論の主題の変化を背景にかかえるものであった．それを検討するデータの1つとして生活満足度が議論に使われていた．これについて，すでに序章・1章でも言及があるが，本章でも標準コーホート表によるデータの検討と，若者世代と中年世代の時間展望との関連を考察しておくことにしよう．

まず，「生活満足度」についての設問に関し，APC効果比較分析として，標準コーホート表での傾向を確認してみよう（図表8・7）．この設問に対して，1992年に10代後半から20代であった2012年現在30代後半から40代の人た

	生活満足度	生活満足度	生活満足度
年齢 （2012年現在）	1992年	2002年	2012年
16～19歳	—	—	72.6
20～24歳	—	—	59.2
25～29歳	—	57.6	60.4
30～34歳	—	58.2	68.3
35～39歳	67.7	56.2	67.1
40～44歳	59.1	—	71.5
45～49歳	65.0	—	69.0

図表8・7　「生活満足度」標準コーホート表

ちにおいて，1992 年調査では年齢ごとに 67.7％からいったん 59.1％に減り，再び 65.0％に，2002 年に 10 代後半から 20 代であった 2012 年現在 20 代後半から 30 代の人たちにおいて，2002 年調査では年齢ごとに 57.6％から 56.2％とほとんど変化がなく，2012 年調査では，「現在 10 代後半」から「現在 40 代後半」において 10 代後半と 30 代以上が 60％台後半から 70％台前半で高く，20 代のものが 60％前後と低くなっている．生徒・学生時代であることが多い 10 代後半はまだ社会の荒波にもまれていない形での生活満足度が相対的に高く，社会の荒波や自らのアイデンティティ形成の課題にぶつかる 20 代での生活満足度が低くなる傾向が推測される．そして，一定程度社会に適応し，アイデンティティも確立する 30 代以降での生活満足度は相対的に高く安定していると読み解くことができる．

次に，時代効果を各々の調査時の若者世代の数値で確認すると，1992 年調査では 59.1％から 67.7％の幅に，2002 年調査では 56.2％から 58.2％の幅に，2012 年調査では 59.2％から 72.6％の幅に入っている．1992 年調査と 2012 年調査では 10 代後半の生活満足度は高く，20 代前半の数値は低いという傾向は類似しており，2002 年調査はそれから外れ，数値全体も低くなっている．2002 年データに多少時代効果の影響を想定することもできる．

コーホート効果においては，2 時点比較の可能な 20 代後半，30 代前半，40 代前半，40 代後半において年齢の上昇とともに比率は多少とも増加しており，3 時点比較の可能な 30 代後半においては 2002 年調査での落ち込みはあるが，1992 年調査と 2012 年調査は 67％前後と類似の数値となっている．特定世代での突出もないため，コーホート効果の要素は低いと想定される．

以上，標準コーホート表の論点を整理すると，「生活満足度」について，10 代後半での相対的高さ，20 代での低下，30 代以上での安定的な比率の高さということがいえそうである．コーホート効果の要素はどちらかというと弱く，一定程度 2002 年時の時代効果を想定しつつ，加齢効果あるいは加齢に伴う社会的位置の変化の効果という側面があるものとして生活満足度を捉えることは可能である．

4-2 将来展望の類型化と生活満足度

3時点のデータ変化の確認にとどまらず，2012年調査データの中で考察を進めてみるとどうか．若者たちの生活満足度には，彼らの置かれている現在位置の評価と彼らが想定する将来との比較という時間展望においてさまざまな差異があると考えられる．比較の中の若者たちという言い方は何も研究上の言い方にとどまることなく，若者たち自身が比較を行っていることへの認識へとつながっていく．

今回の2012年調査では，自分の将来の明暗，日本の社会の将来の明暗について2つの設問をおいている．それらの設問への結果としては，1章の図1·5，図1・6でも検討しているが，自分の将来は明るいと考えるもの（=「そうだ」+「どちらかといえばそうだ」）56.4%，暗いと考えるもの（=「どちらかといえばそうではない」+「そうではない」）43.6%であり，社会の将来は明るいと考えるもの（=「賛成する」+「まあ賛成する」）25.4%，暗いと考えるもの（=「あまり賛成しない」+「賛成しない」）74.6%となった．自分の将来についての明暗は半々であるが，日本の将来については4分の3が悲観的にみている．

序章・1章と異なる観点で分析を試みるとして，ここでは，その2つを組み合わせることによって，4つの類型をつくることにしよう．すなわち，自分の将来も社会の将来も明るいと考えるもの（「自分・社会とも楽観派」），自分の将来は明るいが社会の将来は暗いと考えるもの（「自分のみ楽観派」），自分の将来は暗いが社会の将来は明るいと考えるもの（「自分のみ悲観派」），自分の将来も社会の将来も暗いと考えるもの（「自分・社会とも悲観派」）の4タイプである．それぞれ象徴的にいえば「将来バラ色派」「自分だけ勝ち組派」「自分だけ負け組派」「お先真っ暗派」ともいえよう．各々の数値を見てみると，若者世代で「自分・社会とも楽観派」は20.4%，「自分のみ楽観派」36.0%，「自分のみ悲観派」4.9%，「自分·社会とも悲観派」38.7%という結果になった（図表8・8）．ともに4割近くで比率は競っているが，最も多かったのは自分の将来も社会の将来も悲観しているものであり，それに続いて社会の将来は暗いが自分の将来は明るいとみるものである．

他方，30歳～49歳の中年世代で同じ設問への回答をみた場合，4つの類型

	年齢区分	合計	自分・社会とも楽観派	自分のみ楽観派	自分のみ悲観派	自分・社会とも悲観派	χ^2検定
若者世代	合計	100	20.4	36.0	4.9	38.7	-
	16～19歳	100	21.2	35.9	6.4	36.5	
	20～24歳	100	19.1	34.9	3.9	42.1	
	25～29歳	100	21.0	36.9	4.6	37.4	
中年世代	合計	100	15.4	38.7	5.8	40.1	*
	30～34歳	100	14.7	49.3	2.9	33.1	
	35～39歳	100	13.9	42.2	7.8	36.1	
	40～44歳	100	17.4	31.5	6.8	44.3	
	45～49歳	100	15.4	38.7	5.8	40.1	

χ^2検定　*：$p < 0.1$，**：$p < 0.05$，***：$p < 0.01$

図表8・8　世代×年齢区分×自分や社会の将来の明暗（4類型）

	生活満足度	合計	自分・社会とも楽観派	自分のみ楽観派	自分のみ悲観派	自分・社会とも悲観派	χ^2検定
若者世代	合計	100	20.4	36.0	4.9	38.7	***
	高い	100	25.5	42.4	3.7	28.5	
	低い	100	11.9	24.8	7.1	56.2	
中年世代	合計	100	15.4	38.7	5.8	40.1	***
	高い	100	19.3	46.0	6.0	28.7	
	低い	100	6.5	22.2	5.6	65.7	

χ^2検定　*：$p < 0.1$，**：$p < 0.05$，***：$p < 0.01$

図表8・9　世代×生活満足度×自分や社会の将来の明暗（4類型）

は「自分・社会とも楽観派」は15.4%，「自分のみ楽観派」38.7%，「自分のみ悲観派」5.8%，「自分・社会とも悲観派」40.1%となった．驚くことにといってもよいかもしれないが，若者世代と中年世代の4類型の分布についても，また各々のだいたいの比率においても類似している．さらに，4類型を5歳きざみの年齢区分でみた場合，若者たちの3区分においてはその差はほぼない．中年世代においてもその傾向は似ているが，30代前半で「自分のみ楽観派」が，40代の前後半で「自分・社会とも悲観派」の比率が多少高くなっている．

それでは，そのような自分・社会へ有している時間展望が生活満足度とどのように関連しているのか．ここでは生活満足度の高低別に4類型の比率の分布を見てみよう（図表8·9）．若者世代で生活満足度が高いグループでは「自分・社会とも楽観派」は25.5%，「自分のみ楽観派」42.4%，「自分のみ悲観派」3.7%，「自分・社会とも悲観派」28.5%となった．生活満足度の低いグループでは「自分・社会とも楽観派」は11.9%，「自分のみ楽観派」24.8%，「自分のみ悲観派」7.1%，「自分・社会とも悲観派」56.2%となった．生活満足度の高いグループでは，社会の将来は悲観的でも自分の将来は楽観的にみているものが4割こえて，他の類型の比率を離している．自分の将来も社会の将来も悲観しているものは3割に近いが，自分も社会も将来は明るいと考えているものも4人に1人と多く，先の比率に迫っているのである．それに対して，生活満足度の低いグループは自分の将来も社会の将来も悲観的に捉えているものが5割をこえている．実はこの傾向は中年世代のほうがより明瞭となる．中年世代で生活満足度の高いグループでは「自分のみ楽観派」が46.0%と半数に近くなり，他方，生活満足度の低いグループにいたっては「自分・社会とも悲観派」が65.7%と3人に2人となるのである．

生活満足度を，幸福感を推測する代替指標と捉えると，若者世代において今が幸福と考えるものたちほど，社会に希望がもちえないとしても自分の将来には明るい展望をもっており，今が幸福でないと考えるものたちほど自分にも社会にも明るい展望をもちえていないことになる．そして，その傾向はむしろ中年世代のほうでより強くなるのである．

以上，若者たちの生活満足度の動きを捉えるため標準コーホート表による分析，自分や社会の将来への時間展望との関連について考察してきた．

本章を整理しておこう．ここでは，ライフコース研究の視点と私たちの研究の関係を理論や方法の観点で確認した後，時系列比較・世代比較ならびにAPC効果比較の分析，そして，いま一度生活満足度に象徴される幸福について比較対象の中の問題として検討してきた．若者世代の特徴と考えられてきたもの（P1）が，同一年代を時系列的に追う定点観測的視点（P2），中年世代も交えた横断的視点（P3），それらをコーホートにのせて考える縦断的視点（P4）によって，相対化され位置づけ直されていく分析が一定程度可能であることが確認された．それらの分析をみつつ本章を終えるいま，世代の特徴を把握しようとして，分析の洗練によりうっすらと浮かびあがる光明とその背景にあるデータの暗がりの双方を感じざるをえないところである.

青少年研究会としては，2012年調査の全体像をしめす著作として本書を世に上梓する．この後，各分野別の関心などにより，研究会のメンバーによっていくつかの論考や著作が発表される予定である．研究会も30年ほどの歴史を経過し，世代ごとの研究バトン・リレーの様相を呈するようになってきている．ささやかではあるが，私たちの研究バトンが過去・現在・未来の若者たちの理解，そして彼らの行く末の理解を深める一助となるようであればと願っている．

参考文献

藤村正之，2012，「若者の生き方の変容――対抗文化・アイデンティティ・空気」安田常雄編『シリーズ戦後日本社会の歴史2　社会を消費する人々』岩波書店，68-96.
――――，2013，「『都市住民の生活と意識に関する世代比較調査』について――その概要から」『新情報』101，新情報センター，11-19.
――――，2014，『考えるヒント』弘文堂.
岩田考，2011，「低成長時代を生きる若者たち」藤村正之編『いのちとライフコースの社会学』弘文堂，211-224.
片桐新自，2008，『不安定社会の中の若者たち』世界思想社.
――――，2014，『不透明社会の中の若者たち』関西大学出版部.
片瀬一男，2005，『夢の行方』東北大学出版会.
大野久，2001，「コーホート分析」齋藤耕二・本田時雄編『ライフコースの心理学』金子書房，76-85.
富田英典・藤村正之編，1999，『〈みんなぼっち〉の世界』恒星社厚生閣.

索　引

執筆者紹介（50音順）

浅野　智彦（あさの・ともひこ）　序章

1964年　宮城県に生まれる
1994年　東京大学大学院社会学研究科博士課程単位取得退学
現在　東京学芸大学教育学部教授
専攻　自己論，アイデンティティ論
主な著書　『検証・若者の変貌』（勁草書房，編著）
『趣味縁からはじまる社会参加』（岩波書店）
『「若者」とは誰か』（河出書房新社）

木島　由晶（きじま　よしまさ）　2章

1975年　兵庫県に生まれる
2006年　大阪大学大学院人間科学研究科博士後期課程修了．後，博士（人間科学）取得
現在　桃山学院大学社会学部准教授
専攻　文化社会学，メディア文化論
主な著書　『オタク的想像力のリミット――〈歴史・空間・交流〉から問う』（筑摩書房，共著）
『無印都市の社会学――どこにでもある日常空間をフィールドワークする』（法律文化社，共著）
『Pop Culture and the Everyday in Japan』（Trans Pacific Press，共著）

木村　絵里子（きむら・えりこ）　6章

1977年　東京都に生まれる
2013年　日本女子大学大学院人間社会研究科博士後期課程単位取得満期退学
現在　日本女子大学人間社会学部学術研究員・非常勤講師
専攻　歴史社会学，文化社会学
主な著書　『〈若者〉の溶解』（勁草書房，共著，近刊）
「『女学世界』における女性美のディスコース――1901年から1925年の広告分析から」『日本女子大学人間社会研究科紀要』第19号（日本女子大学大学院人間社会研究科）

阪口　祐介（さかぐち・ゆうすけ）　7章

1981年　大阪府に生まれる
2010年　大阪大学大学院人間科学研究科博士後期課程修了．後，博士（人間科学）取得
現在　桃山学院大学社会学部准教授
専攻　リスク社会論，社会階層論
主な著書　『リスク社会を生きる若者たち――高校生の意識調査から』（大阪大学出版会，共著）
『東アジアの労働市場と社会階層』（京都大学出版会，共著）
『終わらない被災の時間』（石風社，共著）

辻　　泉（つじ・いずみ）　3章

1976年　東京都に生まれる
2004年　東京都立大学大学院社会科学研究科博士課程単位取得退学．後，博士（社会学）取得
現在　中央大学文学部教授
専攻　文化社会学，メディア論
主な著書　『ケータイの2000年代――成熟するモバイル社会』（東京大学出版会，共編著）
『FANDOM UNBOUND: OTAKU CULTURE IN A CONNECTED WORLD』（Yale University Press，共編著）
『「男らしさ」の快楽――ポピュラー文化からみたその実態』（勁草書房，共編著）

寺地　幹人（てらち・みきと）　5章

1982年　青森県に生まれる
2014年　東京大学大学院総合文化研究科博士課程単位取得退学
現在　茨城大学人文学部講師
専攻　社会意識論，労働社会学，教育社会学
主論文　「若年層の政治関心と趣味――『趣味活動』と『趣味嗜好』という観点から」『ソシオロゴス』37号（ソシオロゴス編集委員会，共著）
「大都市の20歳代の職業意識の分析」『労働政策研究報告書』148号（労働政策研究・研修機構）

羽渕　一代（はぶち・いちよ）　1章

1971年　岡山県に生まれる
2001年　奈良女子大学大学院人間文化研究科単位取得退学
現在　弘前大学人文学部准教授
専攻　情緒社会学，コミュニケーション論
主な著書　『どこか〈問題化〉される若者たち』（恒星社厚生閣，編著）
『若者たちのコミュニケーション・サバイバル』（恒星社厚生閣，編著）

藤村　正之（ふじむら・まさゆき）　終章

1957年　岩手県に生まれる
1986年　筑波大学大学院社会科学研究科博士課程単位取得退学．後，博士（社会学）取得
現在　上智大学総合人間科学部教授
専攻　文化社会学，福祉社会学，社会学方法論
主な著書　『〈生〉の社会学』（東京大学出版会）
『考えるヒント―方法としての社会学』（弘文堂）
『シリーズ戦後日本社会の歴史2　社会を消費する人々』（岩波書店，共著）

牧野　智和（まきの・ともかず）　4章

1980年　東京都に生まれる
2011年　早稲田大学大学院教育学研究科博士後期課程修了．後，博士（教育学）取得
現在　大妻女子大学人間関係学部専任講師
専攻　自己の社会学，教育社会学
主な著書　『どこか〈問題化〉される若者たち』（恒星社厚生閣，共著）
『自己啓発の時代――「自己」の文化社会学的探究』（勁草書房）
『日常に侵入する自己啓発――生き方・手帳術・片づけ』（勁草書房）

現代若者の幸福—不安感社会を生きる

2016年2月29日　初版1刷発行

（定価はカバーに表示）

藤村正之・浅野智彦
羽渕一代 編

発行者　片岡　一成
印刷・製本　株式会社シナノ

発行所　株式会社 恒星社厚生閣
〒160-0008　東京都新宿区三栄町8
TEL: 03(3359)7371／FAX: 03(3359)7375
http://www.kouseisha.com/

ISBN978-4-7699-1577-5 C3036